U0942717

立法学

SCIENCE OF LEGISLATION

周祖成◎主编

张印◎副主编

中国法制出版社

CHINA LEGAL PUBLISHING HOUSE

目录

导论

一、人类社会的规则依存 // 001

二、通过立法创制规则 // 003

三、立法学学科地位的确立 // 005

四、学习立法学的意义和方法 // 008

第一章 立法原理

第一节 立法概念 // 012

第二节 立法原则 // 014

一、依法立法原则 // 015

二、民主立法原则 // 018

三、科学立法原则 // 019

第三节 立法的作用及其限度 // 020

一、立法的作用 // 020

二、立法作用的限度 // 024

第二章 立法体制

第一节 立法体制的概念 // 027

第二节　新中国立法体制的演变 // 029

一、初创探索阶段 // 029

二、权力集中阶段 // 031

三、立法权下移阶段 // 032

四、全面完善阶段 // 034

第三节　我国现行立法体制的特点 // 035

一、一元 // 035

二、两级 // 035

三、多层次 // 036

第三章　立法主体

第一节　立法主体的概念及分类 // 039

一、立法主体的概念 // 039

二、立法主体的分类 // 041

第二节　作为立法主体的立法机关 // 042

一、立法机关的分类 // 042

二、立法机关的构成 // 043

三、立法机关的职能 // 045

第三节　立法主体的权限 // 047

一、国家立法权 // 048

二、地方立法权 // 048

第四节　授权立法 // 051

一、我国授权立法的历史与概念 // 051

二、授权立法的必要性 // 052

三、授权立法的类型 // 053

四、授权立法的限制与程序 // 054

第四章　国家立法

第一节　国家立法概述 // 056

一、国家立法释义 // 056

二、国家立法的地位和作用 // 059

第二节　全国人民代表大会立法 // 060

一、全国人大立法的含义和特征 // 060

二、全国人大的立法权限 // 061

第三节　全国人民代表大会常务委员会立法 // 065

一、全国人大常委会立法的含义和特征 // 065

二、全国人大常委会的立法权限 // 066

第四节　国务院立法 // 068

一、国务院立法的含义和特征 // 068

二、国务院的立法权限 // 069

第五节　中央军事委员会和国家监察委员会立法 // 073

一、中央军事委员会立法 // 073

二、国家监察委员会立法 // 075

第六节　国务院部门立法 // 076

一、国务院部门立法的含义和特征 // 076

二、国务院部门立法的权限范围 // 077

第五章　地方立法

第一节　地方立法概述 // 079

一、地方立法的含义 // 079

二、地方立法的特征 // 081

三、地方立法的原则 // 083

第二节　一般地方立法 // 087

一、一般地方立法的发展史 // 087

二、一般地方立法的特征 // 088

三、一般地方立法的构成要素 // 090
第三节　民族自治地方立法 // 093
一、民族自治地方立法原理 // 093
二、民族自治地方立法的现实依据 // 096
三、民族自治地方立法的类型 // 098
第四节　经济特区立法 // 101
一、经济特区立法的内涵 // 101
二、经济特区立法的特征 // 102
三、经济特区立法的构成 // 103
四、经济特区立法的作用 // 107
第五节　特别行政区立法 // 108
一、特别行政区的高度自治权与立法权 // 108
二、香港特别行政区立法 // 110
三、澳门特别行政区立法 // 114

第六章　立法准备
第一节　立法预测 // 117
一、立法预测的含义及意义 // 117
二、立法预测的种类 // 119
三、立法预测的步骤 // 120
第二节　立法规划 // 122
一、立法规划的含义及意义 // 122
二、立法规划的分类 // 124
三、制定立法规划的基本原则 // 125
四、编制立法规划的步骤 // 126
第三节　立法决策 // 127
一、立法决策的含义 // 127
二、立法决策的主体 // 128

三、立法决策的分类 // 129
四、立法决策的原则 // 130
五、立法决策的步骤 // 131
第四节 起草法案 // 132
一、法案起草的含义及意义 // 132
二、法案起草机关、起草班子和起草人 // 133
三、法案起草的过程和步骤 // 135

第七章 立法程序
第一节 立法程序原理 // 139
一、立法程序的概念 // 139
二、立法程序的功能 // 141
三、立法程序的原则 // 142
四、立法程序的分类和阶段 // 147
第二节 提出法案 // 148
一、提出法案的含义 // 148
二、提案权的归属 // 149
三、提案的范围和要求 // 152
四、法案列入议程 // 154
五、提案的撤回 // 156
第三节 审议法案 // 157
一、审议法案的含义及意义 // 157
二、审议权的归属和审议程序 // 157
三、专门委员会和议会大会的审议 // 161
第四节 表决法案 // 165
一、表决法案的含义 // 165
二、表决法案的方式 // 166
三、通过法案 // 170

第五节　公布法 // 171
一、公布法的含义 // 171
二、公布法的主体 // 173
三、公布法的时间和方式 // 174
第六节　立法听证制度和专家立法制度 // 175
一、立法听证制度和专家立法制度出现的背景 // 175
二、立法听证制度简介 // 176
三、专家立法制度简介 // 179

第八章　立法监督

第一节　立法监督基本理论 // 184
一、立法监督的含义 // 184
二、立法监督的必要性 // 185
第二节　立法监督的方式 // 186
一、立法批准 // 186
二、立法备案 // 190
三、立法审查 // 192
第三节　立法监督的处理方式 // 193
一、撤销 // 193
二、改变或者撤销 // 194
三、立法冲突及其裁决 // 195

第九章　立法解释

第一节　立法解释概述 // 199
一、立法解释的概念和功能 // 199
二、立法解释的基本原则 // 202
三、立法解释的分类 // 204
四、立法解释的历史发展 // 205

第二节 立法解释方法 // 207

一、文义解释 // 207

二、论理解释 // 208

三、社会学解释 // 211

第三节 我国现行立法解释制度 // 211

一、宪法的立法解释 // 212

二、法律的立法解释 // 212

三、行政法规的立法解释 // 214

四、地方性法规的立法解释 // 215

五、规章的立法解释 // 217

第十章 立法技术

第一节 立法技术规范 // 219

一、立法技术概述 // 219

二、立法技术规范 // 222

第二节 立法体例 // 225

一、立法体例概述 // 225

二、立法体例的内容 // 227

第三节 立法语言 // 229

一、立法语言概述 // 229

二、立法语言的表述形式 // 233

三、立法语言的逻辑 // 237

第四节 新一代信息技术与立法现代化 // 240

一、推进立法精细化 // 241

二、辅助立法客观化 // 241

三、提升立法效率化 // 242

小 结 // 243

第十一章　立法评估

第一节　立法评估概念 // 245

一、立法评估的含义 // 245

二、立法评估的类型 // 246

三、我国立法评估的发展进程 // 247

第二节　立法评估原则 // 249

一、客观性原则 // 249

二、民主性原则 // 250

三、公开性原则 // 250

四、可操作性原则 // 250

五、实效性原则 // 251

第三节　立法评估的构成要件 // 251

一、立法评估主体 // 251

二、立法评估客体 // 252

三、立法评估标准 // 253

四、立法评估内容 // 254

五、立法评估程序 // 254

六、立法评估方法 // 255

第四节　第三方立法评估 // 256

一、第三方立法评估的概念 // 256

二、第三方立法评估主体的构成 // 256

三、第三方立法评估的分类 // 257

第五节　立法评估制度建设 // 258

后　记 // 262

导　论

一、人类社会的规则依存

人类社会是个体性和社会性的统一。一方面，人类社会的基础是单个的个体，每个个体拥有不同的利益，并有权追求和实现自己的利益；另一方面，个体的人为了生活得更好，便形成社会团体，过社会的生活，“一切社会团体的建立，其目的总是为完成某些善业——所有人类的每一种作为，从他们自己看来，其本意总是在求取某一善果”。[①]人是以个体形式存在的动物，但任何单个的人都不足以自存，必须依存于其他人，这决定了人的群体性。与蚂蚁和蜜蜂不同，[②]人的群体性并不消融其个体性存在，人并不因其群体性而丧失自我，不是没有自我意识和自我利益的群体构成部分，相反，人正是基于其个体性存在形式产生的利益诉求和更好实现自己的利益诉求而不得不结成群体，过社会的生活。正如柏拉图所说：“在我看来，之所以要建立一个城邦，是因为我们每个人不能单靠自己达到自足，……我们邀集许多人住在一起，作为伙伴和助手，这个公共住宅区，我们叫它为城邦。”[③]在这种意义上，个体性比群体性更为基础，更加具有意义。不同的个体走到一起，在满足自身利益的过程中，必然产生冲突，就如同霍布斯所描述的自然状态，在他的自然状态中，每个人对一切均拥有平等的自然权利，每个人为了自己的利益都可以平等地行使自己的自然权利，当这种自然权利指向共同的目标时，冲突不可避免，“任何两个人如果想取得同一东西而又不能同时享

---

① ［古希腊］亚里士多德:《政治学》，吴寿彭译，商务印书馆 1965 年版，第 3 页。

② 在论述人类的政治问题时，亚里士多德也把人类与蜂类相类比，阐述人类能够达到更高政治组织的原因。参见［古希腊］亚里士多德:《政治学》，吴寿彭译，商务印书馆 1965 年版，第 8 页。

③ ［古希腊］柏拉图:《理想国》，郭斌和、张竹明译，商务印书馆 1986 年版，第 58 页。

用时，彼此就会成为仇敌。”[1]于是，人和人之间就会处于相互为敌的战争状态。[2]具有自己独立利益的个体在群体生活中所必然产生的冲突是个体自己无法解决的，当众人在冲突中不能实现自己的利益时，人所具有的共同理性使他们相互之间能够进行沟通，寻求解决的办法。很明显，这种冲突是基于个体独立的利益产生的，但不能通过消灭这种独立的个体利益来解决，因为这种独立的个体利益是社会的前提和基础，是社会重要的目的和价值所在，是许多社会制度得以形成的内在根据。这种个体和群体之间的对立统一，是社会的典型特征，是理解、处理社会问题的基础和关键。解决冲突的内在机理只能是：在群体生活中保证不同个体利益的共存和协调。达成这一目的的方式就是形成基于大家共同利益的规则体系。应该说，政治和法律的源起都与此有关，都基于这一目的而产生。

任何社会都需要秩序，任何秩序的形成和维持都依赖规则，没有规则就没有秩序。人和人之间的利益差异与冲突，需要有一种共同服从的力量来确立规则和进行协调，据此达成利益连接和共识，否则，不同利益的个人就很难凝聚为互利的社会。具有不同利益诉求的个体只有依靠规则才能过好群体生活，人类的共同活动要以大家认同并共同遵守的规则为基础，各种需要的满足依赖于同其他人进行各种形式的合作，个体的行为选择和取向与他人的行为选择和取向密切相关，我们的计划建立在其他人的行为之上，没有统一的规则，对他人的行为就难有准确的预期。同时，不同的利益差异，必然导致公正问题对个体的极端重要性，如果没有法律和共同的规则，公正也就无从谈起，“没有法律的地方就无所谓不公正”。[3]如果说合群是人的天性，而群体生活必须以规则为基础，那么，我们可以在某种意义上说，人天生是规则的动物，要过以规则为基础的生活，规则意识也就成为对人最基本的素质要求，是人必须具备的基本素养。

美国著名人类学家摩尔根在探寻政治观念的起源和发展时认为，“谈到政治

① ［英］霍布斯：《利维坦》，黎思复等译，商务印书馆 1985 年版，第 93 页。
② ［英］霍布斯：《利维坦》，黎思复等译，商务印书馆 1985 年版，第 94 页。
③ ［英］霍布斯：《利维坦》，黎思复等译，商务印书馆 1985 年版，第 96 页。

观念的发展这个题目时，自然会想到以亲属为基础所组成的氏族是古代社会的一种古老的组织；但是，还有一种比氏族更早、更古老的组织，即以性为基础的婚级”，“氏族的胚胎看来即孕育在这种组织之中”。有关性活动的规则是“当时社会制度的主要原则”，“这种规定集体同居的权利与特权发展成为一种庞大的体制，终于成为社会结构的组织原则”。[①]

人类社会的利益多元性决定了价值多元性，意味着人类行为规则的多元和可选择性，基于不同的利益和价值，会有不同的行为规则选择。制度法学代表魏因伯格就认为，组成制度的规则不是先验的事实，而是人工的事实。[②]人的理性在规则的选择中有重要作用，人类试图通过理性立法来保证人类社会所需要的基本正义，这是人类社会得以延续和发展的前提和保证。

二、通过立法创制规则

通过立法创制规则是人类社会发展到一定阶段的结果。[③]人类社会早期的规则可能来自习俗、权威者的命令或者宗教教义。美国人类学家罗维在《初民社会》中提到，“澳洲的长老会议发布命令，指挥他们的实行，并审判刑事犯”，但相比较而言，人类早期更多地依赖习俗的调节，“在许多初民社会中立法的作用，较之文化复杂的社会所行使的似乎简省得多，平时社会交往中的一切事件均由习惯法来处置，所有政治机关的职务是强求人们对于习俗的服从而不是创制新的先例”。[④]宗教教义和图腾崇拜等也曾在历史上成为人们行为规则的重要来源。人类

---

① ［美］摩尔根：《古代社会》上册，杨东莼等译，商务印书馆 1977 年版，第 47 页。

② O. Weinberger：Law，Institution and Legal Politics——The Fundamental Problem of Legal Theory and Social Science，Kluwer Publishers，1992，p.29.

③ 迄今所知的世界上最早的一部成文法典是《乌尔纳姆法典》，是古代西亚乌尔第三王朝（约公元前 2113—2008 年）开国君主乌尔纳姆制定的。法典除序言外，共有 29 个条文，主要内容是对奴隶制度、婚姻、家庭、继承、刑罚等方面的规定。当时立法已采用罚金赔款等方式逐步取代同态复仇。参见朱立春：《世界通史》，北京联合出版公司 2015 年版，第 55 页；同时参见［英］乔治·威尔斯、［美］卡尔顿·海斯：《全球通史》，李云哲编译，中国友谊出版公司 2017 年版，第二章。

④ ［美］H. 罗维：《初民社会》，吕叔湘译，江苏教育出版社 2006 年版，第 213 页。

的社会生活具有道德性，人们在长期的共同生活中会形成与自己生活相适应并得到普遍认同的道德规范，这种道德规范对人们行为的调控具有极为重要的作用，是任何规则都不能取代的。

随着社会的发展，许多社会冲突不能靠道德、习俗和权威者的临时意志来解决，同时，人类生活共同体决定了人类要为共同体的存在和发展制定规则，明确行为要求和利益分配原则，并让大家普遍服从，从而保持共同体的持续发展。作为制定普遍正当行为规则的立法，必然成为人类生活的重要组成部分并奠定人类生活的共同基础，对人类社会有着无可替代的重要作用。但人的自利性会导致人类立法的自利性，同时，人的理性有限，如何在复杂的社会生活和不同利益主体中形成既有利于个人利益又有利于共同体存在与发展的规则，避免立法不合理和不公正，就成为人类立法活动最为核心的问题。古罗马法学家把研究法律现象的法学定义为“关于神和人的事物的知识；是关于正义和非正义的科学”[①]是有道理的，作为人类重要的法律活动，立法就是为了寻求正义的规则。何谓正义？“正义是给予每个人他应得的部分的这种坚定而恒久的愿望”，而“法律的基本原则是：为人诚实，不损害别人，给予每个人他应得的部分”[②]。法律与正义的密切关联决定了立法的功能和任务。

人类自己给自己立法，是人类文明发展的结果，是一种巨大的社会进步，意味着人类驾驭和掌控社会的能力增强，人类意志对社会的作用有了极大提升，这在极大促进社会发展的同时，也存在滥用意志力的风险。人的意志和理性都是一把双刃剑，可以造福于人类，但也会给人类带来巨大灾难，许多个人、社会和国家的悲剧，正是某些意志贯彻的结果。立法既是一种权力，也意味着人类用自己的意志掌控社会，权力和意志本身所具有的社会风险，导致立法存在一定的社会风险。卢梭认为，“为了发现能适合于各个民族的最好的社会规则，就需要有一种能够洞察人类的全部感情而又不受任何感情所支配的最高的智慧”，这对人而言几乎做不到，人的行为必然受感情和私利的影响，所以他感叹：“要为人类制

① ［古罗马］查士丁尼：《法学总论——法学阶梯》，张企泰译，商务印书馆1989年版，第5页。

② ［古罗马］查士丁尼：《法学总论——法学阶梯》，张企泰译，商务印书馆1989年版，第5页。

订法律，简直是需要神明。”[①]

人的自利性与社会正义之间既有一致也有冲突，一方面，社会正义应当以个人为基础，并不否定合理的个人利益，以社会正义的名义完全否定个人利益，社会正义也就失去自己的根基和依据，没有个人的社会也不称其为社会；另一方面，在一个只有私利而缺乏基本公正的社会，将是一个弱肉强食极为黑暗的社会，个人利益最终也得不到有效保存。社会之所以为社会，就在于其可以在自利和社会公正之间达成合理的平衡，法律是其中不可缺少的方式和工具，就此而言，法律确实必须是一个中道的权衡，[②]这是规制立法的一个重要原则，作为主要规则创制活动的立法如果不能达成这样的平衡，社会也就失去了维持自己存在的规则和制度基础。

三、立法学学科地位的确立

立法是人类创制法律的重要活动，很早就出现在人类的社会生活中，成为人类社会的一项重要活动。思想家很早就开始关注和研究立法问题，我国战国时期的《商君书》就有“君臣释法任私必乱。故立法明分，而不以私害法，则治”（《商君书·修权》），“各当时而立法，因事而制礼”（《商君书·更法》）的记载。柏拉图《法律篇》第一卷和第二卷讨论的就是立法的基本原则，如认为每个立法者制定每项法律的目的是获得最大的善，立法要从美德出发，注重美德整体等。[③]亚里士多德则认为立法学是政治学的一个部分。[④]在很长一段历史时期，人们往往从哲学、神学、政治学的角度来研究法律问题，到18世纪末，西方出现分析

① ［法］卢梭：《社会契约论》，何兆武译，商务印书馆2003年版，第49页。

② 亚里士多德认为，“要使事物合乎正义（公平），须有毫无偏私的权衡；法律恰恰正是这样一个中道的权衡”。参见亚里士多德：《政治学》，吴寿彭译，商务印书馆1983年版，第169—170页。

③ ［古希腊］柏拉图：《法律篇》，张智仁、何勤华译，上海人民出版社2001年版，第6页、第10页。

④ ［古希腊］亚里士多德：《尼各马可伦理学》，廖申白译，商务印书馆2003年版，第316页。

法学等不同法学流派，法学开始作为独立学科出现。[①]由于立法在18、19世纪成为与行政、司法并列的重要国家权力和国家体制，社会越来越倚重立法。从立法活动、立法体制和对立法问题的研究逐渐衍生出以立法现象及其规律为研究对象的立法学这门独立的法学二级学科，也产生了一批立法学著作，如马布利的《论法制或法律的原则》（1776年）、边沁的《道德与立法原理导论》（1789年）、瑟林的《实用立法》（1877年）、威拉德的《立法手册》（1890年）等。进入20世纪后，立法学作为独立学科的地位在不同国家逐步确立。[②]

我国自1978年党的十一届三中全会开启改革开放后，对法制重要性的认识越来越深入，全国人大及其常委会开始真正发挥立法机关的作用，不断制定新的法律，如1979年召开的五届全国人大二次会议上，七部法律破茧而出，即《刑法》《刑事诉讼法》《地方各级人民代表大会和地方各级人民政府组织法》《全国人民代表大会和地方各级人民代表大会选举法》《人民法院组织法》《人民检察院组织法》《中外合资经营企业法》。一次通过这么多法律，在立法史上极为罕见。基于改革开放对法律的需求，由全国人民代表大会作为行使国家立法权的唯一机关已经不能适应社会发展需要，[③]1979年制定的《地方各级人民代表大会和地方各级人民政府组织法》开始赋予省级人大及其常委会地方立法权，1982年《宪法》第100条则明确规定：省、直辖市的人民代表大会和它们的常务委员会，在不同宪法、法律、行政法规相抵触的前提下，可以制定地方性法规，报全国人民代表大会常务委员会备案。1986年，立法权进一步下放，《地方各级人民代表大会和地方各级人民政府组织法》规定，省会城市和经国务院批准的较大的市的人民代表大会及其常委会享有地方立法权，省、自治区、直辖市以及省、自治区的人民政府所在地的市和经国务院批准的较大的市的人民政府，可以根据法律和国务院的行政法规制定规章。1992年、1994年、1996年全国人民代表大会先后通过决议，授予深圳、厦门、珠海、汕头等经济特区所在地的市的人民代表大会及其常务委员会制定地方性法规的权力。2000年制定的《立法法》对改革开放以来

① 一般认为，18世纪末，分析法学的出现标志着作为独立学科的法学出现。参见张文显主编：《法理学》，高等教育出版社2018年版。

② 参见朱力宇、叶传星主编：《立法学》，中国人民大学出版社2015年版，第5页。

③ 1954年《宪法》第22条明确规定，全国人民代表大会是行使国家立法权的唯一机关。

形成的立法权限划分和主体间配置从法律上予以认可。2014年，党的十八届四中全会通过的《关于全面推进依法治国若干重大问题的决定》要求依法赋予全部设区的市和4个不设区的市（东莞、中山、嘉峪关、三沙）地方立法权。2015年3月，十二届全国人大三次会议表决通过关于修改《立法法》的决定。修改后的《立法法》依法赋予设区的市地方立法权，明确地方立法权限和范围，享有地方立法权的主体由原来的31个省、自治区、直辖市和49个较大的市扩展到全部设区的市。

随着我国立法数量的不断增加和地方立法权的不断扩大，立法在法治建设中扮演着越来越重要的角色，对社会发展的引领作用越来越明显，越来越多的学者关注立法问题，立法学的研究逐渐兴盛，立法学课程成为法学专业重要的选修课。20世纪80年代，就有很多学者提出要重视立法学的研究，甚至提出创建“立法学”的建议，[①]也有学者开始编写立法学教材，但比较普遍地设立立法学课程和编写立法学教材，主要还是在20世纪90年代，[②]标志着立法学基本上成为独立的法学分支学科，并在新世纪迅速发展，立法研究机构不断涌现，不断有学校设立立法学硕士点和博士点，培养高水平立法人才。

作为法学的分支学科，立法学与法学一样，是理论和应用的结合。立法学既要研究立法的一般理论，如立法本质、立法原则、立法作用、立法主体、立法权限、立法体制、立法效力、立法历史等，也要研究具体的立法过程、立法技术和立法文本，现在还扩展到对立法文本和实施效果的评估。立法评估是考察立法社会效果的重要方式，也是立法修改的重要依据，越来越受到学者的关注，成为立法学研究的重点领域。法律的社会性决定了立法的社会性，立法的理由和根据来自社会，并作用于社会发展，对立法问题的研究不能离开社会，立法学必须服务于社会需要，必须更加关注实践过程和在实践中的应用，注重对立法实践的研究与指导，是具有极强实践性的学科。

---

① 参见陈中绳:《我国应当重视立法学的研究》，载《法学季刊》1982年第2期；吴大英:《加强立法学的研究是发展我国政治学的重要内容》，载《政治学研究》1986年第2期；周旺生:《论创建中国社会主义立法学》，载《法学评论》1988年第6期。

② 20世纪80年代和90年代我国立法学教材的编写出版情况，参见张永和主编:《立法学》，法律出版社2009年版，第13页。

四、学习立法学的意义和方法

法律与社会公平有着极为密切的关联，法律要发挥好社会作用，立法是关键。正如党的十八届四中全会所指出：“法律是治国之重器，良法是善治之前提。建设中国特色社会主义法治体系，必须坚持立法先行，发挥立法的引领和推动作用，抓住提高立法质量这个关键。”[①]然而，与其他法学二级学科相比，以立法现象及其规律为研究对象的立法学长期没有受到应有的重视，积淀不足，基础薄弱，许多高等院校没有把立法学列为二级学科进行建设，没有专门的组织机构和研究队伍，说明立法学的学科地位在一些高等院校并没有完全确立。弱势的立法学不能有效指导立法实践，我国立法质量方面存在的问题与立法学的不发达不无关系，加强立法学研究已经成为国家法治建设的迫切需要。

亚里士多德认为，一个好的城邦，“最好是有一个共同的制度来正确地关心公民的成长”，如果没有这种共同的制度，每个人就似乎应当关心提高他自己的孩子与朋友的德行，“如果他懂得立法学，他就更能做到这一点”，“假如有人希望通过他的关照使其他人（许多人或者少数几个人）变得更好，他就应当努力懂得立法学”。[②]虽然亚里士多德这里讲的立法学与现代立法学不完全相同，但立法肯定关乎社会共同制度的建构，立法就是要通过建构社会共同的制度使公民和社会变得更好，这是共同的。要正确地关心公民的成长，用法律促进社会发展，就必须懂得立法学。立法不只是简单贯彻和落实某种意志，更应追求良好的社会状态和公民福祉。学习立法学对提高立法质量、建构良好的社会制度和促进公民幸福生活，具有极为重要的意义，就此而言，亚里士多德的思想与现代社会的良法善治是相呼应的。事实上，我们正是立足于这样的价值导向，才明确提出科学立法、民主立法和依法立法，要求立法“要恪守以民为本、立法为民理念，贯彻社

---

① 《中共中央关于全面推进依法治国若干重大问题的决定》，人民出版社2014年版，第8页。

② ［古希腊］亚里士多德：《尼各马可伦理学》，廖申白译，商务印书馆2003年版，第314—315页。亚里士多德认为，家庭就是小城邦，城邦在治理意义上就是大家庭，所以，立法学可以通及这两者。

会主义核心价值观，使每一项立法都符合宪法精神、反映人民意志、得到人民拥护”，“要把公正、公平、公开原则贯穿立法全过程”。[①]

立法是法律运行过程不可缺少的重要环节，学习法律并非只是学习已经形成的法律或判例，更重要的是了解社会需要什么样的法律，如何为社会创建其需要的法律，如何保障所创建的法律在与社会对接时产生良好的效果并分析问题产生的原因。可以说，这些问题都是立法学研究的核心问题。就法律而言，知其然固然重要，知其所以然更为重要。立法调整各种各样的社会关系与过程，涉及面极为广泛，单靠法学专业人员并不能创建良好的法律，但法学专业人员应该掌握立法的价值导向与制度机理，运用法律的原则与方式规范社会关系，解决社会问题。法科学生如果不懂立法学，就不会懂得什么样的制度可以让人民变得更好和生活得更好，不会懂得好的法律制度应当如何创建并确保其有效的社会作用。已经形成的法律可以表现为一种独立的存在，但立法则是一个与社会不可片刻脱离的过程，这既表现为立法必须以社会问题为导向，在了解社会需求的基础上通过立法解决社会问题，也表现为立法过程的大众化参与和不同利益博弈，不是少数人意志和利益的体现，同时还表现为立法必须应用于社会并评估其功效。法律的社会依存集中表现为立法的社会依存，通过研究立法过程能更好地把握法律的社会面向及其价值和目的，更好地发挥法律的社会作用，对法律的理解和把握不能没有立法的视角。

法学是人学，是正义之学，对立法而言，更是如此。立法必须把正义等基本价值融入法律并通过法律作用于社会，实现对社会发展的控制。立法学关乎立法公平和社会正义，公平公正如果不能通过立法融入法律，法律就趋向邪恶，沦为强权的工具，社会正义也就无从实现。掌握立法的原则、价值、权限、体制、程序及其技术性要求等，对法律的公正性极为重要。法律不是随便创建的，更不是任何人都可以创建良好的法律，人类一直在探求如何创建良好的法律，但无论是实体还是程序，这都不是一个已经得到很好解决的问题。轻视甚至忽视立法学，法律的公正性必然遭受损害，人类也将为此付出代价。

---

① 《中共中央关于全面推进依法治国若干重大问题的决定》，人民出版社 2014 年版，第 8 页。

如何学习立法学？第一，要通过阅读经典奠定良好的理论基础，培养立法思维。在中西法律思想史上，很早就涉及对立法问题的研究，都有许多关于立法的经典论述，通过学习，探求其立法思想的起点和根据，分析其合理性及其存在的问题，在不断的思想交锋中把握立法的精神实质、原则、价值导向及其社会定位，了解立法对社会问题的能与不能，从建构美好社会的角度分析立法的重要作用及其必然具有的局限性，培养对社会问题的立法思维，这种立法思维是法科学生必须具备的思维。

第二，要系统学习现代立法理论。立法学作为独立的法学分支学科，有自己特定的研究对象和独立的理论体系，作为法科学生，必须系统掌握。一方面，通过教材和课堂教学系统学习立法理论，掌握立法学的基本原理；另一方面，通过阅读立法学文献把握时代脉络，了解对相关问题的学术研究与争鸣，培养对立法问题的学术敏锐性。

第三，要对不同立法制度进行比较分析。立法必须与实际相结合，具有地方特色，受地方知识制约。不同国家的国情不同，立法制度必然存在重大差异；同一国家在不同历史时期也会有不同的立法制度。对不同立法制度进行比较分析，是学习立法学的重要方法，通过比较学习，可以对立法理论进行检验和发展，更重要的是可以吸纳不同立法制度的精华，为建立和完善立法制度提供相应的学术与经验支持。

第四，要在应用中学习。立法学是实践性很强的学科，立法的目的本来就在于应用，故对于立法学，应当在应用中学习。一是要了解立法机关立法活动的运行机制与过程，了解立法技术的规范性要求，这是立法学的现实基础；二是要参与相关立法活动，如进行立法调研、参与法律法规草案起草和相关专题讨论等，通过参与进行理论应用；三是要对立法成果进行评估分析，包括立法文本质量评估分析和立法实施效果评估分析等；四是要对立法经验进行总结提升，为相关理论提供现实根据，并对立法过程中存在的问题进行学理与对策性研究。

新中国的立法起步相对较晚，对立法学的学习和研究则仍然存在重大不足，立法人才存在断层。随着我国立法权的扩展，立法机构需要大量立法人才，立法人才不足的问题凸显，其数量不能满足社会对立法人才的需要，要求通过各种形式加快立法人才培养。为满足社会需求，在今天的法学人才培养中，必须进一步强调对立法学的学习，增设立法学硕士点和博士点，引入与立法实务部门联合培养机制，培养实务创新型立法专门人才。

拓展阅读

［法］卢梭：《社会契约论》，李平沤译，商务印书馆2011年版，第115—117页。

应松年：《一部推进依法治国的重要法律——关于〈立法法〉中的几个重要问题》，载《中国法学》2000年第4期，第3—10页。

李步云、赵迅：《什么是良法》，载《法学研究》2005年第6期，第125—135页。

封丽霞：《面向实践的中国立法学——改革开放四十年与中国立法学的成长》，载《地方立法研究》2018年第6期，第18—40页。

叶会成：《立法法理学的类型与意义——立法学学科性质的反省》，载《法制与社会发展》2021年第6期，第32—50页。

第一章　立法原理

立法原理作为立法学的一般性理论，与立法制度、立法技术不同，是关于立法具有普遍性或规律性的事物的理论表现。这种表现与立法理论、立法制度、立法技术等具有紧密的联系，但又存在区别。立法原理关涉立法领域中通用性、普适性和规律性的理论，对于立法实践和立法研究都具有重要的指导作用。立法原理研究的是立法领域带有普遍性的、普适性的和规律性的理论形态，既包括立法现象、立法问题等背后的理论，也包括立法制度、立法技术所承载的价值理念。简言之，立法原理是对立法概念、立法原则、立法作用等立法学基础范畴的研究。

第一节　立法概念

立法是人类社会制度秩序生产的重要机制，贯穿人类社会发展的整个过程。“立法”一词早在我国东周时期的典籍中业已出现。《商君书》记载，“伏羲神农教而不诛，黄帝尧舜诛而不怒，及至文武，各当时而立法”。荀悦《汉纪》序云：“昔在上圣，唯建皇极，经纬天地，观象立法。”刘勰《新论》云：“治民御下，莫正于法，立法施教，莫大于赏罚。”《史记》对此也有论述，“王者，制事立法”。可见，我国古代已有“立法”一词，并用以指代国家法制意义上的法令法规的创制活动。尽管并非现代学科意义上的规范概念，“立法”一词的频繁出现仍证明了我国延续久远厚重的立法理论和实践，具有辉煌的法制文化。及至现代汉语，“立法”一词开始具有动静两个层面上的含义。静态意义上的“立法”与“法”“法律”词义相近，指代静态意义上的法律规范；动态意义上的“立法”则指由一个专门任命的政府部门（广义）根据某个正式程序，制定或通过一部成文形式的实在法的过程。简言之，立法既指制定法律的动态过程，也指立法过程完结后最终通过的法律。

概念是逻辑的起点，对某一学理或现象有较清晰的认识，须以明确概念的基本范畴为前提。立法作为立法学的基本概念，其基本范畴包括立法的定义、内涵及其外延。从不同的角度可以得出不同的“立法”定义。从最宽泛的意义上，立法可以指代人类社会所有规则的制定过程。此意义上的“立法”是最为宏观的立法，涵盖了诸如道德、科技、伦理乃至文明规定的创设和确立过程，古今圣贤都可被称为人类社会的立法者。当然，这一定义也因其开放性而无法归为学科意义上的立法学范畴。立法学范畴内最广义的“立法”是指所有国家机关依据法定权限和立法程序制定、修改、废除各种规范性文件的过程。在此定义下的“立法”既包括立法机关的立法过程，也包括行政机关的立法过程。若将行政机关立法排除，则可得到另一“立法”定义，即享有立法权的中央机关和地方机关依据法定权限和立法程序制定、修改、废除各种规范性文件的过程。若再将其内涵限缩，则又可将地方立法排除在概念之外，得到狭义的“立法”定义，即国家最高权力机关及其常设机构依据法定权限和立法程序制定、修改、废除各种规范性文件的过程。

从上述不同外延的定义可以看出，“立法”作为立法学的规范性概念，具有如下内涵。其一，立法具有国家主权色彩，是一国主权在规则制定领域的集中体现。无论何种制度属性的国家，都必须借助立法确立国家权力分配、国家机构分工、公民权利义务内容等一系列关系社会运转的重大内容。立法权是国家主权的重要组成，立法则是国家主权活动的重要实践。其二，立法应严格按照立法权限展开。根据一国宪法和立法法等相关法律的规定，不同的立法主体拥有不同的立法权限。立法主体只能依据授予权限对相关事项进行立法，并以特定程序和法律形式予以制定和公布。若突破自己职权进行立法，则可能导致法律条文失效等后果。其三，立法活动应依照法定程序展开。根据我国立法法和有关法律的规定，全国人大及其常委会制定法律的程序，包括法律案的提出、法律案的审议、法律案的表决、法律的公布四个阶段。在此过程中，立法机关又须按照相关法律原则和规则的内容，在立法程序中体现民主立法、依法立法、科学立法等价值取向。

综上所述，可采用“主谓宾”结构对“立法”下一定义：立法是指特定主体依据授权和程序，制定、修改、补充、废止法律等规范性文件的活动。在此定义结构中，主体、客体、行为的改变都会影响“立法”这一概念的内涵及外延，并得到不同意义上的概念界定。

此外，在认识“立法”这一概念时，须注意以下三个维度的立法特征。其一，立法是技术与价值相结合的活动。立法机关的技术会影响立法调研、草案拟定、草案论证、后期评估等一系列立法活动，进而决定立法质量的高低。同时，立法活动并非是技术性的机械运动，不同的价值立场和立法意图会形成不同的法律规范内容。简言之，技术和价值是分析立法活动的两个重要维度。其二，立法是关涉历史与未来的概念范畴。一部法律首先调整的是当下时空的社会行为，但其兼具延续历史与面向未来的特性。立法者须对法律适用范围内的历史文化背景和社会状况有较为充分的把握，建构起较为可靠的立法背景；同时运用理性与知识，尽力想象法律未来可能出现的适用情景。唯有注意到不同时空下的不同情形，才能对立法这一概念有较为深刻的认识。其三，立法须综合考量本国国情和国际共识。研究立法概念既需要关注纵向的历史演进，也需注意到横向的不同国家之间的立法差异，以国外作为立法的参照系，汲取有益经验，形成对立法概念的辩证认识。

第二节　立法原则

立法原则是用以指导立法实践活动的带有根本性、全局性和规律性的理性认识，是立法者进行立法活动时必须遵循的理论指针。它所强调的往往不仅仅限于立法技术、立法程序、立法经验等规范性规定，其反映的是立法背后的目的、精神、原则等因素。立法原则最初以抽象观念的形式对立法发挥作用，儒家思想观念对传统立法活动的影响便是一例，作为中国封建立法缩影的《唐律疏议》便“一准乎礼”。[①]

一个国家、社会或民族在不同历史时期，其主流意识形态往往存在较大差

① 周旺生:《立法学》，法律出版社2009年版，第64页。

异，尤其占主导地位的思想意识会从根本上影响一国当时之立法思想与原则。我国《立法法》颁布之前，立法原则的确立就受到经济发展和社会思潮的影响。20世纪八九十年代，我国关于立法原则的讨论集中在以下七个方面：一是实事求是从实际出发；二是总结实践经验与科学预见相结合；三是借鉴本国历史上和外国的有益经验；四是以最大多数人的最大利益为准，立足全局、统筹兼顾；五是法制统一，原则性与灵活性相结合；六是民主与集中、领导与群众相结合；七是保持法的连续性、稳定性与及时废改立相结合。①直到2000年3月15日第九届全国人民代表大会第三次会议通过《立法法》，立法原则才在具体法律层面予以明确。由此，我国当前的立法原则就不单是抽象的价值观念，而是抽象观念与具体规定的结合，并且首先是法律化和制度化的准则。②

彭真曾说过："在人类社会历史上，法律一旦产生，便逐渐形成了自己的体系，并且追求更多的独立性。立法，不能不考虑法自身的体系逻辑，不能这个法这么规定，那个法那么规定，互相矛盾。"③立法原则对于法律的立、改、废、释具有重要意义，尤其对我国立法质量的提高具有举足轻重的影响。我国《立法法》第3条到第6条集中体现了依法立法、民主立法、科学立法的立法原则。党的十九大报告提出："推进科学立法、民主立法、依法立法，以良法促进发展、保障善治。"因此，"依法立法、民主立法和科学立法"作为立法原则的地位在党的报告和《立法法》中得以共同体现。

一、依法立法原则

依法立法原则重点解决立法的合法性问题，有效防止法出多门、部门利益和地方保护主义法律化等问题，使立法真正做到立法有据，既遵守宪法，又不违背上位法；同时，强调立法应当遵循法定权限和程序，不得违反我国社会主义法制统一原则。

---

① 参见沈宗灵主编：《法学基础理论》，北京大学出版社1988年版，第320—330页。

② 周旺生：《立法学》，法律出版社2009年版，第74页。

③ 参见彭真：《论新中国的政法工作》，中央文献出版社1990年版，第297页。

依法立法原则首先所依据的便是我国宪法，我国各级立法机关须在宪法赋予立法权限内开展立法活动，以维护宪法权威和社会主义法制的统一。宪法作为我国的根本法，是治国安邦的总章程，具有最高法律地位、法律权威和法律效力。我国宪法以国家根本法的形式确立了中国特色社会主义道路、中国特色社会主义理论体系、中国特色社会主义制度的发展成果，反映了全国人民的共同意志，宪法成为全国人民的最大公约数。宪法规范本身以及宪法确立的原则，是一切立法必须遵循的黄金法则和定律。我国《立法法》第3条强调："立法应当遵循宪法的基本原则，以经济建设为中心，坚持社会主义道路、坚持人民民主专政、坚持中国共产党的领导、坚持马克思列宁主义毛泽东思想邓小平理论，坚持改革开放。"可以看出，我国立法活动的宪法原则具有两方面内涵。其一，宪法作为根本法，是立法法的根本依据，任何立法活动和法律法规内容不得违背宪法。其二，宪法是一国基本社会制度和政治制度的体现，任何一国的宪法都具有政治意涵。因此，宪法原则必然要求我国立法活动坚持党的领导、遵循基本政治原则和社会主义发展的基本路线。宪法对于我国的国体与政体以及我国的政治制度、经济制度、分配制度、文化制度、法律制度等重大事项做了规定；同时，我们形成的单一制的国家结构形式以及"一府一委两院"的中央国家机构的权力格局以及发挥中央和地方两个积极性的央地关系也在宪法中得以确立。我国现行的任何立法都不得违背上述制度规定。

此外，立法也必须遵守我国"一元两级多层次"的立法格局，下位法不得与上位法相冲突，各级立法机关不得突破《立法法》赋予的立法权限。从立法事项保留的角度，我国《立法法》第8条对包括国家主权事项、国家机构产生和运行、犯罪和刑罚、剥夺公民政治权利以及限制人身自由等十一项内容做出了规定（十项加其他事项）。从立法保留事项来看，在没有特殊授权的情况下，不管是行政法规，还是其他立法都不得染指上述十一项具体立法内容，否则该立法全部或部分无效。

《立法法》第4条规定："立法应当依照法定的权限和程序，从国家整体利益出发，维护社会主义法制的统一和尊严。"从立法权限的角度来看，它往往涉及特定国家机关行使的一种综合性权力，该权力在整个国家权力体系中居于重要地位。首先，虽然拥有立法权的主体是主权者，在我国主权者只能是人民，但行使立法权的也只能是特定机关。从我国“一元”的立法体系来看，我国作为一个单一制的、统一的多民族国家，立法体制是统一的、一元化的，全国范围内只存在一个统一的立法体系，不存在两个或两个以上的立法体系，享有国家立法权的机关只能是全国人民代表大会和全国人民代表大会常务委员会，其他任何机关不得行使。其次，立法权是一种行使制定、认可和变动法律规范的综合性国家权力，它往往涉及多个层级、多种类别，不管从内容上看，还是从形式结构上，都呈现出复杂多样性。从我国现有“一元二级多层次”的立法体系来看，在我国享有立法权的主体呈现复杂性。一方面，从专门享有立法权的机关来看，我国享有立法权的只能是各级人民代表大会及其常委会，而在各级立法机关之中，又划分为专门机关的国家立法权和地方立法权，比如全国人大及其常委会制定的法律、省级人大和设区的市人大制定的地方性法规，省、自治区的人民政府所在地的市，经济特区所在地的市和国务院已经批准的较大的市制定的地方性法规。另一方面，除了上述专门立法机关的立法之外，相关行政机关也享有部分立法权，比如国务院制定的行政法规，国务院各部、委员会、中国人民银行、审计署和具有行政管理职能的直属机构制定的部委规章，省、自治区、直辖市和设区的市、自治州的人民政府以及经济特区所在地的市和国务院已经批准的较大的市制定的地方政府规章。

同时，立法机关要依照法定权限、遵循法定程序、依据相关原则，并结合立法技术进行规范性文件的制定、修改和废止。立法机关依照法定职权制定法律的过程除了上述讨论的法定权限之外，立法程序是其中至为重要的一环，也往往容易被人们所忽视或淡化。立法程序是立法机关在立法活动中必须遵循的步骤和方法，并不是可有可无的，它强调立法机关在立法活动中所遵循的程序，与立法机关行使各种职权的程序以及立法机关的议事规则不能混淆。立法程序一来强调立法活动的步骤和方法；二来强调立法活动的严肃性和权威性。同时，立法程序不仅包括从法律草案的提出到法律公布这一过程，还包括为法律所确定的立法过程中各个阶段需要遵循的步骤和方法，只是立法程序往往更加关注从法律草案提出到法律公布这一法定程序。以我国为例，提出法律案、审议法律案、表决法律案到公布法律的法定程序中，其中涉及的诸如提起主体、范围、人数要求等其他相关程序必须依据宪法和法律进行。

二、民主立法原则

民主立法突出了立法活动的人民属性，强调立法集中体现人民的意志以及立法过程的民主性。立法体现人民意志及坚持民主原则，是世界各国人民在立法活动中的共同之处，尤其经历从传统社会向现代社会的转型，民主原则成为世界各国的普遍共识。同时，立法所体现的人民意志以何种方式呈现，则涉及立法程序等技术问题。

民主立法原则对于我国具有重要的意义，是保障立法维护人民利益的重要原则。我国宪法规定："中华人民共和国的一切权力属于人民。"人民是国家的主人，这是我们国家性质的核心内容和本质特征决定的。为了保障人民民主，必须加强法制，尤其必须使民主制度化、法律化。因此，应当遵循民主立法原则，进一步健全完善国家法律制度，确保人民在国家政治生活中，依法实行民主选举、民主决策、民主管理、民主监督，保障人民的知情权、参与权、表达权、监督权，使人民依法享有广泛的民主权利和自由；确保人民享有的合法权益不受侵犯，这是我国社会主义民主政治和法律制度的本质要求和深刻体现。①

民主立法原则从本质上源于保障立法以正确方式反映人民意志和利益，以便防止专断权力的滥用和不当行使。在我国，民主立法原则主要体现在《立法法》第5条，即"立法应当体现人民的意志，发扬社会主义民主，坚持立法公开，保障人民通过多种途径参与立法活动"。它反映出立法应当体现民意，并彰显人民的真实意志。这是一切权力属于人民以及我国人民当家作主社会主义国家的基本要求和题中应有之义，从立法实体意义上来说，广大人民参与立法活动具有毋庸置疑的正当性。我国是人民当家作主的社会主义国家，人民是国家的主人，当然人民也应当成为民主的主体。国家的根本任务是确认和保障人民当家作主的权利，立法正是以权利和义务的规则形式将人民当家作主的地位制度化、法律化；同时，坚持民主立法原则，也能以民主的方式防止权力的滥用，尤其以民主原则

---

① 参见李培传:《论立法》，中国法制出版社2013年版，第49—50页。

形成对独断权力的监督和制约，以法律和制度的方式限制不当权力形式给人民带来的损害。

此外，从立法的程序意义上来说，立法不仅要体现人民的共同意志，还要以正确的方式让民意汇入法律概念、法律规则和法律原则之中，尤其以科学完善的立法程序尽可能惠及更广大人民的共同意志和利益诉求，健全民众的立法参与机制，保证各类立法规范性文件真正体现人民的共同意志，尤其反映人民的根本利益和诉求。如果只有少数人“关门立法”，这种法即使“很完备”，也难以体现人民的意志和客观规律。[①]换言之，立法不仅要反映人民的意志，同时要以恰当的方法和程序反映人民的真实意志。既要保证立法主体的广泛性，又要保证立法活动的过程和立法程序的畅通，保障人民广泛地参与以及有效地参与立法，并以恰当的程序和机制汇集民智。

三、科学立法原则

与民主立法的人民属性和形式合理性相比，科学立法体现了立法活动的科学属性，更加侧重于立法的实质合理性，强调立法与本国国情和实际相结合。尤其在中国特色社会主义法律体系已经形成之后，更加强调提高立法质量，为良法善治提供重要保障。

《中华人民共和国国民经济和社会发展第十一个五年规划纲要》规定：“贯彻依法治国基本方略，推进科学立法、民主立法，形成中国特色社会主义法律体系。”上述规定明确将科学立法作为完善中国特色社会主义法律体系的价值标准。2013年，在中共中央政治局集体学习上，习近平总书记强调：“提高立法科学化、民主化水平，提高法律的针对性、及时性、系统性。要完善立法工作机制和程序，扩大公众有序参与，充分听取各方面意见，使法律准确反映经济社会发展要求，更好协调利益关系，发挥立法的引领和推动作用。”[②]党的十九大报告进一步提出：“推进科学立法、民主立法、依法立法，以良法促进发展、保障

① 参见周旺生：《立法学》，北京大学出版社1988年版，第232—233页。

② 《习近平主持中共中央政治局第四次集体学习》，载《人民日报》2013年2月25日。

善治。”[①]可以说，党的十九大报告对我国新时代的立法工作提出了更高的要求，将“科学立法”“民主立法”“依法立法”并列为我国立法工作应该坚持的基本原则。[②]

《立法法》第6条第1款规定：“立法应当从实际出发，适应经济社会发展和全面深化改革的要求，科学合理地规定公民、法人和其他组织的权利与义务、国家机关的权力与责任。”强调立法应当坚持从我国国情和实际出发，构建合理的公民权利义务体系和国家机关权力责任体系，保障立法过程和立法内容的科学性。

第三节　立法的作用及其限度

人类试图借助立法这一规则理性的活动，表达不同群体的利益要求、调整不同的利益冲突，并通过立法重整不同的利益格局，防止非理性和暴力对人类人身安全和财产安全的损害，维护某一共同体或个体的正当利益，实现群体或个体的正义价值。同时，要看到立法活动所发挥的作用也有其限度，有必要在立法的过程中进行恰当的统筹和协调，以便更好地发挥立法的作用。

一、立法的作用

古罗马法学家乌尔比安认为：“法学是关于神和人的事物的知识；是关于正义和非正义的科学。”[③]该论断虽然反映了法律和道德、宗教、风俗习惯等混杂在一起的历史现实，但也反映出法律对正义价值的追寻。人类为了调整不同的利益

① 习近平：《决胜全面建成小康社会，夺取新时代中国特色社会主义伟大胜利》，载《习近平谈治国理政》（第三卷），外文出版社2020年版，第30页。

② 焦盛荣：《推进地方立法科学化民主化特色化的遵循和机制》，载《甘肃社会科学》2020年第5期，第135页。

③ ［古罗马］查士丁尼：《法学总论——法学阶梯》，张企泰译，商务印书馆1989年版，第5页。

冲突，往往借助立法将不同的利益要求以权利、义务、权力、责任等形式转化为法律上的社会关系，从而发挥立法表达不同群体利益要求、调整不同社会主体之间利益冲突、重整不同利益格局的功能，实现人类借助立法这一强大工具为自己创制理性规则之目的，防止非理性和暴力对人类人身安全和财产安全利益的重大损害，从而维护某一国家或共同体以及个体的正当权利和利益，实现人类对于公平正义价值的追求。

立法对于人类社会的调控主要是针对利益的调整，尤其是借助立法将利益关系转化为某种法律上的权利义务关系，正如罗斯科·庞德所言及的，"我们主要是通过把我们所称的法律权利赋予主张各种利益的人来保障这些利益的"。[①]具体说来，立法的作用主要体现在以下三种情况：表达利益要求、平衡利益冲突和重整利益格局。

（一）表达利益要求

人与人之间的社会关系往往表现为某种利益关系，利益关系的变化从根本上制约着法律关系的产生、变更和消灭。正是从这个意义上来说，利益成为法律的基础性和关键性要素，立法的过程恰恰便是利益法律化的过程。正如"立法者应该把自己看作一个自然科学家。他不是在创造法律，不是在发明法律，而仅仅是在表述法律，他用有意识的实在法把精神关系的内在规律表现出来。如果一个立法者用自己的臆想来代替事情的本质，那么人们就应该责备他极端任性"[②]。

虽然利益作为立法的关键和基础，但并不是所有的利益都构成立法的内容，只有那些上升为立法者所认可并以法律形式生效的利益才称得上法律的利益。一方面，"抽象的利益并不构成法。构成法的是要求，即真正施加的社会力量"。[③]另一方面，利益需要上升为全社会或部分群体的利益并成为一种共识，才有可能

---

① ［美］罗斯科·庞德：《通过法律的社会控制》，沈宗灵、董世忠译，商务印书馆 1984 年版，第 42 页。

② 《马克思恩格斯全集》第 2 版，第 1 卷，人民出版社 1995 年版，第 347 页。

③ ［美］弗里德曼：《法律制度》，李琼英、林欣译，中国政法大学出版社 1994 年版，第 359 页。

进入立法程序，成为立法所表达的利益诉求。也就是说，立法往往主要表达部分利益主体的利益，不可能对所有利益主体或某一利益主体的所有利益都加以承认，也不可能都予以拒绝。在实际的立法过程中，立法所表达的利益往往体现为不同利益相关者之间“力的合成”或妥协，即便立法者试图将统治阶级的利益上升为国家法律，也要同时关照被统治阶级的某一些利益。

立法表达不同的利益，同时立法需要对不同的利益作出选择。“利益支配着我们对于各种行为所下的判断，使我们根据这些行为对于公众有利、有害或者无所谓，把它们看成道德的、罪恶的或可以容许的。”立法者在利益选择的过程中，不可避免地要面对利益冲突的选择和处理问题，尤其是在不同的利益价值位阶发生冲突的情况下，对不同主体的相关利益或相同主体的不同利益进行权衡时，应当坚持“两害相较取其轻”的原则，并坚守立法公平正义的价值底线。

（二）平衡利益冲突

立法在表达利益要求的同时，必然涉及对冲突利益的选择和权衡，因为法律利益本身便是冲突理性表达。“人生活在自己建立的主观世界中；别人手里牵了许多条线控制了一个人的主观经验；为了控制而有频繁的冲突。生活基本上是为地位而展开的斗争，这些地位决定了没有人可以对他周围他人的势力毫不在意。如果我们假设每个人都在利用所能得到的资源，以使他人为他得到特定环境中的最好可能的局面效力，那么，我们就获得了一个能理解大量的分层情况的指导原则。”①不同利益主体之间的利益的差别和对立使得利益冲突以不同的表现方式出现，立法就需要在这种纷繁复杂的利益冲突之中寻求平衡的方法和技巧，以法律的理性表达方式化解不同利益冲突。

罗素认为，“动物满足于生存和繁殖，人类则还要扩张”，尤其在“无限的欲望中，居于首位的是权力欲和荣誉欲”②。柯林斯认为，“人是社会的但具有冲突倾

---

① ［美］柯林斯：《冲突社会学》，纽约学术出版社1975年版，第89页；转引自于海：《西方社会思想史》，复旦大学出版社1993年版，第421页。

② ［英］伯特兰·罗素：《权力论：一个新的社会分析》，靳建国译，东方出版社1988年版，第3页、第36页。

向的动物。人类是既具有合群性又具有冲突倾向的动物；从根本上来说，生活就是一场地位斗争，在这场斗争中没有人会对他周围那些人的权力漠然处之，毫不关心”。[①]人类是具有倾向性的动物，同类之间发生冲突无法避免，使得立法者必须关注这种倾向和冲突本身，尤其利益的冲突需要立法者的平衡之术，甚至需要立法者在不同的社会背景和国家、民族历史的阶段对比中权衡不同的利益关系，诸如私人利益与公共利益的关系、短期利益和长远利益的关系、物质利益和精神利益的关系、整体利益和局部利益的关系，等等。

“私人利益的空虚的灵魂从来没有被国家观念所照亮和熏染，它的这种非分要求对于国家来说是一个严重而切实的考验。如果国家哪怕在一个方面降低到这种水平，即按私有财产的方式而不是按自己本身的方式来行动，那么由此直接可以得出结论说，国家应该适应私有财产的狭隘范围来选择自己的手段。私人利益非常狡猾，它会得出进一步的结论，把自己最狭隘和最空虚的形态宣布为国家活动的范围和准则。因此，且不说国家受到的最大屈辱，这里会得出截然相反的结果，有人会用同理性和法相抵触的手段来对付被告；因为高度重视狭隘的私有财产的利益就必然会转变为完全无视被告的利益。既然这里明显地暴露出私人利益希望并且正在把国家贬为私人利益的手段，那么怎能不由此得出结论说，私人利益即各个等级的代表希望并且一定要把国家贬低到私人利益的思想水平呢？”[②]国家利益与私人利益之间也罢，其他不同的群体之间或相同群体之间利益的冲突也罢，都需要立法者对各种相关利益的重要性做出评估和衡量，并以立法的方式为不同的利益冲突提供可行的标准，以防止人类用暴力的方式解决利益冲突。

（三）重整利益格局

只要有人类社会存在的地方，利益冲突就必然出现在社会生活的方方面面，其本身既是人类社会冲突的根本原因，同时这种利益冲突也推动了社会的发展和

① ［美］柯林斯:《冲突理论的基础》，费涓洪译，载《现代外国哲学社会科学文摘》1984年第11期，第5—6页。

② 《马克思恩格斯全集》第2版，第1卷，人民出版社1995年版，第261页。

变革。一个社会的发展和进步无一不是在改变既有利益格局的基础上进行的，正如“利益的多元化迫使美国社会中的各利益集团之间、部分利益集团与公共利益之间、所有利益集团与公共利益之间始终就各自利益的定义和定位进行着一种多层次的、多方位的和连续不停的‘谈判’。‘谈判’的过程也就是美国宪法循序渐进、调整改革、追求现实的完善的历史过程……其结果是，宪法的生命力不断得以更新，成为一部‘活着的宪法’（A Living Constitution）”①。

不同群体和利益集团之间的利益冲突和整合往往体现为不同利益之间的博弈，法律恰恰就是在上述这种博弈和平衡之中进行重塑。在社会生活中人们为了实现自己的需要而结成了一定的社会关系，并由此进行一系列的社会政治活动，个人利益、群体利益、民族利益、阶级利益、阶层利益、国家利益等形形色色的利益主体及其关系也由此产生。②在人类诸多的利益冲突中，政治利益的冲突是最为激烈的，但其从根源上归于经济利益的冲突，政治利益冲突往往以经济利益冲突作为驱动力并最终指向各种利益，而上述这种经济利益和政治利益本身以及与此相关的其他利益格局的调整往往以革命或改良的方式进行。当不同利益格局以改良的方式出现时，立法者就需要平衡不同的利益冲突，以立法的方式调整利益格局，将利益冲突限定在合法合理的范围之内，防止非理性的方式去激化矛盾冲突。即便当利益的调整和重塑以革命方式呈现时，制宪者或立法者也往往以规则的方式确认革命成果，并对公共权力进行授予、分配。

二、立法作用的限度

虽然立法具有表达利益要求、平衡利益冲突和重整利益格局等作用，但应注意法律并非万能的，立法作用有其限度。法律虽是解决社会各种矛盾冲突的主要方式，却不是唯一的方式。社会生活中存在无法用立法规范的行为，例如，人们宗教信仰、精神世界、科学实验等问题都超出了法律的范畴。经济社会实践表

① 参见王希：《活着的宪法》，载《读书》2000年第1期。

② 胡锐军：《政治冲突的逻辑先在性及其现实根源》，载《重庆大学学报（社会科学版）》2013年第1期，第131页。

明，化解各种矛盾纠纷，就要建立多元化纠纷解决机制，不能强求各种纠纷都借助法律规范予以解决。有些矛盾和问题还需要运用市场机制、行业自律、习惯规则、道德规范以及科学管理和技术手段等予以解决。[①]

马克思曾说："只是由于我表现自己，只是由于我踏入现实的领域，我才进入受立法者支配的范围。对于法律来说，除了我的行为以外，我是根本不存在的，我根本不是法律的对象。"[②]该阐述不仅强调法律只约束人的行为，不约束人的思想，同时也可以看出法律作为调整人类社会生活的理性规则范围的有限性。从本质上看，立法活动是一种理性的规则创建活动，而人类理性存在"理性不及"的问题，无法收集处理与立法相关的所有信息；此外，与社会发展相比，立法活动总是滞后的，在特定社会背景下，法律规定可能会落后于社会发展，甚至背离社会发展方向。简言之，立法是维护社会秩序、分配社会利益不可或缺的理性活动，但无法涵盖所有社会活动，其社会作用是有限度的。

立法者作为人其固有的偏见和立场会不自觉地被带入法律规则创制之中，尤其在利益表达过程中，这种偏见的烙印往往容易渗入其中。尽管科学民主的立法程序一定程度上可以消弭立法者的偏见，但立法者毕竟不是卢梭口中的神明，其主观意见仍会与立法活动相伴而生。同时，在立法需要价值权衡的过程中，尤其涉及法律规则创制过程中秩序、公平正义、人权、平等、自由等不同价值的冲突和协调时，这种立法者所持有的价值倾向和偏好便更难以避免。如果一国的立法体制、立法权限等相关顶层设计不完善，则会加剧主观意见对立法活动的影响，尤其当立法者创制规则的水平不高时，这种偏向和价值倾向尤甚，甚至会降低立法质量、影响立法作用的发挥。

社会生活的广阔性和复杂性，使得立法所规范调整的对象具有复杂性和不确定性，加之立法语言本身所固有的局限性，会让立法对现实社会错综复杂现象的规范过程变得更加难以驾驭。正是从这个意义上说，立法是一项综合性工作，它既关涉社会生活的方方面面，又涉及法律专业和技术性问题。立法实践除了对立法的现实目的、社会发展需要等诸多价值之外因素进行考量，还需要考量立法背

---

① 参见李培传：《论立法》，中国法制出版社 2013 年版，第 138 页。

② 《马克思恩格斯全集》第 2 版，第 1 卷，人民出版社 1995 年版，第 121 页。

后的价值追求，诸如立法对公平正义、自由、人权等价值的权衡。如何在立法原则性规定、立法价值与立法技术规范问题上达至两者的和谐统一，是立法者在整个规范性问题制定过程中应当审慎对待的事情，毕竟立法问题千头万绪、影响重大，否则会从根本上影响立法和法律的权威。

总而言之，作为一项规则创制活动，立法无疑是建构性的理性活动，具有理性活动的有限性特征，“理性不及”意味着立法既无可能也无必要规范所有社会行为。同时，立法者个体的主观意见也会影响立法质量，又加之法律本身并非万能，则使得立法只能发挥有限作用。

拓展阅读

戚渊：《论立法权》，中国法制出版社2002年版，第171—178页。

乔晓阳主编：《中华人民共和国立法法讲话》，中国民主法制出版社2007年版，第30—44页。

江国华：《立法：理想与变革》，山东人民出版社2007年版，第345—358页。

［美］安·赛德曼、［美］罗伯特·鲍勃·赛德曼：《立法学理论与实践》，刘国福等译，中国经济出版社2008年版，第89—100页。

周旺生：《立法学体系的构成》，载《法学研究》1995年第2期，第3—10页。

［古希腊］柏拉图：《柏拉图全集》，王晓朝译，人民出版社2003年版，第一卷、第二卷和第三卷。

第二章　立法体制

第一节　立法体制的概念

学术界和实务界对立法体制的概念可能存在不同看法，但基本能够形成如下共识：立法体制的核心是立法权的归属和划分问题。立法体制是指主权国家内特定国家机关的立法权限、运行机制和立法主体内部建制和组织相关的系统安排。

立法体制的决定因素如下：

1.国体，即国家的性质，主要指国家中人民的存在形态，用以描述政权归属于何者。国体不同，立法权的归属亦将不同。国体描述占据统治地位的阶层，不同国家掌握国家权力的主体不同，立法权的拥有者和行使者自然不同。立法是表达利益诉求的途径，不同国体在立法中表达出来的利益也不同。

《宪法》第1条[①]明确规定我国的国体为“人民民主专政的社会主义国家”，国家的权力属于人民。人民有权参与治理国家的活动，国家权力的运作应当为了人民、依靠人民，政府不得违背人民的意愿，损害人民的利益。人民通过选举程序选出人民代表参与国家管理，表达利益诉求。我国的立法权属于国家权力的一种，根本上归属于人民，但人民并未直接行使立法权，而是通过间接方式也就是通过人民代表大会制度来行使。国体决定了政体，国体不同，立法权力的实现途径亦不同。

2.政体，主要指统治阶层据以实现其意志的政权架构，即国家政权的组织

---

① 《宪法》第1条规定：“中华人民共和国是工人阶级领导的、以工农联盟为基础的人民民主专政的社会主义国家。社会主义制度是中华人民共和国的根本制度。中国共产党领导是中国特色社会主义最本质的特征。禁止任何组织或者个人破坏社会主义制度。”

和管理形式。政体由国体决定，是国体的表现形式。相同的国体很可能与不同形式的政体相匹配，例如英国、美国的国体都属于资产阶级，但其政体则差别很大，分别是君主立宪制和民主共和制。不同的政体使得各国在横向上对立法主体的设置各不相同，例如立法权归立法机关专有还是行政机关、司法机关分别有一定立法权。

《宪法》第2条[①]规定了我国的政体，即人民代表大会制度，该制度是人民行使权力的途径。人民是我国国家政权的所有者，但人民并未直接行使权力，其权力实现方式则为人民代表大会制度，人民选举出的代表组成各级人民代表大会，行使管理国家的权力。

立法便是人民经民主程序依法将自己的意志上升为法律的过程，立法调研、立法规划公示、立法座谈会或论证会、法律草案征求意见、法律草案表决等都是人民行使立法权力的方式。《立法法》第5条[②]规定的“民主立法”作为一项基本原则指导着各类立法活动的开展，该原则的根据便是我国的国体和政体。

3.国家结构形式，直接决定了中央与地方在立法权上的划分，在单一制国家，地方立法权通过中央的授予而获得，且权力范围比较有限，中央保留着大部分立法权力。在联邦制国家，联邦的权力源自于各州的让渡，中央立法权亦是地方权力的让渡，部分主权事项和州际事项由联邦进行立法，而各州则保留其他的立法权力，因此，地方的立法权限较大。

4.历史传统，我国自古以来便是一个大一统国家，分裂和内战只是历史发展过程中的曲折波动，最终都会回到统一的主旋律上。其特定的地理、气候、人口、文化因素驱动这种国家形态的形成，特别地，中国传统文化中的“天下”观念持续地作用于国家建设。立法权力更多是由中央流向地方，地方的立法权受到更为严格的限制。

5.民族因素，中华传统文化中有所谓“华夷之辨”，区分中华民族与其他民族

① 《宪法》第2条规定：“中华人民共和国的一切权力属于人民。人民行使国家权力的机关是全国人民代表大会和地方各级人民代表大会。人民依照法律规定，通过各种途径和形式，管理国家事务，管理经济和文化事业，管理社会事务。”

② 《立法法》第5条规定：“立法应当体现人民的意志，发扬社会主义民主，坚持立法公开，保障人民通过多种途径参与立法活动。”

的标准在于文化而非种族，只要能够融入华夏文化即可获得一定认同。因此，孔子在《季氏将伐颛臾》里谈到，“夫如是，故远人不服，则修文德以来之。既来之，则安之”。我国自古便是一个多民族的国家，能否恰当处理民族关系可能关系到政权的稳定与否。我国宪法确认了民族区域自治制度，赋予少数民族自治地方进行自我治理的权力。例如，自治县拥有制定自治条例和单行条例的权限，而普通的县则无此项权力，而且自治县可以部分变通与当地民族实际不符的法律和行政法规。

除上述因素外，法律还与一国的文化、经济、政治、社会、地理、气候等状况相关，法律的制定应当充分重视这些关键要素，立法权力的配置也应与上述要素相匹配。正如孟德斯鸠在《论法的精神》中所主张的：“如果精神的气质和内心的感情真正因不同的气候而有极端差别的话，法律就应当和这些感情的差别以及这些气质的差别有一定的关系。”①

第二节　新中国立法体制的演变

宪法是一国的根本法，会将诸如国体、政体、公民基本权利和义务、国家机关等根本性事项作出全面统筹。宪法也会对各项公共权力的归属和运行作出安排，其中必然包括对立法权的安排，因此，我国立法体制的演变与宪法及宪法性法律文件的出台密不可分。

我国当代立法体制的建立与完善大致经历如下阶段。

一、初创探索阶段

该阶段从新中国成立到1954年宪法诞生为止。该阶段存在多个立法主体，中央与地方分别行使一定立法权，地方的立法权限比较有限。在中央层面，立法主体有：中国人民政治协商会议、中央人民政府委员会；在地方层面，立法主体

① ［法］孟德斯鸠:《论法的精神》，张雁深译，商务印书馆1961年版，第227页。

有：大行政区人民政府委员会（或军政委员会）[①]、省人民政府委员会[②]、市人民政府委员会[③]、县人民政府委员会[④]以及各民族区域自治机关[⑤]。新中国成立之初，由《中国人民政治协商会议共同纲领》（以下简称《共同纲领》）发挥临时宪法的作用，对国家的各项权力作出安排。其中，《共同纲领》第12条[⑥]规定了国体和政体，全国人民代表大会为国家最高政权机关。在普选的全国人民代表大会召开前，由中国人民政治协商会议行使全国人民代表大会的职权，包括制定中央人民政府组织法。[⑦]《共同纲领》第16条[⑧]规定中央人民政府委员会法令有权对中央和地方的权限进行划分，要求实现国家统一的同时激发地方活力。而其后通过的《大行政区人民政府委员会组织通则》进一步完善了中央与地方之间对立法权力的分配，其中规定大行政区除了执行中央的法律法令政策外，还有权"拟定法令条例"。中国人民政治协商会议第一届全体会议通过的《中华人民共和国中央人民政府组织法》第7条规定了中央人民政府委员会的立法权，包括：制定并解释国家的法律，颁布法令，并监督其执行；废除或修改政务院与国家的法律、法令相抵触的决议和命令；批准或废除或修改中华人民共和国与外国订立的条约和协定。

该阶段立法权力的配置方式与新中国成立之初的政治需求相关。当时旧有法

---

① 参见1949年12月26日政务院制定的《大行政区人民政府委员会组织通则》第1条、第4条。

② 参见1950年1月6日政务院通过的《省人民政府组织通则》第4条。

③ 参见1950年1月6日政务院通过的《市人民政府组织通则》第4条。

④ 参见1950年1月6日政务院通过的《县人民政府组织通则》第4条。

⑤ 参见1952年8月8日中央人民政府委员会批准的《中华人民共和国民族区域自治实施纲要》第23条。

⑥ 《共同纲领》第12条规定："中华人民共和国的国家政权属于人民。人民行使国家政权的机关为各级人民代表大会和各级人民政府。各级人民代表大会由人民用普选方法产生之。各级人民代表大会选举各级人民政府。各级人民代表大会闭会期间，各级人民政府为行使各级政权的机关。国家最高政权机关为全国人民代表大会。全国人民代表大会闭会期间，中央人民政府为行使国家政权的最高机关。"

⑦ 《共同纲领》第13条第2款规定："在普选的全国人民代表大会召开以前，由中国人民政治协商会议的全体会议执行全国人民代表大会的职权，制定中华人民共和国中央人民政府组织法，选举中华人民共和国中央人民政府委员会，并付之以行使国家权力的职权。"

⑧ 《共同纲领》第16条规定："中央人民政府与地方人民政府间职权的划分，应按照各项事务的性质，由中央人民政府委员会以法令加以规定，使之既利于国家统一，又利于因地制宜。"

制已然废除，而新秩序亟待建立，各行各业都需要适用新的规则，故多个主体开展立法才能满足社会极其旺盛的制度需求。另外，虽然该阶段立法主体存在多个，中央、地方都有，但是立法权力向中央聚拢的趋势则是时代的底色。我国从分裂割据的战乱状态走来，人们对统一和秩序的渴望极大程度上推动了上述趋势。

二、权力集中阶段

该阶段从1954年宪法颁布到1979年第五届全国人民代表大会第二次会议召开前为止，立法权集中于中央，除民族自治地方外，地方不再拥有立法权力，行政机关亦无立法权。①1954年《宪法》明确规定“全国人民代表大会是行使国家立法权的唯一机关”，有权修改宪法、制定法律，而其常设机关有权解释法律、制定法令。按照上述规定运行后发现，全部立法权集中于全国人大无法满足国家法制发展的需要。由于全国人大代表众多、代表履职的兼职特征、开会时间有限等，需要由其他主体履行部分立法权。

因此，根据1954年《宪法》第31条第19项“全国人民代表大会授予的其他职权”的规定，在1955年的《关于授权常务委员会制定单行法规的决议》中，全国人大授权常务委员会根据宪法的精神、根据实际需要制定部分性质的法律（即单行法规）。此后，1959年《第二届全国人民代表大会第一次会议关于全国人民代表大会常务委员会工作报告的决议》授权全国人大常委会“在全国人民代表大会闭会期间，根据情况的发展和工作的需要，对现行法律中一些已经不适用的条文，适时地加以修改，作出新的规定”。

1957—1978年的立法工作基本处于停滞状态，特别是十年“文化大革命”期间法制被严重破坏，法律形同虚设，公民权利无法保障。“文革”期间，全国人大仅举行过一次会议，即第四届全国人民代表大会一次会议，通过了1975年宪法。

---

① 1954年《宪法》第70条第4款规定：“自治区、自治州、自治县的自治机关可以依照当地民族的政治、经济和文化的特点，制定自治条例和单行条例，报请全国人民代表大会常务委员会批准。”

立法体制与国家的政治状况直接相关，该阶段立法权力的中央集中则是各项政治权力高度集中的一个表现。正如李林所言："立法的中央集权是这一时期我国实行高度集中的计划经济体制的政治需要和法律翻版。"[①]当然，立法权力向中央集中的趋势并非国家进入某个阶段之后突然发生，该趋势存在时间连贯性，根源于新中国成立之后的政治状况。

三、立法权下移阶段

该阶段从1979年第五届全国人大二次会议开始至《立法法》出台前为止。立法权在集中于中央后再度向地方适度下移，经历授权之后，权力从中央流向地方。作为时代的转折点，党的十一届三中全会将整个国家引向新的发展方向。1979年《地方各级人民代表大会和地方各级人民政府组织法》改变1954年宪法设置的立法体制，赋予省级人大及其常委会制定地方性法规的权力。[②]1986年修正后的《地方各级人民代表大会和地方各级人民政府组织法》则将立法权力继续向地方下移，到达市级层面，授予省会市、自治区首府市和国务院批准的较大的市的人大及其常委会制定地方性法规的权力。[③]除此之外，全国人大或者其常委

---

① 李林:《关于立法权限划分的理论与实践》，载《法学研究》1998年第5期，第60页。

② 1979年《地方各级人民代表大会和地方各级人民政府组织法》第6条规定:"省、自治区、直辖市的人民代表大会根据本行政区域的具体情况和实际需要，在和国家宪法、法律、政策、法令、政令不抵触的前提下，可以制订和颁布地方性法规，并报全国人民代表大会常务委员会和国务院备案。"1979年《地方各级人民代表大会和地方各级人民政府组织法》第27条规定:"省、自治区、直辖市的人民代表大会常务委员会在本级人民代表大会闭会期间，根据本行政区域的具体情况和实际需要，在和国家宪法、法律、政策、法令、政令不抵触的前提下，可以制订和颁布地方性法规，并报全国人民代表大会常务委员会和国务院备案。"

③ 1986年《地方各级人民代表大会和地方各级人民政府组织法》第7条第2款规定:"省、自治区的人民政府所在地的市和经国务院批准的较大的市的人民代表大会根据本市的具体情况和实际需要，在不同宪法、法律、行政法规和本省、自治区的地方性法规相抵触的前提下，可以制定地方性法规，报省、自治区的人民代表大会常务委员会批准后施行，并由省、自治区的人民代表大会常务委员会报全国人民代表大会常务委员会和国务院备案。"1986年《地方各级人民代表大会和地方各级人民政府组织法》第38条第2款规定:"省、自治区的人民政府所在地的市和经国务院批准的较大的市的人民代表大会常务委员会，在本级人民代表大会闭会期间，根据本市的具体情况和实际需要，在不同宪法、法律、行政法规和本省、自治区的地方性法规相抵触的前提下，可以制定地方性法规，报省、自治区的人民代表大会常务委员会批准后施行，并由省、自治区的人民代表大会常务委员会报全国人民代表大会常务委员会和国务院备案。"

会授予深圳、海南、厦门、汕头和珠海等经济特区人大及其常委会制定经济特区法规的权力，该授权允许经济特区在遵循宪法的规定以及法律和行政法规基本原则的前提下，根据具体情况和实际需要进行灵活立法。①

在纵向上立法权力向地方下移，在横向上宪法授权国务院制定行政法规，也授权各部、委员会制定规章。②另外，一些与改革开放相关的政策需要国务院先行立法，全国人大及其常委会分别在1983年、1984年、1985年对国务院进行授权。③

随着改革开放政策的实施，旧立法体制的困境与不适已经显露无遗，已无法为社会发展提供所需的制度支持。各个地方发展水平趋于一致的状况被打破，地方之间的差异性逐渐凸显出来。对此，孙立平认为，改革开放之后“全国一盘棋”的模式被打破，地方利益突显并被表达出来，地区间的异质性明显增强，地区之间的发展呈现“梯度格局”。④中央立法可能无法在细节方面关注到地方实际，其往往宏大有余而灵活实用欠佳，虚置的条款亦不在少数。因此，立法权在纵横两个方向上分散已经势在必行。

---

① 具体参见《关于建立海南经济特区的决议》（1988年4月13日第七届全国人民代表大会第一次会议通过）；《关于授权深圳市人民代表大会及其常务委员会和深圳市人民政府分别制定法规和规章在深圳经济特区实施的决定》（1992年7月1日第七届全国人民代表大会常务委员会第二十六次会议通过）；《关于授权厦门市人民代表大会及其常务委员会和厦门市人民政府分别制定法规和规章在厦门经济特区实施的决定》（1994年3月22日第八届全国人民代表大会第二次会议通过）；《关于授权汕头市和珠海市人民代表大会及其常务委员会、人民政府分别制定法规和规章在各自的经济特区实施的决定》（1996年第八届全国人民代表大会第四次会议通过）。

② 根据《宪法》第89条第1项规定，国务院行使下列职权：根据宪法和法律，规定行政措施，制定行政法规，发布决定和命令；《宪法》第90条第2款规定：“各部、各委员会根据法律和国务院的行政法规、决定、命令，在本部门的权限内，发布命令、指示和规章。”

③ 具体而言，1983年，第六届全国人民代表大会常务委员会第二次会议授权国务院对《国务院关于安置老弱病残干部的暂行办法》和《国务院关于工人退休、退职的暂行办法》的部分规定进行必要的修改和补充；1984年，第六届全国人民代表大会常务委员会第七次会议授权国务院在实施国营企业利改税和改革工商税制的过程中，拟定有关税收条例，以草案形式发布试行；1985年，第六届全国人民代表大会第三次会议授权国务院对于有关经济体制改革和对外开放方面的问题，可以制定暂行的规定或者条例。

④ 参见孙立平：《转型与断裂：改革以来中国社会结构的变迁》，清华大学出版社2004年版，第24页。

四、全面完善阶段

该阶段从《立法法》出台开始至今。自改革开放以来，我国法治建设取得长足进步，立法作为社会改革与制度变革的载体取得重大发展。立法实践经验不断积累，立法理论不断自觉发展，因此，需要一部关于立法的法律总结上述经验和理论。而当时我国关于立法权限和程序的规定基本散见于宪法、民族区域自治法、地方组织法之中。因此，立法法的制定有其实践与理论价值。2000年《立法法》出台后，经过多年发展形成一个由国家立法权、行政法规立法权、地方性法规立法权、规章立法权、自治条例和单行条例立法权以及授权立法权所构成的立法体系。立法法以基本法律的形式明确规定了国家专属立法权的事项范围，未经全国人大及其常委会授权其他任何主体不得越权立法。①

《立法法》施行多年之后立法工作又遇到新的问题，有必要对《立法法》作出修改。2015年修正的《立法法》对我国的立法体制作出调整，赋予设区的市立法权。②自此，除了省会市、首府市、国务院设立的较大的市之外，其他设区的市拥有立法权，设区的市的人大及其常委会有权制定地方性法规，人民政府有权

---

① 2000年《立法法》第7条规定："全国人民代表大会和全国人民代表大会常务委员会行使国家立法权。全国人民代表大会制定和修改刑事、民事、国家机构的和其他的基本法律。全国人民代表大会常务委员会制定和修改除应当由全国人民代表大会制定的法律以外的其他法律；在全国人民代表大会闭会期间，对全国人民代表大会制定的法律进行部分补充和修改，但是不得同该法律的基本原则相抵触。"第8条规定："下列事项只能制定法律：(一)国家主权的事项；(二)各级人民代表大会、人民政府、人民法院和人民检察院的产生、组织和职权；(三)民族区域自治制度、特别行政区制度、基层群众自治制度；(四)犯罪和刑罚；(五)对公民政治权利的剥夺、限制人身自由的强制措施和处罚；(六)对非国有财产的征收；(七)民事基本制度；(八)基本经济制度以及财政、税收、海关、金融和外贸的基本制度；(九)诉讼和仲裁制度；(十)必须由全国人民代表大会及其常务委员会制定法律的其他事项。"

② 2015年《立法法》第72条第2款规定："设区的市的人民代表大会及其常务委员会根据本市的具体情况和实际需要，在不同宪法、法律、行政法规和本省、自治区的地方性法规相抵触的前提下，可以对城乡建设与管理、环境保护、历史文化保护等方面的事项制定地方性法规，法律对设区的市制定地方性法规的事项另有规定的，从其规定。"2015年《立法法》第82条第1款规定："省、自治区、直辖市和设区的市、自治州的人民政府，可以根据法律、行政法规和本省、自治区、直辖市的地方性法规，制定规章。"

制定政府规章。此外，2015年《立法法》进一步明确了“税收法定”原则，只有国家立法权才能涉及税率、税种和税收征管基本制度。

第三节　我国现行立法体制的特点

一、一元

与联邦制国家不同，我国属于单一制国家。我国只有一个立法体系，其中各个立法主体之间存在权力级别高低之分，但最高立法主体则确定且唯一。国家立法权属于全国人民代表大会及其常务委员会，是其他立法权的根源。我国有且只有唯一一部现行有效的宪法，其中对各个立法主体的立法事项进行规定，包括地方立法主体的立法权限，地方立法权并非其固有的而是中央授予的。该体系的基本要求则是：除非专门授权，下位法不得违背和抵触上位法的规定。

我国各个立法主体按照一定权力关系形成一个内部和谐的金字塔形体系，一般而言，各个主体之间存在比较明确的权限层级关系。例如国务院的立法权限比地方政府的立法权限更大，且因前者对后者存在领导关系，在立法备案中国务院可以直接改变地方政府不适当的立法。我国《立法法》对立法主体之间的权力关系作出一系列规定，主要体现于立法事项、立法监督等内容。

二、两级

我国的立法权可以分为中央立法权和地方立法权，两者有各自的权限范围。中央立法一般针对国家最为重要的事项和在全国范围内具有一般性和普遍性的事项作出安排，地方立法则针对那些与地方实际相关的事项作出规定。

就中央立法而言，有权立法的主体包括全国人大及其常委会、国务院及其部委、国家监察委员会、中央军事委员会。《宪法》和《立法法》规定了中央立法权，特别对全国人大的专属立法权进行详细列举，划定界限之后才对其他主体的立法权进行规定。在中央保留的立法权限之外，其他主体才能各自开展立法活动。相较于中央立法权而言，地方立法主体的权限范围并未获得如此明确界定。上述状况与“一元”特征密切联系，从根本上说，只要中央立法主体认为某事项适宜中央立法，其便可以实施立法。

我国中央立法权包括全国人大及其常委会制定基本法律和非基本法律的权力，以及国务院制定行政法规、部委制定部门规章的权力，还包括国家监察委员会制定监察法规、中央军事委员会制定军事法规的权力。其中，国务院的部、委员会、直属机构有权制定部门规章，其明显不属于地方立法，将其划归为中央立法权的范围也说得通。另外，军事法规的立法主体为中央军事委员会，而中央军事委员会各总部、军兵种、军区、中国人民武装警察部队有权制定军事规章。由于我国军事单位的级别编制与通常意义上的行政体制并非一一匹配关系，因此很难将军事规章直接归入地方立法的范围。

我国地方立法权包括地方立法机关的权限和地方行政机关的权限，就前者而言，具体包括省级人大及其常委会制定地方性法规的权限，设区的市的人大及其常委会制定地方性法规的权限，民族自治地方人大制定自治条例和单行条例的权限，经济特区所在地的省、市人大及其常委会制定经济特区法规的权限；就后者而言，具体包括省级政府、设区的市政府制定地方政府规章的权限。

三、多层次

我国立法的种类多样，包括法律、行政法规、地方性法规、自治条例和单行条例、经济特区法规、军事法规以及部门规章、省级政府规章、设区的市政府规章，而其效力级别也高低不同。具体存在如下效力规则：法律的效力高于行政法规；行政法规的效力高于地方性法规；行政法规的效力高于部门规章；地方性法规的效力高于同级政府制定的政府规章和下级人民政府制定的政府规章；省级政府制定的政府规章其效力高于设区的市政府规章。

即便如此，依然存在一些学术问题有待深入研究。例如，省、自治区人大及其常委会制定的地方性法规与设区的市人大及其常委会制定的地方性法规之间效力级别有无差别？从《立法法》第72条来看，审查批准设区的市的人大及其常委会制定的地方性法规时，应当以本省、自治区人大及其常委会制定的地方性法规为审查标准，可见前者的效力级别高于后者。在《立法法》第五章“适用与备案审查”中严格区分了设区的市政府制定的规章与本省、自治区政府制定的规章，且明确规定了效力级别关系。但是，该章并未严格区分两类地方性法规也未明确作出效力级别高低的规定。该问题在实务界也具有一定反映：设区的市制定地方性法规时能否突破本省、自治区人大及其常委会制定的地方性法规？

还有，全国人大与其常委会之间的立法权限是否需要作出划分？与此相应地方人大与其常委会之间的立法权限是否有必要作出进一步划分？《立法法》第8条规定国家专属立法权应当由全国人大及其常委会行使，从我国立法实践来看，一半以上的法律都由全国人大常委会制定，此种情形虽然源于人民代表大会制度本身，但客观上造成重要法律的民意代表性不足。根据《立法法》第76条“规定本行政区域特别重大事项的地方性法规，应当由人民代表大会通过”，但何为特别重大事项并不明确。因此，在地方立法中，绝大部分地方性法规都由人大常委会通过。

此外，虽然《宪法》和《立法法》等宪法性法律对国家专属立法权作出规定，但到底哪些事项应由地方进行立法现有法律并未明确规定。此状况不利于地方发挥立法的积极性，同时可能出现越权立法和怠于立法的现象。当下对于中央立法权而言，虽然其处于绝对优势地位且集权程度很高，但这不能保证中央立法针对其事项范围总是处于高效运转状态；对于地方立法权而言，诸多先行立法为中央立法积累了丰富的经验，二者之间属于合作互动关系。地方立法的权力范围处在不断扩展的趋势之下，甚至个别立法已经超过《立法法》规定的权限范围，存在“僭越”职权范围的嫌疑。[①]因此，如何在中央立法权与地方立法权之间作出合法合理划分将是未来立法学研究的重点选题。

拓展阅读

曹海晶：《中外立法制度比较》，商务印书馆2004年版，第15—16页。

周雪光：《中国国家治理的制度逻辑》，生活·读书·新知三联书店2017年

① 参见封丽霞：《中央与地方：立法关系法治化研究》，北京大学出版社2008年版。

版，第19—25页。

周旺生：《中国立法五十年（上）——1949—1999年中国立法检视》，载《法制与社会发展》2000年第5期，第1—23页。

张树义：《中国社会结构变迁的法学透视——行政法学背景分析》，中国政法大学出版社2002年版，第10—16页。

刘松山：《国家立法三十年的回顾与展望》，载《中国法学》2009年第1期，第31—50页。

周尚君：《中国立法体制的组织生成与制度逻辑》，载《学术月刊》2020年第11期，第95—107页。

孙立平、王汉生、王思斌等：《改革以来中国社会结构的变迁》，载《中国社会科学》1994年第2期。

第三章　立法主体

第一节　立法主体的概念及分类

一、立法主体的概念

法学意义上的“主体”，即法律通过授权而形成的享有权利、权力，负有义务和承担责任的主体。因此，立法主体在一般意义上应当是法律主体。立法主体是立法制度中的重要问题。权力的运行需要有其承载者，在法治国家中，权力承载者的资质与资格一般由法律规定。所以，立法权也应当由具有特定资质与资格的主体行使。在这个意义上，探讨立法主体的必要性体现为：立法主体与立法权密切联系，是立法权的载体。

我国的立法主体和世界各国的立法主体有相似之处，又有不同特点。在我国，立法主体主要是指国家机关，其他任何社会组织、团体、个人，非经国家机关授权或者法律规定，不能进行立法活动。当然，此种情况也并非绝对，在外国立法实践中，就存在着公民直接成为立法主体的情形，例如，《瑞士宪法》规定，如有5万名有选举权的公民或8个州提出要求，则联邦法律和具有普遍约束力的命令应交付全民表决；即每个有选举权的瑞士公民在此种情况下都会成为立法主体。这当然只是一种极其特殊的情况。

一般而言，立法主体是享有立法权的专门国家机关，所以并非任何国家机关都可以成为立法主体。在我国，全国人民代表大会是制定基本法律的立法主体；而在世界其他国家，各国的权力机关或者议会（例如，美国的国会）进行立法活动，因其享有立法权也是立法主体；在英美法系国家中，因为判例是其法律渊源之一，所以法院以及法官个人也是这些国家的立法主体。因此，在世界各国的立法实践中，立法主体主要存在以下几种类型：第一，具有代表性质的权力机关，例如议会；第二，具有管理性质的、享有行政权的机关，例如政府；第三，具有创制判例权力的司法机关，例如，英美法系中的法院和法官；第四，由享有立法权的机关授权或由法律规定的社会组织、团体；第五，由法律规定的享有全民公决权或者立法复核权的公民个人。

关于立法主体的界定，学理上存在不同的意见。例如，英国法学家奥斯丁认为，立法主体是政治共同体中的“主权者”，而法律则是主权者下达的命令；奥斯丁的后辈哈特反对奥斯丁的观点，认为立法主体是经承认规则授权的机关或者个人。[①]哈特的观点比较符合现代国家的立法实践，此种模式可以称为“规则授权模式”的立法主体辨识模式。

在不少国家的宪法以及相关立法法案中，都可发现由承认规则授予立法机关立法权的情形。例如，《美国宪法》第1条第1款规定：“本宪法所授予的全部立法权均属于由参议院和众议院组成的合众国国会。”又如我国《宪法》第5条、第58条以及《立法法》第7条分别对国家立法权进行了授权与限制：“一切法律、行政法规和地方性法规都不得同宪法相抵触”“全国人民代表大会和全国人民代表大会常务委员会行使国家立法权”“全国人民代表大会制定和修改刑事、民事、国家机构的和其他的基本法律。全国人民代表大会常务委员会制定和修改除应当由全国人民代表大会制定的法律以外的其他法律；在全国人民代表大会闭会期间，对全国人民代表大会制定的法律进行部分补充和修改，但是不得同该法律的基本原则相抵触”。以上条款都可以视为哈特式的“承认规则”条款。

我国学术界对“立法主体”也有不同的定义。有的学者认为，立法主体是指各种立法活动参与者的总称，其中又分为“法治说”与“功能说”两种不同类型：按照“法治说”，立法主体是依法有权进行或者参与法的制定、认可或者变动的国家机关总称，按照“功能说”，立法主体就是有权参与或实际参与立法活动的国家机关、组织和人员的通称；[②]有的学者认为，立法主体包括正式立法

① 哈特指出，只有通过引入一种新的规则才可以使这一现象得到解释，这种规则“以特定的方式授予某个人或某些人以遵守特定程序的方式而进行立法的资格”。H. L. A Hart，The Concept of Law，2nd ed. P. Bulloch and J. Raz. Oxford：Clarendon Press，1994，p.77.

② 参见周旺生：《立法学教程》，北京大学出版社2006年版。

主体与非正式立法主体，正式立法主体包括全国人大及其常委会、国务院等国家机关，非正式立法主体指不具有独立立法权但能够对立法产生实质性影响的功能团体（例如立法主体的内部机构）；[①] 与此对应，有的学者认为，立法权只能由国家机关行使，影响、参与规则创设与最终决定规则是否具有法律效力不可等同视之，因此，立法主体是指以立法活动为其主要职能，依法行使立法权的国家机关。[②]

结合上述学理意见，本书认为“立法主体”是指：依据法律规定行使制定、修改、废止法律的立法权、承担立法责任并行使其他与立法相关的职能的机关法人、社会组织以及自然人。

二、立法主体的分类

一般而言，可以根据立法权行使主体的层级、性质与功能的不同，将立法主体分为两个种类。

1.按照立法权层级的不同，可以分为中央立法主体与地方立法主体；中央立法主体包括全国人大及其常委会与国务院，地方立法主体包括（但不限于）省、自治区、直辖市的人大及常务委员会以及省、自治区、直辖市和设区的市、自治州的人民政府等。（《立法法》第7条、第65条、第72条、第82条）

2.按照是否专门行使立法权，可以分为专门立法主体与非专门立法主体；专门立法主体一般是指专门行使立法权的国家机关或者权力机关，非专门立法主体一般是指除行使立法权外，还具有其他职能的国家机关或者权力机关。前者的情况较少，例如临时性的制宪会议；事实上，世界上各国的立法主体大部分都属于非专门立法主体。

此外，根据立法主体本身的性质与权能的不同，又可以进行如下分类：

1.专门从事立法活动，具有代议、代表性质的权力机关，可以称为狭义上的立法主体，例如，全国人大及其常委会以及美国的“两院”。

---

① 参见崔卓兰等:《地方立法实证研究》，知识产权出版社2007年版。

② 参见王建华、杨树人:《地方立法制度研究》，四川人民出版社2009年版。

2.本身主要行使行政权，又拥有一定立法权力的机关，可以称为行政立法主体（政府），例如，我国的国务院以及省、自治区、直辖市和设区的市、自治州的人民政府。

3.行使司法权、审判权，能够创设具有法律效力的判例的机关或者个人，可以称之为司法立法主体，例如，英美法系的法院或者法官。

4.根据成文宪法或不成文法的授权，享有特定立法权的个人，可以称为国家元首立法主体，例如，政教合一政体中的宗教领袖。

5.由法律授权或上述享有立法权的机关或个人授权而形成的被授权立法主体，通常是一些机关法人、社会组织或团体。

根据《立法法》的规定，全国人民代表大会是制定、修改基本法律的立法主体，全国人大常委会是制定其他法律、对基本法律进行补充修改的立法主体；国务院是制定行政法规的主体。与英美法系国家不同的是，我国司法机关没有立法权，因此不能被列入立法主体的范围。根据《立法法》的规定，我国的立法主体仅包括：（1）具有立法权的人民代表大会及其常务委员会，即狭义上的立法机关；（2）有行政立法权的各级人民政府，即有立法权的行政机关；（3）军事机关，例如，中央军事委员会根据宪法和法律，可以制定军事法规。①

第二节　作为立法主体的立法机关

一、立法机关的分类

在现代法治国家中，各国的立法主体一般是行使立法权的专门立法机关。根据立法机关职权、性质的不同，可以对立法机关进行诸多分类。

根据立法机关立法权的来源不同，可以将立法机关分为法定立法机关与授权

① 此外，《中国共产党党内法规制定条例》第3条规定："党内法规是党的中央组织，中央纪律检查委员会以及党中央工作机关和省、自治区、直辖市党委制定的体现党的统一意志、规范党的领导和党的建设活动、依靠党的纪律保证实施的专门规章制度。"因此，省级以上党组织也具有类似的立法主体功能。

立法机关。法定立法机关是指由宪法和法律明确规定而设立的专门、长期行使立法权能，进行立法活动的公权力机关。授权立法机关则是指由宪法或法律授权的、为了解决特定问题而设立的立法机关，如特别宪法委员会或临时宪法委员会等。

根据立法机关的层级不同，可以分为国家（中央）立法机关与地方立法机关。在我国，国家（中央）立法机关主要是指全国人大及其常委会，而地方立法机关主要包括有立法权的各级人大及其常委会。

立法机关的主要职权乃是行使立法权，但是，不少立法机关除行使立法权外，还被赋予了监督权等其他重要职能。因此，按照立法权能是否为其唯一权能，立法机关又可以分为专门立法机关与非专门立法机关。我国的全国人民代表大会及其常务委员会属于非专门立法机关。

按照立法机关的组织机构构成，可以将立法机关划分为"一院制"立法机关、"两院制"立法机关以及"三院制"立法机关。丹麦、希腊、芬兰、新加坡等国的立法机关属于"一院制"立法机关，我国的最高立法机关全国人民代表大会也为"一院制"立法机关。"两院制"立法机关最初产生于17世纪的英国，后来被其他国家广泛采纳。英国、美国、日本、荷兰、法国均设立了"两院制"的立法机关。在当今世界，南非是为数不多实行"三院制"立法机关的国家。

二、立法机关的构成

之前已经提到，虽然立法机关的议员（代表）不能与立法机关本身画上等号，但议员（代表）是立法机关的重要构成部分。一般而言，立法机关主要由议员（人大代表）、议会（代表大会）领导机构、委员会、议会党团、附属机构或立法助理组成。

（一）议员或人大代表

议员或人大代表是议会制立法机关的基本构成部分。一般而言，议员或人大代表根据宪法与法律规定的程序经选举产生，代表人民行使法定的立法表决权、监督权或其他重要权力。在各个国家的宪法或立法法律中，均对议员或人大代表的数量、名额分配、资格以及相关的保障与限制做了详细而具体的规定。例如，

《全国人民代表大会和地方各级人民代表大会选举法》就对全国人民代表大会代表的相关事项作了如下规定。

数量：全国人民代表大会的代表，由省、自治区、直辖市的人民代表大会和人民解放军选举产生。全国人民代表大会代表的名额不超过三千人。

名额分配：全国人民代表大会代表名额，由全国人民代表大会常务委员会根据各省、自治区、直辖市的人口数，按照每一代表所代表的城乡人口数相同的原则，以及保证各地区、各民族、各方面都有适当数量代表的要求进行分配。省、自治区、直辖市应选全国人民代表大会代表名额，由根据人口数计算确定的名额数、相同的地区基本名额数和其他应选名额数构成。

资格：中华人民共和国年满十八周岁的公民，不分民族、种族、性别、职业、家庭出身、宗教信仰、受教育程度、财产状况和居住期限，都有选举权和被选举权。

限制：依照法律被剥夺政治权利的人没有选举权和被选举权。公民参加各级人民代表大会代表的选举，不得直接或者间接接受境外机构、组织、个人提供的与选举有关的任何形式的资助。违反前款规定的，不列入代表候选人名单；已经列入代表候选人名单的，从名单中除名；已经当选的，其当选无效。

（二）议会或代表大会领导机构

在各个国家的议会或者代表大会的机构设置中，常常会设置议会领导机构负责主持并领导议会或代表大会的日常工作。根据人员构成不同，议会领导机构可以分为个人领导机构与集体领导机构。个人领导机构的代表有英国、美国议院的议长或副议长，俄罗斯国家杜马则设置为主席、副主席。我国的人民代表大会制度则称为委员长、副委员长。

一般而言，议会领导机构的产生可以通过任选制、任命制和轮流担任制产生，其职能主要包括召集议会会议、主持会议、批准或终止议员或代表发言、主持表决、维持会议秩序、人事任免等。

（三）委员会

为了实现立法机关的立法职能，各国的议会或代表大会在常设立法会议之外往往还会设置委员会，用以辅助立法机关的工作。一般而言，根据委员会的存续时间以及职能不同，可以将其分为常设委员会与临时委员会。

常设委员会又可以分为专门委员会与非专门委员会。例如，我国全国人大专门委员会包括民族委员会、宪法和法律委员会、监察和司法委员会、财政经济委员会、教育科学文化卫生委员会、外事委员会、华侨委员会、环境与资源保护委员会、农业与农村委员会、社会建设委员会这十个专门委员会。与专门委员会不同，非专门委员会并没有专门特定的职权。常设委员会的职权一般包括提出并审议议案、检查监督政府工作、成立临时委员会以处理特别问题和事项。

临时委员会是为了解决某个特定的问题而临时成立的委员会。临时委员会又可以分为会期委员会和期外委员会，前者包括我国全国人大召开期间所成立的各种临时委员会，后者则是旨在调查政府、官员行为或者特定影响力重大的事件所成立的特别委员会。

（四）附属机构或立法助理

附属机构是指议会或代表大会设立的不由议员或代表组成的事务性机构。其主要职能在于为立法机关的立法工作提供必要的研究、咨询、信息收集、管理以及后勤保障等。

立法助理是指协助议员或代表履行立法职责并且具有专业立法知识的工作人员。根据各国不同的机构设置，立法助理的类型主要包括议员助理、议员领袖助理、政党助理、议员个人助理以及委员会助理等。立法助理的存在，一方面使得作为立法机关构成单元的议员或代表的工作能够更为高效、更为专业地进行，另一方面也有可能使得议员或代表过度地依赖助理团队，使得民主制度遭到精英阶层的控制与冲击。

三、立法机关的职能

（一）立法功能

立法机关的设立目的与首要功能是进行立法，这也正是其被称为立法机关的根本原因。在立法机关中，经过特定程序通过的议案或者提案，在绝大多数时候的最终成体即为法律与法规。一般而言，立法机关首先必须通过协调不同的利益诉求、统筹兼顾，通过审议、辩论、听证、质询等方式来沟通联系，达成共识，并最后借助法定的表决和投票程序赋予法律议案合法性之效力，使之最终成为公民有义务遵守的国家规范。不同国家的立法机关对立法程序的规定非常不同。

（二）沟通议事功能

立法机关的另一重大功能是沟通议事功能。立法机关立法活动的本质，是将人民诉求、民情民声通过法律的程序予以合法化。在此前提下，立法活动就牵涉到对不同利益诉求的认识、协调和分配问题。在认识、协调利益分配问题的过程中，不同方的代表的利益诉求不尽相同，因此立法机关就成为一个各方沟通斡旋、共商国是，达成共识的交往平台。

在立法机关的实际活动中，始终会伴随着部分议员、代表的提案或者诉求未能被多数同意的情况。但是，立法机关为沟通议事打造的交往平台，使得此种声音能被来自各方的议员或者代表所倾听，同时也有可能通过议会的利益协调机制达成最终的立法妥协方案，得出一个各方都能够接受的立法成果。这也意味着，在民主议事机制中，议员或人民代表由人民产生，并对人民负责，而立法机关恰好能促进共识在民众之间以及民众与政府之间的形成。

哈贝马斯论合法的立法过程：政治参与权利所涉及的，是用法律形式对公开的意见形成和意志形成过程——其结果是有关政策和法律的决议——加以建制化。这种过程应该以交往形式而发生，而这种交往形式，如我们现在看到的，从两个角度使商谈原则发挥效力。这个原则具有认知意义，即对提议和主题、理由和信息进行筛选，这种筛选使所达成的结果被假定是具有合理的可接受性的；民主程序应该为法律的合法性提供依据。但是，在政治公共领域和议会团体中的意见形成和意志形成过程的商谈性质也具有其实践意义，也就是确立一种阿伦特所理解的“无暴力”的、将交往自由的生产能力释放出来的相互理解关系。①

① ［德］尤尔根·哈贝马斯:《在事实与规范之间：关于法律和民主法治国的商谈理论》，童世骏译，生活·读书·新知三联书店2014年版，第185页。

（三）监督和人事任免功能

立法机关的又一重要功能是监督和人事任免功能。此项功能的主要意义在于，根据各国对立法机关权力的法律规定，立法机关能够在一定范围内制约、监督、审查行政机关、司法机关的工作，其监督的内容包括审议和否决行政机关的提案、批准或决定行政机关或司法机关的人事任免等。以美国为例，美国国会拥有的权力表明了其与行政机关、司法机关相互制衡的态势，国会可以批准或否决对行政部门的拨款，可以弹劾包括行政首脑总统在内的行政人员，还可以批准或否决对司法部门的拨款，或者弹劾司法部门的相关审判人员，并且还可以决定最高法院的人数与受理的上诉权。

根据我国《宪法》的规定，“中华人民共和国的国家机构实行民主集中制的原则。全国人民代表大会和地方各级人民代表大会都由民主选举产生，对人民负责，受人民监督。国家行政机关、监察机关、审判机关、检察机关都由人民代表大会产生，对它负责，受它监督。中央和地方的国家机构职权的划分，遵循在中央的统一领导下，充分发挥地方的主动性、积极性的原则”。因此，我国行政机关、监察机关、审判机关、检察机关的工作都要受到立法机关的监督。这具体表现在：（1）选举、决定、罢免国家机构组成人员，例如根据中华人民共和国主席的提名，决定国务院总理的人选，选举和罢免最高人民法院院长、最高人民检察院检察长；（2）决定国家的重大事项，例如审查和批准国民经济和社会发展计划和计划执行情况的报告；（3）监督国家机关，例如听取和审议全国人大常委会、国务院、最高人民法院和最高人民检察院的工作报告。

第三节　立法主体的权限

根据我国“一元两级多层次”的立法体制，我国的立法主体以及相关的权限划分可以分为国家立法权与地方立法权。行使国家立法权的立法主体有：全国人大及其常委会、国务院、国务院部门；行使地方立法权的立法主体有地方人大及其常委会、地方政府。下面就国家立法权与地方立法权的不同立法权限进行说明。

一、国家立法权

国家立法权又称中央立法权，是立法权体系中位阶最高的立法权。根据立法主体的不同，国家立法权由最高立法机关与最高行政机关及其相关部门行使。这里的最高立法机关指全国人民代表大会及其常务委员会，最高行政机关是指国务院。由于本书第四章就“国家立法权”作了详细讨论，此处仅就“国家立法权”主题进行简单介绍：

第一，全国人民代表大会的立法权限包括：修改宪法、制定基本法律和授权立法。

第二，全国人大常委会的立法权限包括：制定、修改和废止基本法律以外的其他法律；对全国人大制定的基本法律进行部分补充和修改；解释宪法和法律与授权立法。

第三，国务院的立法权限包括：制定行政法规；提出法律议案；行使行政法规解释权。国务院各部、各委员会可以根据法律和国务院的行政法规、决定、命令，在本部门的权限内发布命令、指示和规章。

第四，国家监察委员会可以根据宪法和法律，制定监察法规。

二、地方立法权

较之中央立法权，地方立法权的位阶较低，其存在意味着，国家在坚持法制统一的前提下适度放权给地方，以便地方根据自身情况制定符合实际情况的规范性法律文件。除授权立法外，我国的地方立法主体主要有省级人大及其常委会、设区的市（自治州）人大及其常委会、省级政府以及设区的市（自治州）的政府、民族自治地方的人大。

（一）省级人大及其常委会的立法权限

我国《地方各级人民代表大会和地方各级人民政府组织法》（以下简称《地方组织法》）第10条第1款规定："省、自治区、直辖市的人民代表大会根据本行政区域的具体情况和实际需要，在不同宪法、法律、行政法规相抵触的前提下，可以制定和颁布地方性法规，报全国人民代表大会常务委员会和国务院备案。"第49条第1款规定："省、自治区、直辖市的人民代表大会常务委员会在本级人民代表大会闭会期间，根据本行政区域的具体情况和实际需要，在不同宪法、法律、行政法规相抵触的前提下，可以制定和颁布地方性法规，报全国人民代表大会常务委员会和国务院备案。"

需要特别说明的是，对于省级人大及其常委会的立法权限，《立法法》第73条第1、2款有明确规定："地方性法规可以就下列事项作出规定：（一）为执行法律、行政法规的规定，需要根据本行政区域的实际情况作具体规定的事项；（二）属于地方性事务需要制定地方性法规的事项。除本法第八条规定的事项外，其他事项国家尚未制定法律或者行政法规的，省、自治区、直辖市和设区的市、自治州根据本地方的具体情况和实际需要，可以先制定地方性法规。"但是，究竟何种事项属于地方事务，在实践和学理中一直存在着争议。

（二）设区的市、自治州人大及其常委会的立法权限

根据《立法法》第72条第2款的规定："设区的市的人民代表大会及其常务委员会根据本市的具体情况和实际需要，在不同宪法、法律、行政法规和本省、自治区的地方性法规相抵触的前提下，可以对城乡建设与管理、环境保护、历史文化保护等方面的事项制定地方性法规，法律对设区的市制定地方性法规的事项另有规定的，从其规定。设区的市的地方性法规须报省、自治区的人民代表大会常务委员会批准后施行。省、自治区的人民代表大会常务委员会对报请批准的地方性法规，应当对其合法性进行审查，同宪法、法律、行政法规和本省、自治区的地方性法规不抵触的，应当在四个月内予以批准。"自治州的人民代表大会及其常务委员会可以依照《立法法》行使设区的市制定地方性法规的职权。

需要注意的是，设区的市、自治州的人大及其常委会的立法权限，仅限于城

乡建设与管理、环境保护、历史文化保护三个领域，需要向全国人大常委会与国务院备案，并须报省、自治区的人民代表大会常务委员会批准后施行。对于诸如“犯罪和刑罚、对公民政治权利的剥夺和限制人身自由的强制措施和处罚、司法制度等事项”，地方立法主体无权立法。

（三）省级政府的规章制定权

《立法法》第82条规定：“省、自治区、直辖市和设区的市、自治州的人民政府，可以根据法律、行政法规和本省、自治区、直辖市的地方性法规，制定规章。地方政府规章可以就下列事项作出规定：（一）为执行法律、行政法规、地方性法规的规定需要制定规章的事项；（二）属于本行政区域的具体行政管理事项。……应当制定地方性法规但条件尚不成熟的，因行政管理迫切需要，可以先制定地方政府规章。规章实施满两年需要继续实施规章所规定的行政措施的，应当提请本级人民代表大会或者其常务委员会制定地方性法规。”此条文规定了省级政府的规章制定权，也明确了政府规章的“两年先行权”。然而，先行性的规章的立法权限到底是适用地方性法规的立法权限还是限于地方规章的立法权限？在2015年《立法法》修改后，该问题在学理和实践上一直存在着争议。

（四）设区的市、自治州的政府规章制定权

参照《立法法》第82条，设区的市、自治州的人民政府，可以根据法律、行政法规和本省、自治区、直辖市的地方性法规，制定规章。此类立法主体能在城乡建设与管理、环境保护、历史文化保护等三个领域履行规章制定权。

（五）民族自治地方的人大立法权

依照《立法法》第75条，民族自治地方的人民代表大会有权依照当地民族的政治、经济和文化的特点，制定自治条例和单行条例。自治区的自治条例和单行条例，报全国人民代表大会常务委员会批准后生效。自治州、自治县的自治条例和单行条例，报省、自治区、直辖市的人民代表大会常务委员会批准后生效。

此外，“两高”出台的司法解释是否具有法律效力？“两高”是否属于我国的立法机关？“两高”是指我国的最高人民法院与最高人民检察院。以最高人民

法院为例，根据《人民法院组织法》以及《最高人民法院关于司法解释工作的规定》，“最高人民法院可以对属于审判工作中具体应用法律的问题进行解释”，并且，“最高人民法院发布的司法解释，具有法律效力”。

那么，这是否意味着能够作出具有法律效力的司法解释的“两高”本身也成为我国的立法主体呢？这是一种错误观点，原因在于：以法院系统为例，根据《人民法院组织法》的规定，“最高人民法院对全国人民代表大会及其常务委员会负责并报告工作。地方各级人民法院对本级人民代表大会及其常务委员会负责并报告工作。各级人民代表大会及其常务委员会对本级人民法院的工作实施监督”。因此，拥有司法解释权的“两高”与拥有国家立法权的全国人大及其常委会的关系是“前者对后者负责，并接受后者监督”，这就决定了“两高”的司法解释工作是对国家立法权的补充和增强，而并非像判例法国家那样拥有独立的立法权。事实上，“两高”出台的司法解释在位阶上低于立法机关作出的立法解释，不得与其冲突或违背。因此，尽管“两高”有权制定司法解释，但其本身并不享有独立的立法权，不能成为我国的立法主体。

第四节　授权立法

一、我国授权立法的历史与概念

根据我国“五四宪法”的规定：“全国人民代表大会是行使国家立法权的唯一机关”，行使“修改宪法、制定法律、监督宪法实施”的职权。“五四宪法”还规定，全国人大常委会有“解释法律、制定法令”等职权。根据当时的规定，立法主体的立法权在实践中遇到了大量的问题，因为全国人大每年只举行和召开一次，而该立法机关又是当时唯一拥有立法权限的立法主体，故难以适应政治、社会、文化、经济各领域对立法工作的需求。为了解决该问题，1955年7月与1959年4月，全国人大一届二次会议与全国人大二届一次会议，分别通过决议授予全国人大常委会适时制定单行法规与修改不适用法律条文的立法权。这是新中国成立后第一次进行授权立法的活动。但是，亦有学者认为，此种全国人大对全国人大常委会的授权乃是一种内部授权，并非当今实践和学理意义上的授权立法。[①]

当今实践和学理意义上的授权立法，一般是指全国人大及其常委会授权国务院、地方人大及其常委会、地方人民政府、经济特区、民族地区、特别行政区进行立法的活动，其重要特征是，被授权的立法主体获得了超出其应有权限的立法权。此外，授权立法活动还应当包括国务院授权各部委和地方政府制定实施细则、办法的行为，以及地方人大授权地方政府制定实施细则、办法的行为。

1985年4月，全国人大六届三次会议通过了《关于授权国务院在经济体制改革和对外开放方面可以制定暂行的规定或者条例的决定》，指出："为了保障经济体制改革和对外开放工作的顺利进行，第六届全国人民代表大会第三次会议决定，授权国务院对于有关经济体制改革和对外开放方面的问题，必要时可以根据宪法，在同有关法律和全国人民代表大会及其常务委员会的有关决定的基本原则不相抵触的前提下，制定暂行的规定或者条例，颁布实施，并报全国人民代表大会常务委员会备案。"随后，我国《立法法》第9条对授权立法进行了规定："本法第八条规定的事项尚未制定法律的，全国人民代表大会及其常务委员会有权作出决定，授权国务院可以根据实际需要，对其中的部分事项先制定行政法规，但是有关犯罪和刑罚、对公民政治权利的剥夺和限制人身自由的强制措施和处罚、司法制度等事项除外。"

二、授权立法的必要性

同当今世界其他国家一样，我国亦在许多领域采用了授权立法的模式。那么，为何授权立法会广泛存在于世界各国的立法实践当中呢？这就涉及授权立法的必要性问题。授权立法的必要性主要体现在立法压力、技术性、灵活性与紧急状态等四个方面。首先，在现代国家中，实行议会制或者代表制的立法主体几乎很难独立完成所有的立法，因为社会无论是在量上还是质上都对立法工作提出了很高要求，而议会或代表大会的会期在一年之中又是有限的，所以，就很有必要在部分事项上授权给其他立法主体或者行政主体进行立法，议会或代表大会仅保

① 刘莘主编：《行政立法原理与实务》，中国法制出版社2014年版，第108页。

留审查的权力。其次，立法所涉及的技术性问题，决定了立法机关在进行立法时必须征求相关领域专家或利益群体的意见，将立法活动的权力授权给行政部门将便于实施此种专业咨询活动。再次，当一项法律得到创设时，立法者很难预见其在未来的实施过程中会遇到怎样的困难。当法律在实践中遇到困难时，立法机关本身难以频繁地通过立法修正案来解决此种困难，所以，立法机关往往将立法权授予行政机关，使得与社会生活和经济发展联系更加紧密的行政机关，能够根据具体的情况审时度势地进行调整。最后，当国家出现紧急状态时，立法机关漫长的立法过程往往难以立即处理社会和国家所面临的燃眉之急，因此，政府需要获得立法授权以作出快速响应，及时出台一些针对紧急状态的规范性法律文件。当然，在某些国家（例如英国），这种特别法律或法令在事后也要接受议会的合法性审查。[①]另外，根据《立法法》第9条、第65条的规定，授权立法还具有积累经验先行尝试之功能，并可为时机成熟时进行的立法提供参考。

三、授权立法的类型

根据我国的立法实践，我国的授权立法可以分为普遍授权、特别授权与专项授权三种类型。

普遍授权立法，是指根据单行法律、法规所进行的授权立法。在我国，普遍授权立法存在的原因是，中国特色社会主义法律体系的构建与完善需要长时间的探索和经验积累，而某些领域的立法条件尚不成熟，尚待立法机关和国家有关部门论证和观察，所以，保留普遍授权立法就是必要的。在我国，普遍授权立法主要是指，应当由全国人民代表大会及其常务委员会制定法律的事项，国务院根据全国人大及其常委会的授权决定先制定行政法规，经过实践检验，制定法律的条件成熟时，国务院应当及时提请全国人大及其常委会制定法律。在立法条件成熟后，就应当制定相关的法律，立法授权就随之终止。此外，普遍授权立法还有一种形式，即对某些权限作出“批发”式处理，如《行政强制法》中关于行政机关自行执行程序的授权，也是一种普遍授权。

① 张越:《英国行政法》，中国政法大学出版社2004年版，第562—563页。

特别授权立法，是指根据最高权力机关专门的决定进行的授权立法。也就是说，特别授权是最高立法机关经过法定程序，以决定或决议的形式向被授权主体进行立法授权。在我国，经济特区的授权便是特别授权的典型形式。

专项授权立法，是指立法机关根据法律、法规的规定，将某一条款涉及的立法权授予给相关机关的授权行为。例如，《税收征收管理法》第93条规定，“国务院根据本法制定实施细则”，这是全国人大常委会通过专项授权国务院立法的情形。目前，在立法实务中，专项立法仍旧存在着三个值得进一步探讨的问题：一是专项立法对于进行授权的立法主体有无限制条件，二是对专项授权的实施缺乏相应的程序规范，三是如果是授权附属部门进行立法，往往会存在着权责不清，相互推诿的情形。

四、授权立法的限制与程序

总体上讲，授权立法应当遵循以下几点基本限制，以实现授权立法目的，避免立法权的滥用和立法资源的浪费。首先，授权立法必须严格遵循立法目的，例如，实施性立法不得违反上位法的基本原则和精神，其工作职能局限在对上位法规定的制度进行细化和补充的层面上。其次，授权立法不得超过授权的范围，这在《立法法》中也有明确的规定。再次，不得进行转授权，这是由授权立法的法定性与严格性所决定的。最后，授权立法应当及时终止，根据《立法法》的规定，授权立法的授权期限一般不得超过五年，并且，在普遍授权立法中，当制定法律的时机成熟后，应由适格的立法主体制定相应的法律，立法授权也就随之终止。[①]

授权立法的基本程序是：授权立法事项的提出、授权立法事项的审议、授权决定的作出与公布、立法文本的完成和备案。

首先，授权立法事项必须由适格的立法主体提出，也就是说，授权立法者自

---

① 《立法法》第10条规定：“授权决定应当明确授权的目的、事项、范围、期限以及被授权机关实施授权决定应当遵循的原则等。授权的期限不得超过五年，但是授权决定另有规定的除外。被授权机关应当在授权期限届满的六个月以前，向授权机关报告授权决定实施的情况，并提出是否需要制定有关法律的意见；需要继续授权的，可以提出相关意见，由全国人民代表大会及其常务委员会决定。”

身必须有相应的立法权限，无权限的主体本身不存在授权的权力。其次，必须存在适格的受权主体，即立法权的被授予方。在我国，授权立法程序既可以由有立法权的授权主体启动，也可以经过适格的受权主体提议，经有立法权的主体商议同意后启动。

审议授权立法事项：在该程序中，需对授权的目的、事项、范围、被授权主体、立法完成期限等事项进行明确。

公布或者作出授权决定：在我国，一般可以通过两种形式公布或者作出授权决定，一是作出专门的决定或者决议，二是在法律文本中一并作出决定（如普遍授权、专门授权）。

立法文本的完成与备案：授权立法的完成以立法文本的完成为标志，同时，根据授权立法的种类、事项以及层级的不同，在授权立法完成后，立法文本应送相关部门进行备案。

拓展阅读

李步云主编：《中国特色社会主义法制通论》，社会科学文献出版社1999年版，第59—70页。

曹康泰主编：《中华人民共和国立法法释义》，中国法制出版社2000年版，第14—16页。

戚渊：《论立法权》，中国法制出版社2002年版，第171—178页。

李培传：《论立法》，中国法制出版社2013年版，第224—228页。

李林：《关于立法权限划分的理论与实践》，载《法学研究》1998年第5期，第58—77页。

王春光：《我国授权立法现状之分析》，载《中外法学》1999年第5期，第81—89页。

［英］H. L. A.哈特：《法律的概念》（第二版），许家馨、李冠宜译，法律出版社2011年版，第83—86页。

第四章　国家立法

第一节　国家立法概述

一、国家立法释义

（一）国家立法的含义

国家立法是相对于地方立法而言的，所以亦称中央立法，是指特定的中央国家机关依照法定的权限和程序制定、修改、补充、废止和解释规范性法律文件的总称。这里所指的特定的中央国家机关是指依照宪法和法律，依法有权行使立法权的中央国家机关，这些中央国家机关主要是指人大机关，当然也包括宪法和法律授权的行政机关、军事机关、监察机关等国家机关。由于立法事关公民的权利与义务，立法机关立法不但要有法定的立法权，而且权力行使必须在法定的限度内，否则就有违“法不授权即禁止”的现代法治原则。国家机关的立法活动不仅须依照法定的权限，还必须严格遵守法定的程序。遵守法定程序之所以重要，是因为程序性规定反映了民主原则，民主的实质必须通过相应的程序表现出来。遵守法定程序，是实施法治的一个重要问题。人大及其常委会的立法活动、政府的行政立法活动，都必须严格遵循法定的程序。《全国人民代表大会组织法》《全国人民代表大会议事规则》《全国人民代表大会常务委员会议事规则》等法律，都对全国人大及其常委会的立法程序作了一些规定。《国务院组织法》对国务院行使职权（包括制定行政法规）的程序作了规定。《地方组织法》对地方人大及地方政府行使职权（包括制定地方性法规和规章）的程序作了规定。《立法法》在上述法律规定的基础上，对全国人大及其常委会的立法程序、国务院制定行政法规的程序以及地方人大及其常委会制定地方性法规的程序、行政机关制定规章的程序，作了进一步的规定。严格依照法定程序进行立法活动，对于规范立法行为，保证立法质量，使立法工作更好地适应国家各方面建设和发展的需要，其重要性不言而喻。同时，严格遵守法定程序也是国家机关的行为具有合法性所不可缺少的条件。对于违反法定程序的法律、法规或规章，有关机关可以决定予以撤销。这里的规范性法律文件，特指国家立法机关所制定的宪法、法律、行政法规、军事法规、监察法规以及部门规章。

我国现行立法体制呈现一元两级多层次，国家立法主要是指全国人大及其常委会行使国家立法权，全国人大制定和修改宪法及基本法律，全国人大常委会制定和修改一般法律、解释宪法、解释法律；国务院根据宪法和法律制定行政法规；中央军事委员会根据国家法律制定军事法规；国家监察委员会根据全国人大常委会的授权制定监察法规；国务院各部、委员会、中国人民银行、审计署和具有行政管理职能的直属机构根据法律和国务院的行政法规、决定、命令，在本部门的权限范围内制定规章。国家立法就是以全国人大及其常委会的国家立法为主导的，以国务院及其部委、国家监察委员会、中央军事委员会立法相辅助的中央有关国家机关立法的总称。

（二）国家立法的特征

与地方立法相比，国家立法显示出以下基本特征：

1.宪法、法律、行政法规等国家立法高于地方立法，具有更高的效力等级。《宪法》第100条规定："省、直辖市的人民代表大会和它们的常务委员会，在不同宪法、法律、行政法规相抵触的前提下，可以制定地方性法规，报全国人民代表大会常务委员会备案。设区的市的人民代表大会和它们的常务委员会，在不同宪法、法律、行政法规和本省、自治区的地方性法规相抵触的前提下，可以依照法律规定制定地方性法规，报本省、自治区人民代表大会常务委员会批准后施行。"可见省、直辖市、设区的市人大及其常委会制定的地方性法规不得与宪法、法律、行政法规相抵触。虽然宪法条文没有列举军事法规和监察法规，但军队事务属于国家主权事项，地方不得立法，不存在其与地方立法冲突的问题。监察事务是2018年修宪时从其他国家机关中分离出来的事项，国家监察委员会与国务院属于位阶相同的国家机关，其制定的法规具有与行政法规同等的效力，应高于地方立法。民族自治地方、特别行政区、经济特区具有特殊的立法权，与省、直辖市的一般地方立法相区别。

2.国家立法在全国范围内实施，除非有宪法、法律的特别规定。地方立法只能在其立法主体所辖行政区域范围内生效，对其行政区域外的地方不发生法律效力。国家立法涉及的事项，不是国家主权事项，就是对一个国家的政治、经济、法制、军事、文化、外交以及其他各个社会关系领域具有重要影响的事项，在全国范围内产生法律效力，除非有宪法、法律的特别规定。如民族区域自治地方、特别行政区、经济特区、自由贸易试验区。《立法法》第75条规定："民族自治地方的人民代表大会有权依照当地民族的政治、经济和文化的特点，制定自治条例和单行条例。""自治条例和单行条例可以依照当地民族的特点，对法律和行政法规的规定作出变通规定，但不得违背法律或者行政法规的基本原则，不得对宪法和民族区域自治法的规定以及其他有关法律、行政法规专门就民族自治地方所作的规定作出变通规定。"《香港特别行政区基本法》第18条规定："全国性法律除列于本法附件三者外，不在香港特别行政区实施。"《立法法》第74条规定："经济特区所在地的省、市的人民代表大会及其常务委员会根据全国人民代表大会的授权决定，制定法规，在经济特区范围内实施。"2019年10月26日，第十三届全国人民代表大会常务委员会第十四次会议通过《全国人民代表大会常务委员会关于授权国务院在自由贸易试验区暂时调整适用有关法律规定的决定》，"授权国务院在自由贸易试验区内，暂时调整适用《中华人民共和国对外贸易法》《中华人民共和国道路交通安全法》《中华人民共和国消防法》《中华人民共和国食品安全法》《中华人民共和国海关法》《中华人民共和国种子法》的有关规定"。

3.国家立法具有更重要的内容和形式。国家立法调整的内容，一般是涉及一国全局范围的重要事项，或是关系一国根本制度和整个国计民生的重大事项；地方立法则不能调整这类事项。关于国家立法采取的形式，全国人大制定的称为宪法或法律，全国人大常委会制定的称为法律，国务院制定的称为行政法规，中央军事委员会制定的称为军事法规，国家监察委员会制定的称为监察法规。

二、国家立法的地位和作用

全面推进依法治国，建设社会主义法治国家，总目标是建设中国特色社会主义法治体系，形成完备的法律规范体系、高效的法治实施体系、严密的法治监督体系、有力的法治保障体系。建设中国特色社会主义法治体系，必须坚持立法先行，发挥立法的引领和推动作用，实现国家治理体系和治理能力现代化。

首先，国家立法是实现国家治理体系现代化的规范基础。国家治理具有综合性，国家治理体系现代化离不开多元治理主体的互动与协同，而治理主体行为之间的有效协同是以法律秩序的存在为基础的。这时，国家治理对于法律秩序的统一性便提出了要求，即国家治理所依据的法律规范本身必须在不同的等级结构之间达至内部的和谐与统一。

其次，国家立法为国家治理体系现代化提供目标与方向。现代国家是通过以宪法为统领的法律秩序建构起来的共同体。作为规范结构的共同体，国家的目标与任务都根源于宪法和法律，并受宪法和法律的基本原则的拘束。国家治理体系的现代化就是以国家立法确立的基本制度为依托，通过宪法法律实施，落实尊重和保障人权的基本原则，建构国家治理的正当性与合法性。

最后，国家立法是国家治理体系现代化的根本保障。从国家立法与国家治理的关系上来看，宪法与法律是国家治理的基本形式，是社会整合的基本力量，是凝聚社会力量的载体，是利益平衡与解决冲突的有效规则，也是国际社会评价法治发展程度的基本指标。凡是现代国家都需要以宪法法律作为其存在的身份与标志，通过宪法法律治理维护社会基本价值与制度，并为公民基本权利的保护提供统一的法律基础与道德基础。

第二节　全国人民代表大会立法

一、全国人大立法的含义和特征

全国人民代表大会立法，是指全国人民代表大会依照立法程序制定和变动宪法、法律的总称。非依立法程序制定的规范性文件不称之为立法。全国人民代表大会作为我国的最高国家权力机关，根据我国《宪法》第58条规定，行使国家立法权。由于全国人民代表大会在国家机构体系中的地位，其立法是国家立法的核心组成部分，在我国立法体制中，具有最高性、根本性和完整性的特征。

1.最高性。根据宪法的规定，全国人大的立法权在国家立法体系中处于最高地位，其立法权不受其他立法主体的挑战。既不存在被其他国家机关撤销、废除的问题，也不存在向其他国家机关备案或报送批准的问题。全国人大及其常委会立法权的最高性体现在两个方面。一方面，在我国的国家权力体系中，全国人大及其常委会的立法权，是为国家和全社会创制各项制度和行为规范的权力，其他任何国家权力都必须无条件地服从这一权力。宪法和法律一经制定实施，一切国家机关和武装力量、各政党和社会团体、各企业事业组织以及公民个人，都必须予以遵守。一切违反宪法和法律的行为，都必须予以追究。另一方面，在我国多层次的立法体制中，全国人大及其常委会的立法权处于最高和核心地位，其他任何机关制定的规范性文件都不得与宪法、法律相抵触。为适应执行法律和行使行政管理职权的需要，国务院可以依据宪法和法律制定行政法规。为充分调动地方的积极性和主动性，各地根据本地的具体情况和实际需要，可以拥有一定的立法权限。但行政立法权和地方立法权都必须以国家立法权为依据，行政法规不得同宪法和法律相抵触；地方性法规不得同宪法、法律和行政法规相抵触；自治条例和单行条例不得对宪法和民族区域自治法的规定作出变通规定，不得违背法律和行政法规的基本原则。全国人大及其常委会立法权的最高和核心地位，要求国家立法权之下的任何一级立法权都必须服从国家立法权，以国家立法权为最高准则。

2.根本性。首先，全国人大是最高立法机关，更是国家的最高权力机关，它可以决定国家的一切重大事务。虽然《宪法》没有明确全国人大的制宪权，但是，1954年9月，新中国第一部《宪法》诞生，由第一届全国人民代表大会第一次会议通过，它行使了事实上的制宪权。其次，全国人大立法，在内容上调整的是整个国家、社会和公民生活中带根本性、全局性的关系，解决的是整个国家和社会特别重要的问题，有关刑事、民事、国家机构等基本法律只能由全国人大制定，其他任何国家机关都无权制定。最后，全国人大立法是国家立法体制的核心，其他立法要以它为依据或不能与它相抵触；除全国人大常委会的国家立法权外，其他立法权或是为贯彻由它产生的宪法、法律和其他规范性法律文件而行使，或是为补充它的不足以解决它所不能解决的问题而行使。

3.完整性。全国人大有权制定国家所需要的一切实体性的法律，也有权制定国家所需要的一切程序性的法律。既可以自主立法，也可以授权其他主体立法。在制定法律时，既可以由全国人民代表大会常务委员会、国务院、中央军事委员会、最高人民法院、最高人民检察院、全国人民代表大会各专门委员会，向全国人民代表大会提出法律案，也可以由全国人大的一个代表团或者全国人大代表三十名以上联名，向全国人民代表大会提出法律案。公布法律时，按照宪法规定，国家主席有公布法律的权力，但这种权力仅仅是一种象征性的权力，既没有决定权，也没有否决权和搁置权。自治条例和单行条例可以依照当地民族的特点，对法律和行政法规的规定作出变通规定，但不得违背法律或者行政法规的基本原则，不得对宪法和民族区域自治法的规定以及其他有关法律、行政法规专门就民族自治地方所作的规定作出变通规定。香港、澳门特别行政区依据特别行政区基本法有独立的立法权，但其法律须在公布实施后报全国人大常委会备案，全国人民代表大会常务委员会在征询其所属的特别行政区基本法委员会后，如认为特别行政区立法机关制定的任何法律不符合本法关于中央管理的事务及中央和特别行政区的关系的条款，可将该法律发回，但不作修改。经全国人民代表大会常务委员会发回的法律立即失效。

二、全国人大的立法权限

根据《宪法》第62条的规定，全国人大行使的职权包括："修改宪法""制定和修改刑事、民事、国家机构的和其他的基本法律”。对全国人大是否拥有立宪权，《宪法》《立法法》都没有明确规定。学界意见也不统一，既有肯定的，也有持不同意见的。一些学者直接认定“全国人大制定宪法和法律”，认为1954年、1975年、1978年、1982年都在制定宪法。[①]也有学者根据“五四宪法”的制定过程，认为全国人民代表大会拥有制定宪法的权力。而且毛泽东和刘少奇在第一届全国人民代表大会第一次会议上都强调了全国人大对宪法的制定。[②]持不同意见者则认为，人民主权通过宪法制定而实现，宪法制定权属于人民，宪法制定权不是一种国家权力，而是一种自然天赋权力。既然宪法制定权属于人民，那么任何国家机关、任何组织、任何政党、任何社会团体，都不享有宪法制定权，人民才享有宪法制定权，是人民委托全国人大制定宪法。[③]鉴于宪法是一个国家的立国文本，一个国家除非发生了国体的根本改变，需要重新制宪外，一般情况下宪法并不需要重新制定，需要的只是宪法修改而已。故宪法只规定了修改宪法的权力，而对制宪权属于谁并没有提及。通说认为，第一届全国人民代表大会第一次会议是我国宪法制定机关。因此，其后的宪法改动均应视作修改。

（一）修改宪法

宪法作为一个国家的立国文本，绝大多数国家都以基本法的形式对其进行了刚性规定，使宪法保持稳定性、连续性和权威性。但是限于人类认知的有限性，

---

① 参见程维荣:《走向法治时代——从“文革”结束到中共“十六大”召开》，上海教育出版社2003年版，第86页。

② 1953年1月13日，中央人民政府委员会举行第二十次会议，讨论中共中央根据《共同纲领》提出的关于召开全国人民代表大会及地方各级人民代表大会，并在全国人民代表大会上制定《中华人民共和国宪法》的建议。会议听取周恩来总理的说明以后，出席会议的政府委员李济深、黄炎培、张治中等相继发言，一致赞同中共中央的建议。1954年9月15日，中华人民共和国第一届全国人民代表大会第一次会议在北京隆重开幕，会议的主要任务之一就是：制定《中华人民共和国宪法》。毛泽东主席致开幕词，他说：这次会议所制定的宪法将大大地促进我国的社会主义事业。大会听取刘少奇代表宪法起草委员会向大会作的《关于中华人民共和国宪法草案的报告》。经过认真的讨论，以无记名投票方法，通过了我国第一部《中华人民共和国宪法》。参见俞润生:《黄炎培与中国民主建国会》，广东人民出版社2004年版，第169页、第171页。

③ 郑文辉:《中国法律和法律体系》，中山大学出版社2017年版，第34页。

任何国家都不可能制定出一部永远不变的宪法。宪法的不变是相对的，变是绝对的。随着科技的进步、社会的发展、人民立宪经验的累积、国际局势的变化，都可能引发宪法的修改。

目前世界各国的修宪方式大概有两种：一是全面修改；二是部分修改。采用何种方式修改宪法，主要取决于一国当时的政治、经济和社会的具体情况需要。1954年宪法制定后，我国采用了全面修改和部分修改两种方式。1975年、1978年和1982年对宪法进行了全面修改。部分修改方式也有两种，一种是以全国人大决议案的形式进行修改。如我国1979年五届全国人大二次会议通过的《关于修正〈中华人民共和国宪法〉若干规定的决议》，修改内容包括县和县以上的地方各级人民代表大会设立常务委员会，将地方各级革命委员会改为地方各级人民政府，将县的人大代表改为由选民直接选举，以及将上级人民检察院同下级人民检察院的关系由监督改为领导等。1980年五届全国人大三次会议通过的《关于修改〈中华人民共和国宪法〉第四十五条的决议》，决定取消公民基本权利中有运用大鸣大放、大辩论、大字报的权利的规定。另一种是以宪法修正案的方式进行修改。1982年后，我国在1988年、1993年、1999年、2004年、2018年连续5次宪法修改都是采取这种方式进行的。

《宪法》第64条规定了部分修宪程序，即宪法的修改，由全国人大常委会或者五分之一以上的全国人大代表提议，并由全国人民代表大会以全体代表的三分之二以上的多数通过。实践中，我国宪法修改的提议都是由中国共产党中央委员会向全国人大常委会提出宪法修改建议，然后由全国人大常委会形成宪法修正案草案，再提交全国人民代表大会审议。

（二）制定和修改基本法律

对于何谓基本法律，并无确定标准。从法律的性质上看，基本法律对某一类社会关系的调整和规范，在国家和社会生活中应当具有全局的、长远的、普遍的和根本的规范意义；从调整的内容上看，基本法律所涉及的事项应当是公民的基本权利和义务关系、国家经济和社会生活中某一方面的基本关系、国家政治生活各个方面的基本制度、事关国家主权和国内市场统一的重大事项，以及其他基本和重大的事项。

基本法律与非基本法律如何区分，这是我国宪法实践和立法实践还没有完全解决的一个问题。对基本法律下一个定义并不困难，难点在于确定一个什么样的具体标准，能够将基本法律与非基本法律区分开来。从实际情况看，全国人大每年只举行一次会议，并且会期很短，难以保障所有符合基本法标准的法案都提交全国人大审议。基于此种考虑，在全国人大制定《立法法》时，尽管有人主张明确基本法与一般法律的界线，但《立法法》还是沿用了《宪法》的规定，保持了一定的模糊性。全国人大制定基本法律，但并不仅限于基本法律，基于其最高国家权力机关的性质，对于基本法律以外的法律也是有权制定的。全国人大制定法律的程序包括法律案的提出、法律案的审议、法律案的表决和法律的公布四个环节。有权向全国人大提出法律案的主体包括二类：一类是国家机关，即全国人大常委会、全国人大专门委员会、国务院、中央军事委员会、国家监察委员会、最高人民法院和最高人民检察院；另一类是一个代表团或者三十名以上代表联名。从立法实践来看，全国人大审议的法律案，一般先向全国人大常委会提出，经全国人大常委会审议修改之后，再决定提请全国人大会议审议。法律案的审议实行代表审议与专门委员会审议相结合，法律委员会审议与相关专门委员会审议相结合，由法律委员会实行统一审议的制度。即法律案最后的修改文本和建议表决稿由法律委员会向大会主席团提出。法律案的表决以全体代表的过半数通过。法律案通过后，由国家主席签署公布。

全国人大作为最高国家权力机关，不但拥有不受制约的立法权，而且拥有事实上的制宪权。从理论上说，它可以制定任何它想制定的法律，既可以制定和修改基本法律，也可以选择性地制定非基本法律。但是实际上全国人大的立法权又要受到多方面的约束：首先，全国人大在立法过程中必须充分反映人民的意志和愿望，不得制定违背人民意志和利益的法律；其次，全国人大行使国家立法权时，必须以宪法为依据，不得与宪法相抵触；最后，我国地域辽阔，民族、人口众多，各地经济、文化存在较大差异，全国人大会期有限，众多事务需要处理，使得它既没有时间，也没有足够精力来对所有事项进行立法。因此，它行使国家立法权时必须坚持“有所为、有所不为”的原则。立法重点应当是宪法明文规定的基本法律的制定和修改。[①]

---

① 乔晓阳主编：《中华人民共和国立法法讲话》（修订版），中国民主法制出版社2008年版，第86—87页。

（三）立法监督

根据现行《宪法》《立法法》的规定，全国人大监督宪法的实施；有权改变或者撤销全国人大常委会不适当的决定；有权改变或者撤销全国人大常委会制定的不适当的法律，有权撤销全国人大常委会批准的违背宪法和《立法法》第75条第2款规定的自治条例和单行条例。但目前有关全国人民代表大会如何监督全国人大常委会立法的程序还比较模糊，有待立法进一步完善。

第三节　全国人民代表大会常务委员会立法

一、全国人大常委会立法的含义和特征

全国人民代表大会常务委员会立法，是我国最高国家权力机关的常设机关，依据法定权限和程序制定和修改法律的活动。《宪法》第58条规定："全国人民代表大会和全国人民代表大会常务委员会行使国家立法权。"全国人大常委会立法与全国人大立法共同构成国家立法的主体，是国家立法中最核心的方面，具有以下几方面的特征：

（一）立法地位仅次于全国人大立法

全国人大常委会是最高国家权力机关全国人大的常设机关，在全国人大闭会期间行使国家立法权，制定和修改除应当由全国人大制定的法律以外的其他法律，它的立法地位自然高于除全国人大以外的其他所有立法主体的立法。除非宪法法律有特殊规定，全国人大常委会的法律效力及于全国，主权范围内的任何社会组织和个人都要遵守，其他立法主体所立之法都要以全国人大常委会的法律为立法依据，或不得与其相抵触，否则无效。

（二）国家立法权的主要承担者

全国人大每年召开一次会议，每次会议时间不足两个星期，其不但要行使修

宪权、监督宪法实施的权力，同时还要听取“一府两院”的工作报告、审查和批准国民经济和社会发展计划和计划执行情况的报告、审查和批准国家的预算和预算执行情况的报告，进行国家机关的换届选举，决定国务院总理、副总理、国务委员、各部部长、各委员会主任、审计长、秘书长的人选，决定中央军事委员会其他组成人员的人选，全国人大很少有时间来对《立法法》规定的法律保留事项进行立法。全国人大常委会作为全国人大的常设机关，一般每两个月召开一次会议，每次会议都可以有立法议程，故《立法法》规定的绝大多数法律保留事项必须由全国人大常委会来承担。

（三）立法相对完整、独立

全国人大常委会对其所立法律既有制定、修改补充和废止权，也有提案、审议表决和决定公布权；既有权自己立法，也有权监督其他有关立法主体立法，还有权授权其他国家机关立法；它的立法不需要向有关立法主体备案或经有关立法主体批准。这些是全国人大常委会立法具有完整性、独立性的具体表现。当然，全国人大常委会立法也受到一定的限制，它无权制定和修改宪法，无权制定基本法律，它行使补充和修改全国人大法律的权力要以不同被修改法律的基本原则相抵触为前提，全国人大有权对它的不适当的决定和法律予以撤销。

二、全国人大常委会的立法权限

（一）解释宪法和法律

宪法在实施过程中，要适用宪法条文，而适用和运用宪法条文，总是基于对宪法条文的理解，当有两种不同理解出现时，就需要有权机关对其进行解释，按最符合宪法精神的理解予以执行。一般来说，有以下四种情况需要进行宪法解释。一是宪法条文通常只作原则规定，其中有些规定应当如何具体理解和施行，有待于有权解释宪法的机关加以阐明；二是宪法条文中某些用语因受文字表达的局限，需要进一步解释；三是可能原来的规定有遗漏，需补充说明；四是社会客观情况已发生变化，宪法某些条文已不适应，需通过适当的解释使其继续有效。

宪法解释权由全国人大常委会行使，但从现行宪法颁布迄今为止，全国人大常委会鲜见专门的宪法解释例，全国人大常委会用于回答最高人民法院、最高人民检察院、省级人大常委会各种有关宪法适用问题的批复，就是宪法解释。此外，全国人大常委会还经常通过创制法律来明确或界定宪法有关条文，本质上也是在行使宪法解释权力。

当法律的规定需要进一步明确具体含义，或者法律制定后出现新的情况，需要明确适用法律依据时，由全国人大常委会进行法律解释。但实践中，全国人大常委会很少进行专门的法律解释，对于法律的具体适用问题，全国人大常委会授权最高人民法院和最高人民检察院进行司法解释。到目前为止，全国人大常委会所作的法律解释主要是对《香港特别行政区基本法》进行了五次解释，如1999年关于香港人在内地所生子女居港权，2004年香港行政长官产生办法与立法会的产生办法和法案、议案的表决程序，2005年香港行政长官的缺位与产生，2011年香港特别行政区是否应适用中央人民政府决定采取的国家豁免规则或政策，2016年香港立法会宣誓。

（二）制定和修改除应当由全国人大制定的法律以外的其他法律

根据《宪法》的规定，基本法律由全国人民代表大会制定。但全国人大作为最高权力机关，可以行使“应当由最高国家权力机关行使的其他职权”，意味着全国人大只要认为有需要，也可以制定非基本法律，从实践情况看，一些非基本法律就是全国人大制定的。《立法法》对法律保留事项进行了明确规定，这些法律保留事项由应制定基本法律的事项和应制定非基本法律的事项组成，由于基本法律与非基本法律区分的模糊性，有些法律保留事项很难确定是应制定基本法律还是非基本法律，除应当由全国人大制定的法律以外的其他法律，全国人大常委会都有立法权。此外，对全国人大制定的法律进行补充和修改。这是一项非常重大的立法权，但它只能在全国人大闭会期间行使，只能进行部分补充和修改而不能进行全面的补充和修改，不得同被补充和修改的法律的基本原则相抵触。

（三）立法监督

全国人大常委会的立法监督权主要包括撤销、备案、审查、批准权：

1.撤销权。《宪法》第67条第7项、第8项分别规定：全国人大常委会对国务院制定的同宪法、法律相抵触的行政法规、决定和命令，以及省、自治区、直辖市国家权力机关制定的同宪法、法律和行政法规相抵触的地方性法规和决议行使撤销的职权。《立法法》第97条第2项规定，全国人大常委会有权撤销国务院制定的同宪法和法律相抵触的行政法规，有权撤销同宪法、法律和行政法规相抵触的地方性法规，有权撤销省、自治区、直辖市人大常委会批准的违背宪法和《立法法》第75条第2款规定的自治条例和单行条例。对于授权立法的监督，《立法法》第97条第7项规定：授权机关有权撤销被授权机关制定的超越授权范围或者违背授权目的的法规，必要时可以撤销授权。

2.备案审查及批准权。行政法规、监察法规、地方性法规、自治州和自治县的自治条例和单行条例、经济特区法规以及最高人民法院、最高人民检察院作出的属于审判、检察工作中具体应用法律的解释均须报全国人大常委会备案；全国人大常委会对备案的法规、司法解释可以采取依职权审查、依申请审查、移送审查、专项审查等方式。香港特别行政区、澳门特别行政区立法机关制定的法律需报全国人大常委会备案，其审查参照适用法规、司法解释的审查办法。自治区制定的自治条例和单行条例，报全国人大常委会批准后生效。

第四节　国务院立法

一、国务院立法的含义和特征

国务院立法，是作为中央人民政府、最高国家权力机关的执行机关以及最高国家行政机关的国务院，依法制定行政法规并参与国家立法活动的总称。国务院立法主要有以下特征：

1.从属性和主导性。一方面，国务院作为最高国家权力机关的执行机关，要贯彻和执行宪法和法律，以及全国人大及其常委会的其他规范性法律文件，国务院立法要以宪法和法律为依据，不得同它们相抵触，这是国务院立法的从属性。另一方面，国务院作为最高国家行政机关，担负统一领导和管理全国行政工作的责任，因而对全国的行政工作具有主导性。与此相适应，国务院立法对地方立法，特别是对制定地方性法规和地方政府规章的立法活动，具有主导性。地方性法规和地方政府规章不能与国务院行政法规相抵触。

2.任务重、范围广。国务院的行政管理涉及国家政治、经济、文化、社会生活的各个方面，国务院不但要为执行法律而制定执行性行政法规，而且要对宪法规定的行政管理事项制定行政法规。同时，属于法律保留的事项，还没有制定法律的，全国人民代表大会及其常务委员会有权作出决定，授权国务院可以根据实际需要，对其中的部分事项先制定行政法规。故国务院还有为全国人大及其常委会立法积累经验的任务。此外，国务院还负有为地方立法提供立法依据的使命，所有这些，使得国务院立法调整的范围，远远超出全国人大及其常委会立法的范围，其立法任务不仅非常广泛，而且非常繁重。第十二届全国人大期间，全国人大及其常委会共制定法律25部，国务院制定行政法规60部。

3.多样性、先行性和受制性。国务院立法的多样性主要表现在制定和变动行政法规，向全国人大及其常委会提出法律案，完成全国人大及其常委会的授权立法任务，监督部门规章和地方政府规章，内容和形式多样；国务院立法的先行性主要表现在一些需要制定法律的事项，在立法条件没有完全成熟时，往往由全国人大或全国人大常委会授权，进行先行先试，待立法条件成熟，再制定法律；国务院立法的受制性则主要表现在国务院作为最高国家权力机关的执行机关，它的立法活动要对最高国家权力机关负责，受后者制约。国务院行政法规要根据宪法和法律制定，没有后者就没有前者。国务院有权向全国人大及其常委会提出法律案，但该法律案能否通过，取决于接受法律案的机关。国务院根据全国人大及其常委会授权进行的立法活动，由于权力来源于授权者，也自然受到授权者制约。“国务院立法的一个重要目的是贯彻、实施宪法和法律，这也是它具有受制性的一个原因。”[①]

二、国务院的立法权限

根据《宪法》《立法法》的规定，国务院行使制定和修改行政法规、向全国

---

① 周旺生：《立法学》（第2版），法律出版社2009年版，第267页。

人大及其常委会提出法律案、授权立法、规章监督等权力。

（一）制定和修改行政法规

《宪法》第89条规定，国务院根据宪法和法律制定行政法规。《立法法》第65条将《宪法》第89条具体化，明确规定可以用行政法规规定的事项：一是为执行法律的规定需要制定行政法规的事项；二是《宪法》第89条规定的国务院行政管理职权的事项；三是法律保留事项，全国人大及其常委会授权先制定行政法规。

1.为执行法律的规定需要制定行政法规的事项

国务院作为国家行政机关，依照人民的意志行使职权是根本要求。法律作为人民意志的主要载体，依法行政是其基本职责。法律要具有权威，既要求其稳定性，也要求其适应性。一部面面俱到、能够适应所有地域、应对所有情况的法律既不可能，也不现实，更不需要。法律所要规定的，只能是一些原则性的、普适性的规范，是一些低位阶法规无法完成的内容。法律的实施，需要行政机关根据具体情况将法律条文尽可能地细化，便于执行。这一类的行政立法，其立法应当符合原法律的精神和基本原则，遵循法律所指示的目标，不能超出原法律的规定再新设权利和义务。此类行政法规主要包括三种：一是综合性的实施细则、实施条例或实施办法；二是为实施法律中的某一项规定和制度而制定的专门规定；三是对法律实施的过渡、衔接问题和相关问题作出的规定。

2.《宪法》第89条规定的国务院行政管理职权的事项

国务院作为国家行政机关，管理国家行政事务自然是题中之义。《宪法》作为一部保障公民权利的契约，将公权力明确进行例举以防止公权力滥用，依法行政就成为对公权力的必然要求。《宪法》明确了国务院行使权力的范围，规定了其管理职权。这些职权都由全国人大及其常委会对其进行立法，对于全国人大及其常委会来说，是一项不可能完成的任务。其原因既在于全国人大及其常委会没有这么多的时间和精力，更在于其难以胜任立法所日益需要的专业知识和技能，由行政机关对一些专业性的事项或技术性的事项进行立法就成为必然。也就是说，只要这些事项属于国务院的职权范围，不是法律保留的事项，而且全国人大及其常委会没有立法，国务院就可以制定行政法规。

3.根据授权立法

《立法法》明确规定了法律的保留事项，一些没有立法的保留事项亟须法律规定，但该事项的立法经验又不成熟，仓促立法不但可能对新事物或改革起不到引领、推动和保障作用，反而会阻碍或造成无序发展，最终实现不了立法目的。授权国务院先行立法，待立法时机成熟再由全国人大或全国人大常委会立法，就是一个比较妥当的选择。故《立法法》第9条明确规定，全国人大及其常委会有权作出决定，就法律保留事项尚未制定法律的，可以授权国务院根据实际需要，对其中的部分事项先制定行政法规。同时对授权立法也明确进行了限制：一是立法事项限制，即有关犯罪和刑罚、对公民政治权利的剥夺和限制人身自由的强制措施和处罚、司法制度等事项不得授权；二是不得转授权，即国务院不得将全国人大或全国人大常委会的授权转授其他机关；三是立法目的限制，即授权立法应符合授权目的；四是条件限制，即授权立法事项，经过实践检验，制定法律的条件成熟时，由全国人大及其常委会及时制定法律。法律制定后，相应立法事项的授权终止。对于条件成熟的标准，一般可以从下面这三个方面来衡量：一是行政法规所规范的社会关系是否已经比较稳定，而不是在急速的变化调整中；二是行政法规所规定的措施和制度，经实践检验是否是可行的、必需的；三是改革的方向是否已经比较明确具体。[①]

（二）向全国人大及其常委会提出法律案

根据《宪法》第89条规定，国务院有权向全国人大或者全国人大常委会提出议案。提起法律议案是整个立法程序中不可或缺的组成部分，立法提案权也是国务院立法权的重要组成部分。国务院向全国人大常委会提出法律案后，经委员长会议决定是否列入常委会会议议程，或者先交由相关专门委员会审议并提出报告，再决定是否列入常委会会议议程。一旦列入议程，经法定程序表决通过，即成为法律。

国务院的法律提案权在全国人大及其常委会的立法中起到了特别重要的作用，其原因在于《宪法》《全国人民代表大会组织法》《立法法》虽然规定了多方

① 参见曾粤兴主编:《立法学》，清华大学出版社2014年版，第144页。

面的机关和人员可以向全国人大及其常委会提起法律议案，但实践中，法律议案主要是或绝大多数是由全国人大和国务院提出的。1979年以来，国务院就制定新法律、将行政法规修改完善上升为法律以及修改和废止现行法律等多方面事项，向全国人大及其常委会提出了大量法律案，全国人大及其常委会所立法律中，由国务院提案的约占70%。[①]

（三）一定范围的立法监督

国务院是最高国家行政机关，统一领导国务院各部门的工作、统一领导全国地方各级国家行政机关的工作。国务院的立法监督主要体现在两个方面：一是对国务院各部门立法和地方政府立法的监督；二是对地方性法规、自治条例、单行条例的监督。主要监督法规、规章是否超越权限；下位法是否违反上位法的规定；地方性法规与部门规章之间或者不同规章之间对同一事项的规定不一致，是否应当改变或者撤销一方的或者双方的规定；规章的规定是否适当；是否违背法定程序。备案审查时，认为需要有关的国务院部门或者地方人民政府提出意见的，有关的机关应当在规定期限内回复；认为需要法规、规章的制定机关说明有关情况的，有关的制定机关应当在规定期限内予以说明；认为地方性法规同行政法规相抵触的，由国务院提请全国人大常委会处理；认为规章超越权限，违反法律、行政法规的规定，或者其规定不适当的，由国务院法制机构建议制定机关自行纠正，或者由国务院法制机构提出处理意见报国务院决定，并通知制定机关。对因违反《规章制定程序条例》而无效的规章，国务院法制机构不予备案，并通知制定机关。

1.对国务院部门规章和地方政府规章的监督。根据《宪法》第89条的规定，国务院有权改变或者撤销各部、各委员会发布的不适当的命令、指示和规章，改变或者撤销地方各级国家行政机关的不适当的决定和命令。《立法法》第97条第3项对《宪法》第89条的立法监督进一步具体化，明确立法监督是指对国务院部门规章和地方政府规章。《立法法》第98条第4项要求部门规章和地方政府规章报国务院备案。

对于“不适当”的含义，宪法、法律并没有对此作出明文规定，一般认为不

① 周旺生：《立法学》（第2版），法律出版社2009年版，第268页。

适当包含以下几种情况：（1）要求公民、法人和其他组织执行的标准或者遵守的措施明显脱离实际的；（2）要求公民、法人和其他组织履行的义务与其所享有的权利明显不平衡的；（3）赋予国家机关的权力与要求与其承担的义务明显不平衡的；（4）对某种行为的处罚与该行为所应承担的责任明显不平衡的。[①]

2. 对地方性法规、自治条例、单行条例的监督。根据《立法法》第99条规定，国务院认为地方性法规、自治条例和单行条例同宪法或者法律相抵触的，可以向全国人民代表大会常务委员会书面提出进行审查的要求。同时《立法法》第98条第2项、第3项规定也明确要求，省、自治区、直辖市、设区的市、自治州的人大及其常委会制定的地方性法规，自治州、自治县的人大制定的自治条例和单行条例等，都要报国务院备案。

第五节　中央军事委员会和国家监察委员会立法

一、中央军事委员会立法

（一）中央军事委员会立法的含义和特征

中央军事委员会立法是指中央军委根据宪法、立法法和国防法的有关规定，制定、修改、废止和解释军事法规的活动。中央军事委员会立法主要有如下特征：

1. 从属性。中央军事委员会由全国人大产生，中央军事委员会主席对全国人大和全国人大常委会负责。在我国的宪法体制下，国家权力统一而不可分割，不存在所谓权力分立，只存在权力集中行使基础上的合理分工。全国人民代表大会是最高国家权力机关，为了实现对国家的有效治理，根据职能的不同，宪法规定全国人民代表大会及其常委会行使国家立法权，中央军事委员会领导全国武装力量。一切国家机关和武装力量，都必须以宪法为根本的活动准则。无论是立法权、

① 乔晓阳、张春生主编：《选举法和地方组织法释义与解答》，法律出版社1997年版，第94页。

行政权，还是军事权，都应受到法律的规制。我国《立法法》与《国防法》都明确规定了中央军事委员会制定军事法规的权力。《立法法》第103条规定，“中央军事委员会根据宪法和法律，制定军事法规”；《国防法》第15条第5项规定，中央军事委员会“根据宪法和法律，制定军事法规”。中央军事委员会制定军事法规要以宪法和法律为依据。

2.主动性。中央军事委员会领导全国武装力量，其职权具体包括：（1）统一指挥全国武装力量；（2）决定军事战略和武装力量的作战方针；（3）领导和管理中国人民解放军、中国人民武装警察部队的建设，制定规划、计划并组织实施；（4）向全国人大或者全国人大常委会提出议案；（5）根据宪法和法律，制定军事法规，发布决定和命令；（6）决定中国人民解放军、中国人民武装警察部队的体制和编制，规定中央军事委员会机关部门、战区、军兵种和中国人民武装警察部队等单位的任务和职责；（7）依照法律、军事法规的规定，任免、培训、考核和奖惩武装力量成员；（8）决定武装力量的武器装备体制，制定武器装备发展规划、计划，协同国务院领导和管理国防科研生产；（9）会同国务院管理国防经费和国防资产；（10）领导和管理人民武装动员、预备役工作；（11）组织开展国际军事交流与合作；（12）法律规定的其他职权。这些职权的行使需要依照法律法规的规定来进行。由法律来对中央军委的所有事权进行规范，既在理论上行不通，在实践中也不现实。因此《军事立法工作条例》明确规定军事法规可以立法的范围，只要法律没有作出规定的，中央军委就可以主动作出规定。

3.专属性。军事立法的目的就是依法治军，凡是涉及中国人民解放军的体制编制，军委机关部门以及战区、军兵种和其他大单位的任务和职责，中国人民解放军作战指挥和建设管理的基本制度，中国人民解放军的奖惩制度，军队人员的基本权利义务，在法律没有进行规范时，由军事法规进行规范。调整对象属于国防建设领域，涉及地方人民政府、社会团体、企事业单位和公民的军事行政法规、军事行政规章，分别由中央军委会同国务院，军委各总部、国防科工委会同国务院有关部门联合制定。

（二）中央军事委员会的立法权限

我国军事机关的军事立法权，在宪法中并未明确规定，但在《国防法》与

《立法法》中则有明确规定。《国防法》第15条第5项规定，中央军事委员会“根据宪法和法律，制定军事法规，发布决定和命令”。《立法法》第103条规定：“中央军事委员会根据宪法和法律，制定军事法规。中央军事委员会各总部、军兵种、军区、中国人民武装警察部队，可以根据法律和中央军事委员会的军事法规、决定、命令，在其权限范围内，制定军事规章。军事法规、军事规章在武装力量内部实施。军事法规、军事规章的制定、修改和废止办法，由中央军事委员会依照本法规定的原则规定。”

二、国家监察委员会立法

（一）国家监察委员会立法的含义和特征

国家监察委员会立法是指国家监察委员会依据法定的权限和程序制定和变动监察法规的活动，具有如下特征。

1. 授权立法。国家监察委员会立法的权力不是来自宪法，而是来自全国人大常委会的授权。授权立法要严格遵守《立法法》第10条、第11条、第12条有关授权立法的规定。

2. 专属性。国家监察委员会立法的目的是贯彻实施《宪法》和《监察法》，保障国家监察委员会依法履行最高监察机关职责，便于各级监察机关更好地执行和适用法律，所涉事项限于执行《宪法》《监察法》，领导地方各级监察委员会的工作。

3. 从属性。国家监察委员会由全国人大产生，对全国人大及其常委会负责。其立法不得与宪法、法律相抵触。根据《全国人民代表大会常务委员会关于国家监察委员会制定监察法规的决定》，其立法仅仅是一种执行性的补充立法，且其权力行使事涉公民的权利与义务，必须严格遵守法律保留的原则。

（二）国家监察委员会的立法权限

我国《宪法》《立法法》《监察法》并未规定国家监察委员会的立法职权，但随着国家监察体制改革的不断深入，监察工作中的一些深层次问题逐渐显现，

《监察法》中的一些原则性表述需要进一步具体化或作出法律解释。而全国人大常委会立法及法律解释的时效性使得监察反腐工作无法适应高效反腐的要求，赋予国家监察委员会立法职权势在必行。在宪法、法律修改一时无法启动的情况下，2019年10月26日，第十三届全国人民代表大会常务委员会第十四次会议通过《全国人民代表大会常务委员会关于国家监察委员会制定监察法规的决定》（以下简称《决定》），授权国家监察委员会制定监察法规，由此派生了独属监察系统的监察法规制定权。根据该《决定》，国家监察委员会可以就为执行法律的规定、履行领导地方各级监察委员会工作职责的事项制定监察法规。

具体来说，监察法规可以规定的事项不得涉及法律保留的内容，参照《立法法》对国务院的授权规定，凡是涉及法律保留事项而没有制定法律的，经全国人大及其常委会授权决定，国家监察委员会可以根据实际需要，对其中的部分事项先制定监察法规，但是有关犯罪和刑罚、对公民政治权利的剥夺和限制人身自由的强制措施和处罚、司法制度等事项除外。

第六节 国务院部门立法

一、国务院部门立法的含义和特征

国务院部门立法是指国务院所属部门依法制定和变动行政规章活动的总称。国务院部门立法主要有以下特征。

1. 职权立法。《宪法》第90条第2款规定：“各部、各委员会根据法律和国务院的行政法规、决定、命令，在本部门的权限内，发布命令、指示和规章。”宪法作为一部配置国家权力的法律，代表着人民的意志，其对国家机关赋权的效力高于法律。在我国，中央军事委员会立法的权力来自法律的授权，其权力来源低于国务院部门规章制定权的来源，虽然这种不同并不代表两者立法效力的高低，但足以显示国务院部门规章制定权的重要性。

2. 集群性立法。国务院部门立法是数十个立法主体立法的总称，这既与全国人大及其常委会、国务院立法都是单个立法主体立法不同，也与地方多立法主体立法存在差异。地方立法主体立法在各自行政领域内发生效力，国务院各部门立法在各自行业内发生效力。

3.从属性和受制性尤为突出。国务院部门立法虽然属于国家立法的组成部分，但它是位于国家立法中最低层次的一种立法。其立法不仅要以法律和行政法规为依据，也要以国务院的决定和命令为根据。其任务和目的主要是贯彻实施法律、行政法规和国务院的决定和命令，它们通常是从属于法律，特别是直接从属于行政法规的。

4.调整范围广泛、具体。一方面，国务院各个部门的立法虽然只是调整某一领域的事项，但国务院数十个部门的立法综合起来，调整范围则非常广泛，涉及国家管理事项的方方面面。另一方面，国务院部门立法是对法律、行政法规的进一步具体化，强调可操作性和实施性，因而调整的内容非常具体。

二、国务院部门立法的权限范围

根据《立法法》第80条的规定，国务院部门规章涉及的事项主要包括两类：一是执行法律和行政法规的事项，即部门规章的制定必须是在本部门权限范围内的事项，并且具备上位法的依据。部门规章主要是将法律和行政法规中比较原则、概括的规定具体化，以便实施。实践中，部门规章主要以行政法规为依据，而不是直接对法律的具体化。二是执行国务院的决定和命令的事项。国务院在行使行政管理职权中，经常根据实际情况作出具有普遍效力的决定和命令，虽不属于立法范畴，但属于宪法和法律规定的国务院职权，所以由国务院部门在本部门的权限范围内制定规章予以贯彻实施。

拓展阅读

蔡定剑：《中国人民代表大会制度》，法律出版社1998年版，第273—278页。
刘莘：《行政立法研究》，法律出版社2003年版，第46—48页。
郭道晖：《论国家立法权》，载《中外法学》1994年第4期，第9—19页。
马怀德：《〈国家监察法〉的立法思路与立法重点》，载《环球法律评论》

2017年第2期，第5—16页。

周旺生:《再论全国人大立法运作制度》，载《求是学刊》2003年第4期，第66—73页。

姜明安:《国家监察法立法的若干问题探讨》，载《法学杂志》2017年第3期，第1—10页。

第五章　地方立法

地方立法是相对于国家立法而言，是地方立法主体在其法定权限范围内制定、修改、废止规范性法律文件的活动，是一个国家完整立法体系的重要组成部分。我国现有的地方立法包括：省（直辖市）人大及其常委会和人民政府立法、设区的市立法、民族自治地方立法、经济特区立法、特别行政区立法等。赋予特定地方国家政权机关立法权，是为了充分调动地方的主动性、积极性，根据国家经济社会发展的需要而在宪法法律中明确规定的重要立法制度。

第一节　地方立法概述

地方立法源于国家经济社会发展的需要，有其内在必然性。在单一制国家体制下，宪法法律对地方立法有严格的规制，以确保其符合法制统一的原则，[①]并能对地方经济社会发展起到引领和推动作用。

一、地方立法的含义

地方立法有两个方面的含义：一是从立法过程看，指特定地方国家政权机关根据法定权限和程序，运用立法技术制定、修改、废止规范性法律文件的活动；二是从立法结果看，指地方立法机关制定的规范性法律文件，如地方性法规、地方政府

① 《立法法》第4条规定："立法应当依照法定的权限和程序，从国家整体利益出发，维护社会主义法制的统一和尊严。"

规章、自治条例和单行条例等。我们一般从地方立法过程理解和把握地方立法。

理解和把握地方立法，必须注意以下几个问题。

一是并非所有地方国家政权机关都有地方立法权。我国中央与地方分享立法权的立法体制是在改革开放过程中逐步形成的。新中国成立初期，百废待兴，国家立法满足不了地方发展的需要，国家将立法权全面下放，行使地方立法权的主体比较多，县以上各级人民政府都或多或少地享有立法权，包括大行政区的人民政府，省的人民政府，直辖市、大行政区辖市和省辖市的人民政府，县人民政府，以及民族自治地方的自治机关等。①随着国家政权的稳固，1954年《宪法》取消了地方立法权，把立法权全部收归全国人大。②1979年7月，根据改革开放的需要，五届全国人大二次会议通过的《地方组织法》第6条明确规定，“省、自治区、直辖市的人民代表大会根据本行政区域的具体情况和实际需要，在和国家宪法、法律、政策、法令、政令不抵触的前提下，可以制订和颁布地方性法规，并报全国人民代表大会常务委员会和国务院备案”，由此开启地方立法新时代。1982年《宪法》第100条规定，“省、直辖市的人民代表大会和它们的常务委员会，在不同宪法、法律、行政法规相抵触的前提下，可以制定地方性法规，报全国人民代表大会常务委员会备案”，奠定了中央与地方分享立法权体制的宪法基础。1986年第二次修正的《地方组织法》第7条规定，省、自治区的人民政府所在地的市和经国务院批准的较大市的人民代表大会，可以制定地方性法规，报省、自治区的人大常委会批准后施行。1992年7月，第七届全国人大常委会第二十六次会议通过决定，授予深圳市的人大及其常委会以制定法规的权力。1994年和1996年又先后授予厦门市、珠海市及汕头市的人大及其常委会制定法规权。

---

① 根据1950年1月6日政务院制定的《省人民政府组织通则》《市人民政府组织通则》和《县人民政府组织通则》规定，省人民政府有权拟定与本省政务有关的暂行法令条例，报主管大行政区人民政府转请政务院批准或者备案。直辖市、大行政区辖市和省辖市的人民政府，有权拟定与本市政有关的暂行条例，报上级人民政府批准。县人民政府有权拟定与县政有关的单行法规报请省人民政府批准或者备案。

据《中华人民共和国民族区域自治实施纲要》的规定，各民族自治区的自治机关在中央人民政府和上级人民政府法令所规定的范围内，依其自治权限，可以制定本自治地方的单行法规，呈报上两级人民政府核准并报政务院备案。

② 1954年《宪法》第22条规定：“全国人民代表大会是行使国家立法权的唯一机关。”

2014年10月,《中共中央关于全面推进依法治国若干重大问题的决定》提出，依法赋予设区的市地方立法权。

二是地方立法机构的立法活动不能超越法定权限。对地方立法权限进行限制是国家控制地方立法的重要方式,《立法法》第8条规定了只能制定法律的事项,[①]地方立法机构不能就这些事项制定地方性法规或者规章。对设区的市来说,《立法法》对其立法权的限制更为严格，一般只能对城乡建设与管理、环境保护、历史文化保护等方面的事项制定地方性法规。[②]

三是地方立法一般针对地方性事务进行立法。《立法法》第73条规定：地方性法规可以就下列事项作出规定：（1）为执行法律、行政法规的规定，需要根据本行政区域的实际情况作具体规定的事项；（2）属于地方性事务需要制定地方性法规的事项。其他事项国家尚未制定法律或者行政法规的，省、自治区、直辖市和设区的市、自治州根据本地方的具体情况和实际需要，可以先制定地方性法规，但《立法法》第8条规定的事项除外。

四是特殊地方立法与一般地方立法存在差异。如自治条例和单行条例可以依照当地民族的特点，对法律和行政法规的规定作出变通规定，但不得违背法律或者行政法规的基本原则。经济特区所在地的省、市的人大及其常委会根据全国人大的授权决定，制定法规，在经济特区范围内实施。

二、地方立法的特征

地方立法具有立法的一般特征，同时也具有自己特有的特征。关于地方立法的特征，学界有多种不同的观点，有的认为其具有地方性、从属性、自主性的特

① 《立法法》第8条规定:“下列事项只能制定法律:(一)国家主权的事项;(二)各级人民代表大会、人民政府、人民法院和人民检察院的产生、组织和职权;(三)民族区域自治制度、特别行政区制度、基层群众自治制度;(四)犯罪和刑罚;(五)对公民政治权利的剥夺、限制人身自由的强制措施和处罚;(六)税种的设立、税率的确定和税收征收管理等税收基本制度;(七)对非国有财产的征收、征用;(八)民事基本制度;(九)基本经济制度以及财政、海关、金融和外贸的基本制度;(十)诉讼和仲裁制度;(十一)必须由全国人民代表大会及其常务委员会制定法律的其他事项。”

② 参见《立法法》第72条第2款。

征；[1]也有的认为其具有地方性、更具复杂性、从属和自主双重属性、城市立法在地方立法中逐渐占据重要位置的特征；[2]还有的认为其具有从属性、自主性、多层次性、区域性、操作性的特征。[3]在综合各种观点的基础上，根据地方立法实践，可以把地方立法的特征概括为以下三方面。

第一，地方立法具有地方性。地方立法的主体是地方国家机关，一般针对地方性事务进行立法，即使是为执行法律、行政法规，也需要结合地方实际作出细化规定，目的是使法律、行政法规能够有效解决地方性问题；地方立法只在本行政区域内发生效力，不具有超越行政区域的效力，更不具有全国性效力。全国性事务一般情况下应该由国家立法进行规范，地方可以结合本地情况制定实施细则，在国家没有立法的情况下，除国家保留的事项外，地方可以进行探索性立法。[4]

第二，地方立法具有从属性。地方立法可以根据本地经济社会发展需要进行立法，有一定的立法自主权，可以自主选择立法项目、在一定条件下规定地方立法程序，[5]针对问题创设制度和处罚措施等，但其自主权是有条件的，必须服从国家法制统一的原则，不得与宪法、法律、行政法规相抵触，抵触则无效；地方立法不能涉及国家专属立法事项；设区的市的立法、民族自治地方的立法等都需要通过批准后才能施行。这些都是地方立法从属性地位的体现，其自主性不能违背从属性规定。

第三，地方立法权限范围具有差异性。地方立法权限范围的差异性主要表现在两个方面：一是不同层级地方立法机关的地方立法权限差异；二是不同种类地

---

① 曾粤兴主编：《立法学》，清华大学出版社 2014 年版，第 147 页。

② 周旺生主编：《立法学》，法律出版社 2009 年版，第 277—278 页。

③ 王盛林主编：《地方立法概论》，山东人民出版社 1993 年版，第 125—149 页。

④ 《立法法》第 73 条第 2 款规定："除本法第八条规定的事项外，其他事项国家尚未制定法律或者行政法规的，省、自治区、直辖市和设区的市、自治州根据本地方的具体情况和实际需要，可以先制定地方性法规。在国家制定的法律或者行政法规生效后，地方性法规同法律或者行政法规相抵触的规定无效，制定机关应当及时予以修改或者废止。"

⑤ 《立法法》第 77 条第 1 款规定："地方性法规案、自治条例和单行条例案的提出、审议和表决程序，根据中华人民共和国地方各级人民代表大会和地方各级人民政府组织法，参照本法第二章第二节、第三节、第五节的规定，由本级人民代表大会规定。"

方立法的地方立法权限差异。立法权限一般会具有层级差异，我国《立法法》就规定了国家专属立法事项，这是地方立法不能介入的范围。一般而言，地方政权会具有多层级性，在赋予不同层级地方政权机关地方立法权的情况下，不同层级之间的地方立法机关的地方立法权限是否应当具有差异？目前，我国《立法法》没有规定每一层级地方立法机关的专属地方立法权，但规定了设区的市只能针对城乡建设与管理、环境保护、历史文化保护等方面的事项进行立法，这实际上是对设区的市立法权的限制，使其呈现与省级地方立法权限的差异。在不同层级地方立法机关立法权限方面，有人提出了辅助原则，强调事务应当优先由能够圆满完成目标的最低层级的单位来处理，个人能予以解决的问题，就由个人来解决，而不应由国家或者社会来解决；社会能予以解决的问题，就由社会来解决，而不应由国家来解决；地方能予以解决的问题，就由地方来予以解决，而不应由中央来解决。[①]根据辅助原则，省、设区的市之间重叠的立法权应当先由设区的市行使，在设区的市能够较好地进行规制时，省级立法主体不应行使立法权；只有在设区的市依靠自身能力无法解决或者省级立法主体进行立法效果更好的情形下，才应由省级立法主体行使立法权。在地方立法种类差异方面，我国地方立法除一般地方立法外，还有民族自治地方立法、经济特区的授权立法、特别行政区立法等，它们之间的立法权限都具有明显的差异，具体可参见相关类型地方立法的内容。

三、地方立法的原则

地方立法首先应当服从立法的一般原则。在我国，立法必须遵循合宪性原则、依法立法原则、科学立法原则、民主立法原则。同时，地方立法还应当遵循以下原则。

首先是不抵触原则。所谓不抵触，是指地方立法机关应当在坚持法制统一这一宪法原则的基础上，以不与宪法、法律、行政法规相抵触为前提制定地方性法规和地方政府规章。不同立法机关制定的规范性法律文件具有不同的效力等级，

① 参见陈桂生:《基于辅助原则的行政立法效益研究》，载《法治研究》2009年第9期。

一般而言，下位法不得与上位法抵触。对地方立法而言，不抵触原则是其首要的和基本的原则，如果存在与宪法、法律、行政法规相抵触的条款，则抵触的条款无效。

我国《宪法》和《立法法》对不抵触原则作了明确规定。《宪法》第5条第3款规定："一切法律、行政法规和地方性法规都不得同宪法相抵触。"《立法法》第72条第1款规定："省、自治区、直辖市的人民代表大会及其常务委员会根据本行政区域的具体情况和实际需要，在不同宪法、法律、行政法规相抵触的前提下，可以制定地方性法规。"

抵触一般指地方立法的规定与宪法、法律、行政法规的规定相冲突，或者与其原则、精神相违背。在有上位法时，地方立法的义务性禁止性规定和法律责任等一般应当严格根据上位法的规定，如果不一致就有可能视为抵触。没有上位法时，设定的义务和禁止性规定应当符合宪法法律的规定与原则。与上位法抵触的情形主要有：

一是缩减或者改变上位法的禁止性规定。上位法规定的禁止性规定，下位法必须遵从，不能缩减和改变。最典型的是《甘肃祁连山国家级自然保护区管理条例》(2010年修正版)，[①]将国家规定"禁止在自然保护区内进行砍伐、放牧、狩猎、捕捞、采药、开垦、烧荒、开矿、采石、挖沙"等10类活动，缩减为"禁止在保护区内进行狩猎、垦荒、烧荒"等3类活动。

二是增加上位法规定的义务，或者增加条件。如《人口与计划生育法》并没有要求公民配合计划生育行政部门进行技术鉴定，也没有对公民的节育措施进行强制性规定，地方立法就不能规定公民的配合义务和一定要采取的节育措施。法律规定的机动车年审义务，没有必须处理违章的规定，地方立法如果有这样的规定，则构成抵触。

三是扩大或者缩小上位法的义务对象范围。例如，根据《野生动物保护法》第25条的规定，驯养繁殖"国家重点保护野生动物"应当取得许可证，若某省关于《野生动物保护法》的实施办法规定省级重点保护野生动物和非重点保护野生动物均需取得许可证，则该规定属于扩大上位法规定义务的类型。

① 该法2017年已修订。

四是不能减损上位法规定的公民权益。对上位法规定的权利，地方立法一般不能减损。对《宪法》规定的公民权利，法律、行政法规、地方性法规等都不能减损，更不能变相取消。[①]

另外，《行政处罚法》第12条第2款规定："法律、行政法规对违法行为已经作出行政处罚规定，地方性法规需要作出具体规定的，必须在法律、行政法规规定的给予行政处罚的行为、种类和幅度的范围内规定。"如果不符合这个规定，则构成抵触。如上位法规定为拆除或者恢复原状的，地方立法规定为罚款，就是抵触。根据《行政强制法》第10条的规定，行政强制措施由法律设定。尚未制定法律、行政法规，且属于地方性事务的，地方性法规可以设定查封场所、设施或者财物以及扣押财物的强制措施。如果地方立法设定了限制公民人身自由、冻结存款汇款的强制措施，就构成抵触。《行政强制法》第11条中规定："法律对行政强制措施的对象、条件、种类作了规定的，行政法规、地方性法规不得作出扩大规定。法律中未设定行政强制措施的，行政法规、地方性法规不得设定行政强制措施。"违反这些规定，地方立法都可能构成抵触。

遵循不抵触原则并不意味着地方立法只能重复上位法，或者只能消极无为，在符合上位法的基本原则与精神、不与上位法具体规定相冲突的前提下，地方立法可以根据地方性问题进行大胆探索和创新，既解决地方性问题，促进地方经济社会发展，又可以为国家立法积累经验。

其次是有特色原则。有特色主要指地方立法应当具有地方特色，不能照搬照抄上位法的规定。《立法法》第73条第4款明确规定："制定地方性法规，对上位法已经明确规定的内容，一般不作重复性规定。"地方立法要有特色，最根本的是要立足于"根据问题立法，立法解决问题"，从实际出发，通过深入调查研究，发现应当通过立法解决的问题，通过合理的制度和规范设计有效解决问题。没有特色性问题和特色性制度，地方立法就不可能有特色。对实施性地方立法而言，重点是要根据本地实际对上位法的相关规定进行细化，使之更好地在本地实施并促进本地经济社会发展；对根据地方性事务和先行立法而言，重点是要根据本地

---

① 如1954年《宪法》第90条规定，"中华人民共和国公民有居住和迁徙的自由"，这一权利实际上被后来相关法律法规的规定取消。

经济社会发展要求确定立法项目，明确需要通过立法解决的问题，并探索解决问题的制度与方法创新。地方立法不能一味根据上位法进行立法，而应该大胆根据地方经济社会发展需要进行探索性和创新性立法，通过立法明晰规则、优化制度，促进社会公平有序及健康发展。

最后是可操作原则。立法的目的在于为社会确立规则，解决问题，对所有立法而言，可操作都是一个基本要求和重要特点。不具有可操作性的法，在根本上是不能有效解决社会问题的。对地方立法而言，可操作性的要求可能更高，因为地方立法直面社会问题，其主要目的就是要解决实际存在的问题，要根据问题设计方法和制度，如果设计的方法和制度根本不具有可行性和可操作性，立法何以解决问题?

对地方立法来说，可操作性的一般要求是立得住、行得通、真管用，既有问题针对性、又有现实可行性，还能为民众普遍理解和接受。与此同时，要在尽量做到利民便民的同时，注重立法的经济效益和社会效益，注重降低守法成本和执法成本，注重个人利益、部门利益和公共利益的有机结合与平衡，注重引导和处罚的有机结合，不能过于偏重处罚，这也是地方立法可操作性的内在要求。一些地方立法过于偏重处罚措施的设定，忽略地方立法对民众的引导教育作用，甚至认为地方性法规的权威就在于严厉的处罚措施，这不利于发挥地方立法积极的社会作用，也会大大减损地方立法的可操作性，甚至引发民众的抵制。

一般而言，对于地方立法的不抵触要求，一般通过合法性审查来实现，《立法法》第72条第2款规定："省、自治区的人民代表大会常务委员会对报请批准的地方性法规，应当对其合法性进行审查，同宪法、法律、行政法规和本省、自治区的地方性法规不抵触的，应当在四个月内予以批准。"但地方立法是否有特色，是否可操作，目前法律法规并没有规定相应的审核评估制度，基本上处于放任状态，导致很多没有特色甚至不可操作的地方性法规能够顺利出台。"法律的生命力在于实施，法律的权威也在于实施"，[①]明代张居正也曾提出，"天下之事，不难于立法，而难于法之必行"，[②]在实施过程中不具有问题针对性和可操作性的

① 《中共中央关于全面推进依法治国若干重大问题的决定》，人民出版社2014年版，第15页。

② （明）张居正:《请稽查章奏随事考成以修实政疏》。

法律法规，基本上形同虚设。重视地方立法的特色性和可操作性要求，并通过相应的评估来促进，是提高地方立法质量的重要途径之一。

第二节　一般地方立法

一般地方立法和特殊地方立法共同构成我国地方立法。一般地方立法从属于地方立法，是地方立法的重要组成部分，在地方治理中发挥引领作用。一般地方立法是相对于特殊地方立法而言的一个概念，是指拥有立法权的民族自治国家机关和特别行政区国家机关以外的国家机关，依照法定权限和法定程序开展的立法活动总称。

一、一般地方立法的发展史

我国一般地方立法经历了立法权下移、集中和再次下移的过程，以时间为线索可以划分为四个具体阶段。第一阶段是1949年新中国成立至1954年的立法权全面下移阶段，中央和地方共享立法权。在地方上，大行政区、省、市和县都享有一般地方立法权。彼时，一般地方立法由四个层级构成。一般地方立法最小的立法单位扩展至县一级，是根据当时国情作出的权宜之计。第二阶段是1954年至1979年的立法权集中阶段。1954年《宪法》全面取消一般地方立法，立法权仅授予全国人民代表大会。一般地方立法进入完全“休眠期”。但是，特殊立法，如民族自治立法机关，仍然享有立法权。第三阶段是1979年至2015年的立法权逐步下移阶段。1979年《地方组织法》和1982年《宪法》对地方立法的形成具有里程碑式的意义，也标志着我国立法权集中的结束，开启逐步分权的阶段。该阶段，一般地方立法主体由省级人大及其常委会和政府、经济特区人大及其常委会和政府以及较大的市人大及其常委会和政府构成。随着经济和社会的发展，地方对立法权的需求越来越大。一般地方立法主体在社会发展中呈现扩张之势，中央分批赋予越来越多城市立法权。从1984年开始，在直辖市、省会和特区以外，国务院先后分四批共批准19个市作为“较大的市”，都赋予一般地方立法权。可以说，在此阶段立法权的有序下放形成我国现有一般地方立法的轮廓。第四阶段是2015年至今的立法权继续下移阶段。2015年《立法法》的修改成果之一是有条件地赋予所有设区的市立法权。该条件是省级人大常委会可以根据设区的市具体情况和需求决定赋予设区的市立法权。截至2020年12月，我国共有284个设区的市获得立法权，由此形成省级和设区的市一级一般地方立法现状。

二、一般地方立法的特征

一般地方立法相较于特殊地方立法具有主体的一般性、对象的广泛性和立法权的确定性三个显著特征。主体的一般性揭示一般地方立法主体的普遍性；对象的广泛性反映了一般地方立法对地方治理的介入程度较高；立法权的确定性说明一般地方立法权的明确和稳定的特质。

（一）一般地方立法的主体具有一般性

一般地方立法主体范围由我国《宪法》和宪法性法律规定，立法主体范围在地方立法中最为广泛，是我国地方立法主要的组成部分。一般地方立法主体在各个省（自治区、直辖市）和设区的市（自治州）都广泛存在，包括各个省（自治区、直辖市）人大及其常委会和政府、设区的市（自治州）人大及其常委会和政府都广泛享有一般地方立法权。其中，值得注意的是，自治区拥有立法权的国家机关以及自治州拥有立法权的国家机关分别作为省级和设区的市一级的国家机关而享有一般立法权，同时作为国家自治机关亦享有自治立法权，谓之曰自治地区的双重立法权。1979年《地方组织法》和1982年《宪法》赋予省级人大及其常委会制定地方性法规的权力；2015年《立法法》赋予所有设区的市人大及其常委会制定地方性法规的权力，由此形成我国一般地方立法的主体构成现状。

（二）一般地方立法的对象具有广泛性

在一般地方立法中，省级立法主体和设区的市立法主体的立法对象具有差别。前者具有开放性，表现为只要不与中央立法相抵触，可以就一切事项立法；后者具有局限性，表现为仅能就《立法法》规定的三项事权立法。

省级一般地方立法主体可以就本行政区域内除中央立法保留事项外的所有事项进行立法。《立法法》第8条规定："下列事项只能制定法律：（一）国家主权的事项；（二）各级人民代表大会、人民政府、人民法院和人民检察院的产生、组织和职权；（三）民族区域自治制度、特别行政区制度、基层群众自治制度；（四）犯罪和刑罚；（五）对公民政治权利的剥夺、限制人身自由的强制措施和处罚；（六）税种的设立、税率的确定和税收征收管理等税收基本制度；（七）对非国有财产的征收、征用；（八）民事基本制度；（九）基本经济制度以及财政、海关、金融和外贸的基本制度；（十）诉讼和仲裁制度；（十一）必须由全国人民代表大会及其常务委员会制定法律的其他事项。"在排除事项以外，省级一般地方立法在选择立法对象时可以无差别地反映本地实际情况和具体需求。同级别地方立法机关涉及的内容具有一致性，涵盖社会的方方面面。《宪法》和《立法法》未采用列举式立法方式，而采用排除式立法方式规定一般地方立法的内容，原因在于省级一般地方立法对象极为广泛，难以罗列。

相较而言，设区的市一般地方立法在与上位法不抵触的情况下仅限于在城乡建设与管理、环境保护和历史文化保护等领域立法。由于大多数设区的市立法经验有限且立法能力不成熟，《立法法》以罗列的方式赋予其"半个立法权"。其中，由于"城乡建设与管理"事项的具体内涵不甚明确，一直未形成统一的标准。根据《中华人民共和国立法法释义》的解释，"从城乡建设与管理看，就包括城乡规划、基础设施建设、市政管理等"。[①]实践中，设区的市一般地方立法对象往往更广泛，涵盖了城乡管理的各个方面。就此而言，设区的市立法事权的概括性也表征了设区的市地方立法对象的广泛性。

（三）一般地方立法的权限具有确定性

一般地方立法权限的确定性是相较于特殊地方立法的变通性而言。《宪法》第100条规定："省、直辖市的人民代表大会和它们的常务委员会，在不同宪法、法律、行政法规相抵触的前提下，可以制定地方性法规，报全国人民代表大会常

---

① 全国人大常委会法制工作委员会国家法室编著：《中华人民共和国立法法释义》，法律出版社2015年版，第229页。

务委员会备案。设区的市的人民代表大会和它们的常务委员会，在不同宪法、法律、行政法规和本省、自治区的地方性法规相抵触的前提下，可以依照法律规定制定地方性法规，报本省、自治区人民代表大会常务委员会批准后施行。”在立法权限既定的情况下，省级地方立法不得与中央立法相抵触即可全面立法，设区的市一般地方立法限于既定的三项事权。据此，一般地方立法的权限规定明晰且确定。相较而言，特殊地方立法的权限具有一定程度的不确定性。这一不确定性源于自治立法机关和经济特区立法机关可以就本地区的特殊需求和特殊问题进行立法变通。立法变通内容、变通对象、变通程序等要素的不确定决定特殊地方立法的不明确。故而，一般地方立法相较于特殊地方立法权限更确切以及更稳定。

三、一般地方立法的构成要素

一般地方立法作为我国法制体系的重要组成部分，其内部也自成一体，由不同层级的立法主体、立法客体、立法功能和立法权关系构成。其中，一般地方立法立法客体的广泛性在上文已作论述，不再赘述。

（一）一般地方立法的主体

我国一般地方立法权的一系列嬗变意味着地方立法主体的变更。当前，我国一般地方立法主体已经形成省级和设区的市一级立法主体，具体包括省级人大及其常委会和政府、设区的市人大及其常委会和政府两层明确的结构。根据《立法法》第82条的规定，地方政府规章制定依据来自地方性法规，即地方政府可以根据地方性法规制定规章。省级人大享有全面立法权。设区的市仅能在城乡建设与管理、环境保护、历史文化保护等领域立法。

（二）一般地方立法的功能

一般地方立法的表现形式分为地方性法规和地方政府规章。地方性法规的制定主体是地方人大及其常委会，地方政府规章的制定主体是地方政府。二者存在地方政府规章向地方性法规单向转化的关系：对于需要制定地方性法规的事项，由于政府管理的迫切需求，地方政府规章可以先行立法，规章实施满两年需要继续实施规章所规定的行政措施的，应当提请本级人民代表大会或者其常务委员会制定地方性法规。

《立法法》第73条规定了地方性法规的立法功能：第一是细化上位法。考虑到各个省份的适用性，中央立法一般较为笼统，地方立法则可以结合本地实际情况对中央立法细化，强化法律规则的可操作性。第二是反馈地方特色。“属于地方性事务需要制定地方性法规的事项”强调的是运用立法权解决地方独特的、专属的问题。地方立法特色要求地方立法必须从本地的具体情况和实际需要出发，对接地方的客观需求，解决地方的实际问题。第三是探索立法。对上位法未作规定的事项，地方性法规可以就本地的新对象、新现象和新矛盾开展立法，可以为上位法制定探索可行的立法经验。《立法法》特别强调对上位法已经明确规定的内容，地方立法一般不作重复性规定，以此遏制立法抄袭。

《立法法》第82条规定了地方政府规章的立法功能：第一是执行立法。赋予行政机关立法权的目的是使行政机关通过立法更好地管理社会。地方政府规章可以对法律、行政法规、地方性法规在各个领域的规定进行细化，结合地方政府各个职能部门的管理经验，强化立法与社会各个领域的融合，以提升法律、法规的可操作性。第二是细化立法对象。地方政府规章可以在本行政区域内，针对具体行政管理事项进行立法。然而，具体的判断标准不甚明确。实践中，地方性法规和地方政府规章经常就同一个事项立法且都有效，存在法规与规章内容高度重合的现象。判断标准不明确造成的立法重复现象一直是困扰地方立法的难题。

（三）一般地方立法权的关系

党的十九大报告提出，“发挥人大及其常委会在立法工作中的主导作用，健全人大组织制度和工作制度，支持和保证人大依法行使立法权、监督权、决定权、任免权”。一般地方立法权之间至少存在两类关系：一类是法律效力关系，另一类是立法监督关系。

根据地方立法主体的权限差异可以把一般地方立法细分为省级地方性法规、省级地方政府规章、设区的市地方性法规和设区的市政府规章。如图一所示，箭头开始端表示上位法，箭头指示端表示下位法。一般地方立法权遵循基本的法律效力位阶原则：上位法效力优于下位法。根据《立法法》第89条[①]规定，同级别地方人大及其常委会制定的地方性法规高于地方政府制定的地方政府规章。同性质的国家机关，上级机关立法的效力高于下级机关。例如，省级人大常委会地方性法规的立法效力高于设区的市地方性法规。总的来看，一般地方立法权中，省级地方性法规立法效力最高，设区的市政府规章立法效力最低。在一般效力位阶以外，还存在特殊的法律冲突关系，即设区的市地方性法规和省级政府规章的立法效力，孰高？二者都以省级地方性法规为上位法，一个是设区的市立法机关，一个是省级行政机关，二者立法不具有可比性。根据《立法法》第95条[②]规定，如果二者立法发生冲突，则可以提交共同上位法的制定机关，即省级人大常委会裁决，由其确定哪一个机关的立法更合理。

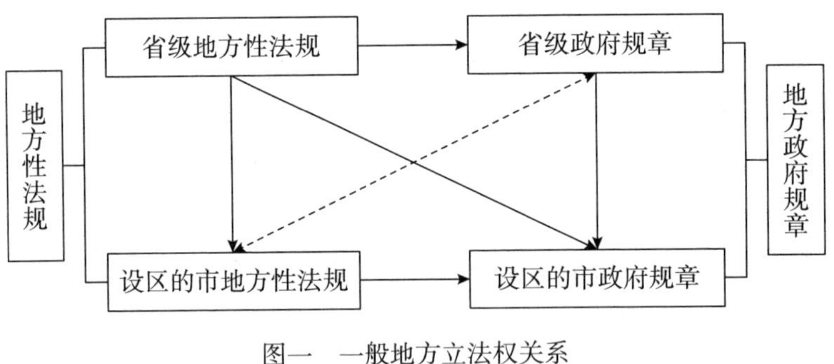

图一　一般地方立法权关系

一般地方立法之间还存在立法监督关系，主要采取批准和备案的方式。在批

① 《立法法》第89条规定："地方性法规的效力高于本级和下级地方政府规章。省、自治区的人民政府制定的规章的效力高于本行政区域内的设区的市、自治州的人民政府制定的规章。"

② 《立法法》第95条规定："地方性法规、规章之间不一致时，由有关机关依照下列规定的权限作出裁决：（一）同一机关制定的新的一般规定与旧的特别规定不一致时，由制定机关裁决；（二）地方性法规与部门规章之间对同一事项的规定不一致，不能确定如何适用时，由国务院提出意见，国务院认为应当适用地方性法规的，应当决定在该地方适用地方性法规的规定；认为应当适用部门规章的，应当提请全国人民代表大会常务委员会裁决；（三）部门规章之间、部门规章与地方政府规章之间对同一事项的规定不一致时，由国务院裁决。根据授权制定的法规与法律规定不一致，不能确定如何适用时，由全国人民代表大会常务委员会裁决。"

准方面，《立法法》第72条对设区的市一般立法的生效设置了一项前置条件：设区的市的地方性法规须报省、自治区的人大常委会批准后施行。省、自治区的人大常委会对设区的市立法的合法性进行审查。也就是说，批准针对的内容是地方性法规的合法性，即审查地方性法规的内容是否符合宪法和法律法规，而不对合理性作出判断。但是，地方政府规章之间却未设置批准这一立法监督机制。在备案方面，《立法法》第98条对行政法规、地方性法规、自治条例和单行条例、规章的备案作出具体规定。就一般地方立法而言，设区的市、自治州的人大及其常委会制定的地方性法规，由省、自治区的人大常委会报全国人大常委会和国务院备案。地方政府规章则实行双重备案制定。地方政府规章在报国务院备案的同时，也应当报本级人大常委会备案；设区的市、自治州的人民政府制定的规章应当同时报省、自治区的人大常委会和人民政府备案。通过批准和备案机制，中央可以对一般地方立法质量进行事前监督，一般地方立法系统中的上位法也对下位法形成监督机制，共同为一般地方立法质量把关。

第三节　民族自治地方立法

一、民族自治地方立法原理

1947年5月1日，中国共产党领导的第一个省级少数民族自治区——内蒙古自治政府成立。此后，另外四个少数民族自治区依次建立。[①]具有临时宪法性质的1949年《共同纲领》明确规定在少数民族聚居区实行民族区域自治制度，其中第9条[②]则将民族平等确立为处理民族问题的原则，另外《共同纲领》第51条[③]

① 新疆维吾尔自治区（1955年10月）、广西壮族自治区（1958年3月）、宁夏回族自治区（1958年10月）、西藏自治区（1965年9月）。

②《中国人民政治协商会议共同纲领》第9条规定："中华人民共和国境内各民族，均有平等的权利和义务。"

③《中国人民政治协商会议共同纲领》第51条规定："各少数民族聚居的地区，应实行民族的区域自治，按照民族聚居的人口多少和区域大小，分别建立各种民族自治机关。凡各民族杂居的地方及民族自治区内，各民族在当地政权机关中均应有相当名额的代表。"

把民族区域自治制度确定下来。1952年2月，《中华人民共和国民族区域自治实施纲要》对民族区域自治事务作出框架性的规定，标志着我国民族区域自治进入法制轨道。

1954年《宪法》又在《共同纲领》的基础上进一步细化和完善了民族区域自治制度，规定少数民族聚居地方实行民族区域自治。[①]自此之后的每部宪法都确认了民族区域自治制度。[②]1982年《宪法》对民族区域自治作出了指导性的规定。[③]1984年的《民族区域自治法》对我国的民族区域自治制度进行了全面构建，将《宪法》中的宏观规定进行了细化落实。

一个合法、正当、稳定的统治秩序不仅需要行之有效的规则体系，更需要所有人对该秩序的积极参与。自治权便是少数民族参与国家和社会管理的一种途径，在自治权之下，秩序才能得到维持，国家认同才能有效实现。民族自治地方有其历史和现实的特殊性，在制度的选择和实施中应该充分考虑这种特殊性。作为我国的一项基本政治制度，民族区域自治制度应当落实《宪法》的根本精神。自治制度应当赋予自治机关恰当、充分的自治权力，同时，保障少数民族公民的各项权利。当然，自治制度的最终目的应当是确保各民族的团结和融合，而非人为地树立民族之间的壁垒。官方大包大揽并非保障少数民族利益的唯一选择，更应该在法律和政策允许的范围内实现少数民族的自我提升。

民族区域自治机关的自治权是民族区域自治制度的核心，其行使程度是衡量民族地方自治水平的重要标志。根据我国《宪法》的相关规定，自治权包括自治立法权、财政自治权、地方经济自主权、地方文化事业自主权、组织公安

---

① 1954年《宪法》第3条第4款规定："各少数民族聚居的地方实行区域自治。各民族自治地方都是中华人民共和国不可分离的部分。"

② 1975年《宪法》第4条第1款规定："中华人民共和国是统一的多民族国家。实行民族区域自治的地方，都是中华人民共和国不可分离的部分。"1978年《宪法》第4条第4款规定："各少数民族聚居的地方实行区域自治。各民族自治地方都是中华人民共和国不可分离的部分。"1982年《宪法》第4条第3款规定："各少数民族聚居的地方实行区域自治，设立自治机关，行使自治权。各民族自治地方都是中华人民共和国不可分离的部分。"

③ 1982年《宪法》有28条涉及民族问题。参见陈云生：《民族区域自治法精义》，人民出版社1991年版，第112页。

部队自治权等五个方面。《民族区域自治法》对自治权进一步细化，规定了包含自治立法权在内的十余个方面的自治权。自治立法权是这些自治权的核心，其他方面的自治权只有确立于自治条例和单行条例等法律文本中，才能获得充分的制度保障。

我国《宪法》《民族区域自治法》和《立法法》规定我国民族自治地方拥有制定自治条例、单行条例以及变通、补充规定的权力。根据我国《宪法》第112条的规定，我国的民族自治地方包括自治区、自治州、自治县三级。我国共有五个自治区，包括内蒙古自治区、广西壮族自治区、西藏自治区、宁夏回族自治区和新疆维吾尔自治区，其行政级别等同于省、直辖市。我国共有30个自治州和120个自治县，有的以一个少数民族聚居区为基础建立，如四川省凉山彝族自治州；有的以两个或几个少数民族聚居区联合建立，如云南省红河哈尼族彝族自治州。重庆是唯一下辖自治县的直辖市，因此，重庆市人大常委会是其下辖四个自治县自治立法的批准主体。

自治区人大通过的自治条例和单行条例须经全国人大常委会批准后才能生效，而自治州、自治县人大通过的自治条例和单行条例须经省级人大常委会批准后才能生效，故民族自治地方的自治立法权往往被称为“半个立法权”。[①]

根据《宪法》第116条[②]和《立法法》第75条[③]的规定，自治区、自治州、自治县的人民代表大会有权制定自治条例和单行条例。除了自治县人大之外，其他县级主体都不具有立法权。自治州的行政级别等同于设区的市，根据《立法法》

---

① 参见宓雪军:《半立法权探讨》，载《中国法学》1991年第6期，第48页。

② 《宪法》第116条规定:“民族自治地方的人民代表大会有权依照当地民族的政治、经济和文化的特点，制定自治条例和单行条例。自治区的自治条例和单行条例，报全国人民代表大会常务委员会批准后生效。自治州、自治县的自治条例和单行条例，报省或者自治区的人民代表大会常务委员会批准后生效，并报全国人民代表大会常务委员会备案。”

③ 《立法法》第75条规定:“民族自治地方的人民代表大会有权依照当地民族的政治、经济和文化的特点，制定自治条例和单行条例。自治区的自治条例和单行条例，报全国人民代表大会常务委员会批准后生效。自治州、自治县的自治条例和单行条例，报省、自治区、直辖市的人民代表大会常务委员会批准后生效。自治条例和单行条例可以依照当地民族的特点，对法律和行政法规的规定作出变通规定，但不得违背法律或者行政法规的基本原则，不得对宪法和民族区域自治法的规定以及其他有关法律、行政法规专门就民族自治地方所作的规定作出变通规定。”

第72条的规定，除有权制定自治条例和单行条例外，自治州人大及其常委会还可制定地方性法规。自治区人大也有类似权限。那么，如何区分自治立法（自治条例和单行条例）与普通地方立法（地方性法规）的权限范围呢？具体而言，依据《立法法》第72条和第75条的规定，地方性法规的侧重点在于“本行政区域的具体情况和实际需要”，而自治条例和单行条例的侧重点在于“当地民族的政治、经济和文化的特点”。强调少数民族的特殊性时应当采用自治立法的形式，单纯强调地方属性时应当采用普通地方立法的形式，特别是后者并不具备突破上位法强行性规定的权限。上述区分仅仅停留在理论和形式层面，实践中能否作出具体明确的权限划分尚需深入研究。[①]

二、民族自治地方立法的现实依据

不论从我国的国家结构形式还是我国的民族实际以及少数民族特有的历史文化传统来看，民族地方立法都有其现实必要性。

（一）单一制的国家结构

不同于联邦制国家，我国是单一制国家，地方权力源自中央权力的授予，权限范围较小，发挥积极性与自主性的空间有限。地方的发展离不开法律制度的支持，民族自治更是如此。在“全国一盘棋”的格局之下，地方应当拥有更大的自主权限。民族自治地方也应充分发挥自身特性，将一系列法律法规和政策以民族自治立法的形式制度化。

实现国家统一的关键是解决好民族问题。民族自治地方的自治机关与一般地方国家机关相比，享有更大的自治权。国家实施民族区域自治制度，授予民族地方自治权，其出发点在于保障民族自治地方一定程度上的自主权，从而兼顾国家的统一和民族自治地方的活力。

① 参见封丽霞：《中央与地方立法关系法治化研究》，北京大学出版社2008年版，第378页。

（二）复杂的民族问题

我国是一个多民族国家，民族差别和文化差异普遍存在。我国自古以来就是一个统一的多民族国家，各民族之间相互依存、相互促进、共同发展。一直以来，我国善于通过法律手段解决民族问题。为了消除民族压迫和歧视等民族问题，实现民族平等，确保民族团结、社会和谐和国家统一，我国《宪法》和《民族区域自治法》明确规定了自治制度，设立民族区域自治机关并由其依法行使民族区域自治权，赋予民族自治地方人大自治立法权。以自治县为例，其人大有权制定自治条例和单行条例，而普通的县则无此项权力，而且自治县可以部分变通与当地民族实际不符的法律和行政法规。

民族区域自治是解决我国民族问题的基本政策。坚持实行民族区域自治，必须切实保障民族自治地方根据本地实际情况贯彻执行国家的法律和政策。民族自治立法在其中起着承上启下的作用。一方面，民族自治立法是对国家法律和政策的贯彻落实；另一方面，民族自治立法是对当地实际情况的法律回应。民族自治地方与中央之间的关系应当处于良性互动过程之中，民族自治地方除了贯彻中央立法和政策之外，其可行立法及其经验亦可为中央立法提供可借鉴的资源。

此外，民族自治立法权是民族自治地方自治权的核心权力，自治权的实现则有赖于民族自治立法的完善和落实。供给足够而良好的自治立法，不仅有利于《民族区域自治法》等上位法的有效实施，而且对于更好地解决民族问题、实现民族平等起着至关重要的作用。但是，目前一些自治地方未能准确把握自治立法的真正含义，个别自治条例、单行条例重点关注立法形式和结构，而对当地实际情况显得关切不足。

（三）相对滞后的社会发展水平

各民族的平等、团结、互助和共同繁荣的实现离不开良好的经济发展环境。只有发展好民族自治地方的经济，提高生活水平，缓解各民族之间的利益纠纷，才能充分保障少数民族公民的各项权利，最终解决民族问题。

民族自治地方依法享有一定的经济发展自主权。依据《宪法》和《民族区域自治法》的规定，民族自治地方可以根据本地方的特点和需要，制定经济建设方针、政策和计划，自主安排和管理地方性的经济建设事业，合理调整生产关系和经济结构。民族自治地方的自治机关应根据当地的自然人文环境和民族特色制定、落实合适的经济政策、项目，达到促进当地经济健康、可持续发展的目标。上述社会、经济举措的开展都有赖于民族自治立法的引领指导。市场经济就是法治经济，在发展市场经济、加强民族自治地方经济建设的进程中，提供充分且有效的自治立法，是保障民族自治地方经济社会发展的必然要求。因此，充分利用民族自治地方经济管理自治权的优势，完善自治立法，制定出适合少数民族自治地方经济社会发展的自治条例和单行条例，对民族自治地方经济社会的发展尤为重要。

自新中国成立以来，民族自治地区的经济社会发展取得了巨大成就。同时，诸多基础设施建设项目在民族区域自治地方完成，当地交通状况得以大幅改善，一批风景名胜区以及旅游景点投入运营，区域知名度不断提高。但是，由于一些地区环境地理条件依然较为恶劣、人才资源配套严重不足、原有经济发展水平较低、社会繁荣和发展红利普及范围较小等客观原因，导致民族自治地方的社会经济发展水平与发达地区相比还有较大差距。

三、民族自治地方立法的类型

对民族自治地方立法按照法律渊源进行划分，可以分为自治条例和单行条例两类；按照权限范围划分，可以分为变通规定与非变通规定两类。此外，民族自治地方除了拥有自治立法权，还拥有普通地方的立法权限，自治区、自治州人大及其常委会有权制定地方性法规，该内容在一般地方立法一节已作说明，此处不作探讨。

（一）自治条例和单行条例

自治条例被称为民族自治地方的“小宪法”，针对民族自治地方的总体性问题作出规定，用以规范民族自治机关的组织和运行方式，其内容可能涉及民族自治地方的政治、经济、社会、文化等多个方面的问题。“自治条例集中体现民族自治地方的自治权，具有民族自治地方总章程的性质。”[①]其存在标志着民族自治地方可以依据自治条例实施社会管理、处理与少数民族实际相关的事务。单行条例针对某一个待调整的领域作出，其事项范围相对较窄。

一个自治地方只有一部自治条例，目前只有五个自治区和新疆维吾尔自治区下辖的自治州尚无自治条例。1985年4月7日，黔南布依族苗族自治州第七届人民代表大会第五次会议通过了《黔南布依族苗族自治州自治条例》，从此拉开了自治条例的立法序幕。截至2008年底，我国现行有效的自治条例有137部。[②]

就现行自治条例来看，一些条款存在照搬《民族区域自治法》之嫌，不同地方的自治条例之间雷同程度较高，最终其实施能力和效果也大打折扣。现行单行条例立法技术亦有待提升，其范围、内容不够广泛深入，操作性较为薄弱。因此，如何提升自治条例和单行条例的立法质量、充分体现民族特殊性和操作性则是未来立法理论与实务界需要共同关注的话题。[③]

（二）变通立法和非变通立法

严格来说，“变通立法”并非某一类独立的法律渊源，其立法形式在逻辑上包含于自治条例和单行条例。但因其具备一定特殊性，故将其单独列出进行讨论。在我国，有权实施变通立法的主体只有两类：经济特区和民族自治地方。所谓变通立法，是指法律文本有权将上位法的个别规定作出改变，以便更好地实现上位法的目的。

在实践中，中央法律制度的供给与民族自治地方的特殊制度诉求之间时常发生冲突。在二者的较量中，不是国家制定法被规避，就是少数民族特殊制度诉求被压抑，抑或是二者都有。如此将造成中央法律权威的削弱，或者造成少数民族地区社会的失序。必须为民族自治地方的特殊规则和中央立法之间预留必要的空

---

① 全国人大常委会法制工作委员会国家法室编著:《中华人民共和国立法法释义》，法律出版社2015年版，第243页。

② 该数据来自全国人大常委会法制工作委员会国家法室编著:《中华人民共和国立法法释义》，法律出版社2015年版，第243页。

③ 参见张殿军:《民族自治地方自治权研究》，民族出版社2015年版，第189页。

间，以实现二者的调和。应当在维护国家法制统一的前提下接纳民族自治地方的特殊法治需求。只有这样，才能既强调法律的统一性，又维护法律的多层次性。因此，民族自治地方变通立法便有其必要性。

根据《立法法》第75条第2款的规定，民族自治地方的人大有权针对法律、行政法规作出变通规定。所谓变通规定，简言之，针对同一事项与上位法的规定不同，此处甚至包括上位法中的强制性规定。举例而言，《民法典》第1047条规定，“结婚年龄，男不得早于二十二周岁，女不得早于二十周岁”；《海南藏族自治州施行〈中华人民共和国婚姻法〉的变通规定》第2条规定，“结婚年龄，男不得早于二十周岁，女不得早于十八周岁”。很明显变通规定突破了上位法的强制性规定，但其于法有据。

制定变通规定应当遵守如下规定：为了保证法制统一，不得变通《宪法》的全部规定；不得违背法律和行政法规的基本原则和立法目的；不得变通《民族区域自治法》的全部规定；不得违背其他法律、行政法规对民族自治地方作出的专门规定。除了上述要求外，不得违背《立法法》针对专属立法权的规定，此外也不得违背《行政强制法》《行政许可法》《行政处罚法》关于权限范围的规定。另外，虽然《立法法》未直接说明变通规定是否可以突破地方性法规，但是根据当然解释以及《立法法》第98条第3项[①]的规定可以合理推知：变通规定可以突破地方性法规的规定。

现实中变通立法以“变通规定”和“补充规定”两种形式存在，实践中并未对二者作出严格区分，至少从其内容无法判断变通立法应当采取何者进行命名。此外，从《立法法》第75条的逻辑来看，存在变通立法必然存在非变通立法，因此自治条例和单行条例中存在一部分非变通立法，其条文内容不得超越上位法的权限范围。

---

① 《立法法》第98条第3项规定：“自治州、自治县的人民代表大会制定的自治条例和单行条例，由省、自治区、直辖市的人民代表大会常务委员会报全国人民代表大会常务委员会和国务院备案；自治条例、单行条例报送备案时，应当说明对法律、行政法规、地方性法规作出变通的情况。”

第四节　经济特区立法

我国的改革往往始自地方，而经济特区是其重要窗口和实验平台。兴办经济特区，是党和国家为推进改革开放和社会主义现代化建设进行的伟大创举。1978年12月，党的十一届三中全会作出把党和国家工作中心转移到经济建设上来、实行改革开放的历史性决策，动员全党全国各族人民为社会主义现代化建设进行新的长征。1979年4月，广东省委负责人向中央领导同志提出兴办出口加工区、推进改革开放的建议。邓小平同志明确指出，还是叫特区好，中央可以给些政策，你们自己去搞，杀出一条血路来。①同年7月，党中央、国务院批准广东、福建两省实行“特殊政策、灵活措施、先行一步”，并试办出口特区。1980年8月党和国家批准在深圳、珠海、汕头、厦门设置经济特区，1988年4月又批准建立海南经济特区，明确要求发挥经济特区对全国改革开放和社会主义现代化建设的重要窗口和示范带动作用。②深圳、珠海、汕头、厦门、海南5个经济特区不辱使命，在建设中国特色社会主义伟大历史进程中谱写了勇立潮头、开拓进取的壮丽篇章，在体制改革中发挥了“试验田”作用，在对外开放中发挥了重要“窗口”作用，为全国改革开放和社会主义现代化建设作出了重大贡献。③

一、经济特区立法的内涵

经济特区的“特”体现在历史赋予特区的先行先试，为全国发展、改革、开

① 习近平：《在深圳经济特区建立40周年庆祝大会上的讲话》，载《人民日报》2020年10月15日，第2版。

② 习近平：《在深圳经济特区建立40周年庆祝大会上的讲话》，载《人民日报》2020年10月15日，第2版。

③ 习近平：《在庆祝海南建省办经济特区30周年大会上的讲话》，载《人民日报》2018年4月14日，第2版。

放提供实践经验的特殊历史功能以及特殊政策，在“摸着石头过河”中构成了我国“渐进式改革”的重要实践模式与载体。《中共中央关于全面推进依法治国若干重大问题的决定》指出：“实现立法与改革决策相衔接，做到重大改革于法有据、立法主动适应改革和经济社会发展需要。实践证明行之有效的，要及时上升为法律。实践条件还不成熟、需要先行先试的，要按照法定程序做出授权。”良法促善治，作为“经济特区不仅要继续办下去，而且要办得更好、办得水平更高”的法治保障基石，经济特区立法属于具有变通权限的特别地方立法，是中国特色社会主义法律体系中的重要组成部分。经济特区立法可以有两种意义上的理解：一是实质意义上的经济特区立法，指20世纪80年代以来中国有关地方出现的经济特区的有关国家机关，基于全国人大或其常委会的专门授权而形成的，制定效力不超出经济特区范围的规范性法律文件的一种地方立法。二是地理意义上的经济特区立法，指被称为经济特区的地方所有立法的总称，这种经济特区立法，除包括性质意义上的经济特区立法外，还包括经济特区中那些原本根据宪法和有关宪法性法律的规定，可以制定地方性法规和地方政府规章的地方国家机关，制定地方性法规和行政规章的活动。本节主要阐述的是前一种经济特区立法。

二、经济特区立法的特征

经济特区立法同一般地方、民族自治地方以及其他地方立法相区别的主要特征在于：（1）立法权的来源不同。经济特区的立法权来源于最高国家权力机关或其常设机关的授权规定。一般地方和民族自治地方的立法权来源于《宪法》《地方组织法》《立法法》和《民族区域自治法》的规定。（2）立法的效力等级和调整范围不同。由于经济特区立法权与各地方立法权和民族自治地方立法权的来源不同，经济特区立法的效力等级和调整范围也不同于一般地方立法和民族自治地方立法。一般来说，经济特区地方立法的效力等级和调整范围在总体上不像一般地方立法和民族自治地方立法那样具有确定性。经济特区立法产生的规范性法律文件，按其性质来说，其效力等级一般低于授权主体本身制定的规范性法律文件，又应当高于一般地方与授权主体相同级别的国家机关制定的普通规范性法律文件。经济特区立法的范围，以不超出授权主体的授权范围为限，但可以或应当超出授权机关的职权范围；而各地方立法和民族自治地方立法所调整的范围，则以《宪法》、宪法性法律，特别是《立法法》所规定的事项范围或这些地方的立法主体的职权范围为限。（3）同一般地方立法相比，经济特区地方立法带有明显的破格性、先行性，有时还带有一定程度的试行性。（4）在立法程序和任务方面，经济特区立法具有特殊性、不确定性，经济特区立法在时间和空间（事项）等方面受到种种明确的限制，而一般地方立法的任务和程序是普通的、常规的、确定的。其自主性也大些，如地方性法规无须报全国人大常委会批准，一般地方立法主体可以在自己权限范围内自主地解决所要解决的问题。

三、经济特区立法的构成

在2000年《立法法》制定之前，尽管有诸多授权立法决定和决议[①]存在，但没有专门的关于经济特区授权立法的法律规定。《立法法》的产生，使经济特区授权立法获得了专门的法律规定。2015年《立法法》修改，将“设区的市”地方

---

① 全国人大及其常委会授予经济特区立法权的授权决定包括：1981年11月全国人大常委会通过《关于授权广东省、福建省人大及其常务委员会制定所属经济特区的各项单行经济法规的决议》，授权两省人大及其常委会，根据有关法律、法令、政策规定的原则，按照各该省经济特区的具体情况和实际需要，制定经济特区的各项单行经济法规，并报全国人大常委会和国务院备案。1988年4月全国人大七届一次会议通过《关于建立海南经济特区的决议》，授权海南省人大及其常委会，根据海南省经济特区的具体情况和实际需要，遵循国家有关法律、全国人大及其常委会有关决定和国务院有关行政法规的原则制定法规，在海南省经济特区实施，并报全国人大常委会和国务院备案。1992年7月全国人大常委会通过《关于授权深圳市人民代表大会及其常务委员会和深圳市人民政府分别制定法规和规章在深圳经济特区实施的决定》、1994年3月全国人大八届二次会议通过《关于授权厦门市人民代表大会及其常务委员会和厦门市人民政府分别制定法规和规章在厦门经济特区实施的决定》、1996年3月全国人大八届四次会议通过《关于授权汕头市和珠海市人民代表大会及其常务委员会、人民政府分别制定法规和规章在各自的经济特区实施的决定》，分别授权深圳市、厦门市、汕头市和珠海市人大及其常委会根据具体情况和实际需要，遵循宪法的规定以及法律和行政法规的基本原则，制定法规，在深圳、厦门、汕头和珠海经济特区实施，并报全国人大常委会、国务院和各所在省人大常委会备案，授权深圳市、厦门市、汕头市和珠海市人民政府制定规章并在深圳、厦门、汕头和珠海经济特区组织实施。

立法权可以规范的事项范围限定在城乡建设与管理、环境保护、历史文化保护三个领域。同时，仍然对经济特区立法作出了相应规范。[①]深圳、厦门、汕头和珠海便成为拥有经济特区和设区的市双重立法权的城市，这既是上述四个经济特区的立法优势，也给其带来了“一市两法”难题。例如，何种情况选择何种立法没有明确标准。又如，无法直接明确区分经济特区立法和设区的市立法。经济特区授权立法因性质来源特殊，拥有独特的变通、创新和优先适用功能，由此，其立法范围和权限大于设区的市的立法。此外，经济特区授权立法无须经过省级人大及其常委会批准，立法流程少和耗时短，立法效率一般都高于设区的市的立法。因此在实践中，在本适用区域范围内，经济特区授权立法的数量远多于设区的市的立法，当然，这和设区的市立法起步较晚也有关系。

（一）经济特区立法权的性质

关于经济特区立法权的性质定位，学界一直颇有争议。[②]主流观点认为，经济特区立法是一种特殊的由中央授权的地方立法。经济特区授权立法的特殊之处在于其拥有双重性：一是经济特区立法权来源于全国人大，具备从属性；二是经济特区立法的内容和效力可以定位为地方立法，具备地方性。[③]根据相关授权决定和《立法法》，经济特区授权立法享有立法变通权和优先适用效力等优势，而省级和设区的市地方性法规则优先适用上位法。经济特区所在地的有关国家机关只要不违背宪法，法律和行政法规的基本原则，根据经济特区的实际情况和需要，就可以对法律和行政法规作出变通规定。[④]也就是说，可以对上位法进行一定范围的突

---

① 《立法法》第74条规定：“经济特区所在地的省、市的人民代表大会及其常务委员会根据全国人民代表大会的授权决定，制定法规，在经济特区范围内实施。”第90条第2款规定：“经济特区法规根据授权对法律、行政法规、地方性法规作变通规定的，在本经济特区适用经济特区法规的规定。”

② 第一种观点认为，特区立法权是国家立法权，特区法规是国家法律的一部分；第二种观点认为，特区立法就是一般的地方立法；第三种观点认为，特区立法权是一种新型的立法权，既非国家立法权的一部分，也不同于地方的立法模式，是一种特殊的地方立法权。

③ 宋方青：《厦门经济特区授权立法的理论探讨》，载《厦门大学学报》（哲学社会科学版）1995年第2期，第41页。

④ 《立法法》第90条第2款规定：“经济特区法规根据授权对法律、行政法规、地方性法规作变通规定的，在本经济特区适用经济特区法规的规定。”

破，此种立法突破和自治条例、单行条例的变通可并称为“立法变通权”。[①]

（二）经济特区立法的权限

经济特区立法的权限主要有三个方面：一是可以先行性立法。经济特区可以根据全国人民代表大会的有关授权规定，就原本属于国家立法机关立法的事项进行立法，针对这些事项制定经济特区法规，在经济特区实施。二是对经济特区事务立法。根据全国人民代表大会的授权决定和《立法法》的规定，经济特区可以针对经济特区的特殊情况和特殊问题制定经济特区法规。三是实施性立法。为了保障宪法、法律、行政法规在经济特区的实施，经济特区可以根据其具体情况和实际需要，对国家法律、行政法规的规定制定实施细则。从这一点来讲，经济特区立法与一般性地方立法没有本质上的区别，仅有的差别在于经济特区和其他地区有不同的具体情况和实际需要。

总体来讲，经济特区立法的权限主要有两个层面：一个是全国人大授权的立法层面，一个是一般地方的立法层面。这表明经济特区比一般地方立法主体的立法权限的范围更宽，立法的整体法律效力更高。这种较高地位的立法权限为经济特区搞好先行先试、不断改革创新提供了良好的体制机制条件。

（三）经济特区立法的形式和范围

1.经济特区人大及其常委会

在形式方面，经济特区人大及其常委会有权制定在经济特区实施的法规。这里的法规，一方面是指广东省、福建省人大及其常委会，根据1981年11月全国人大常委会通过的授权决定，有权制定的各省经济特区的各项单行经济法规。另一方面是指海南、深圳、珠海、汕头、厦门等省、市的人大及其常委会，根据1988年以来全国人大及其常委会多次通过的授权决定，有权制定的在各该省或市经济特区实施的各项法规。无论是单行经济法规还是法规，都不是一般地方性法规，而是根据授权产生的经济特区法规。

---

① 汪全胜、于兆波：《试论立法变通权制度的完善》，载《政法学刊》2001年第4期，第5页。

在内容方面，经济特区人大及其常委会的立法权和立法范围表现在三个方面。一是根据国家立法机关的有关授权规定，就原本属于国家立法机关立法的事项进行立法，针对这些事项制定经济特区的法规在经济特区实施。这点表明经济特区人大及其常委会根据授权行使了国家立法机关的部分立法权。当然，对这种立法权的行使有严格而明确的限制，其内容必须遵循宪法的规定和法律、行政法规的基本原则，不能就宪法、法律已明确规定由国家立法机关制定为法律的事项制定在经济特区实施的法规。二是根据国家立法机关的有关授权规定，结合经济特区的具体情况和实际需要，制定解决经济特区特殊问题的法规。由于国家在经济特区实行特殊经济政策和经济管理体制，经济特区必然成为同其他地方很不相同的特殊地区，必然存在许多特殊情况和特殊问题，对这些特殊情况和特殊问题，有必要通过授予经济特区特殊的立法权、制定经济特区专有的法规来解决。三是根据经济特区的具体情况和实际需要，在授权范围内制定实施细则，以保证宪法、法律、行政法规在本经济特区的有效贯彻实施。经济特区尽管是特殊地区，但贯彻实施宪法、法律和行政法规，仍然是经济特区立法的重要任务，尽管完成这方面的任务和特点可以与一般地方不同。

2.经济特区人民政府

在形式方面，经济特区政府有权制定在经济特区实施的行政规章。这里的规章，迄今为止是指根据1992年、1994年、1996年全国人大及其常委会通过的授权决定，深圳市、厦门市、汕头市和珠海市人民政府，有权制定在各自经济特区实施的规章。广东、福建、海南3省人民政府如同其他省份人民政府一样，也有宪法和宪法性法律所确定的规章制定权，但它们制定的规章，属于一般地方立法的法的形式范畴，不属于经济特区的法的形式范畴。《立法法》产生后，经济特区所在地的市的人民政府，获得了法律明确规定的制定地方政府规章的权力，这样上述关于经济特区所在地的市的人民政府可以制定规章的单项授权，便与《立法法》的规定统一起来。一旦这些授权撤销，经济特区所在地的市的人民政府制定规章的权力，也属于一般地方立法的权力范畴。

在内容方面，从国家立法机关全国人大及其常委会的既有授权决定来看，经济特区人民政府的立法权和立法范围并不清晰。根据这些授权决定的目的、精神和经济特区及经济特区人民政府的性质和特点，经济特区政府的立法权和立法范围应当表现在：一是要贯彻执行与本经济特区有关的法律、行政法规和上级地方权力机关及其常设机关制定的地方性法规而制定规章。二是为贯彻执行同级权力机关及其常设机关制定的经济特区法规而制定规章。三是根据经济特区权力机关或其常设机关的授权而制定规章，以调整本来应当由授权主体通过制定法规的方式调整的事项，待条件成熟后再由授权主体制定为法规。四是为行使应当由经济特区人民政府行使的职权、履行应当由特区政府履行的职责、解决应当由特区政府解决的特殊问题而制定规章。

四、经济特区立法的作用

一般而言，地方立法的作用由它在国家立法体制中的地位所决定。根据作用对象不同，经济特区立法的作用亦可分为两种。一种是对国家法治建设。为国家立法积累经验，贯彻实施国家立法，保障法制统一，丰富和完善中国特色社会主义法律体系。另一种是对地方改革发展。以立法积极推动改革发展，为经济特区提供稳定的制度环境，营造宽松的制度氛围。经济特区立法权在一定程度上分享了部分中央立法权，变通权实质是体制的改革创新性，集中体现为先行性、试验性、突破性和补充性。实践中，经济特区立法是以功能为导向的，立足于经济特区实际，行使着创制、变通和填补制度立法的功能，不仅为经济特区改革发展提供了引导、规范和保障，还为国家立法提供了经验和借鉴。通过立法探索试验和引领创新，必然会使经济特区改革开放事业发展得又快又好。

第一，探索试验。地方有权根据自身情况进行“量身制作”的立法试验和制度创新。由于“船小好掉头”和试错机会增加的缘故，容易形成各种新思路和新方法。[①]从某种意义上说，经济特区属于我国一个拥有试错权的综合配套改革试验区。既然是试验，就有方法的正确或错误，效果好、中或差的区别，这都可以再完善总结。改革本身是一个不断试验的过程，为减少试验可能带来的负面效应，使改革的风险最小化或逐步释放，我国从改革之初便选择强调过程性和试验性的渐进式改革策略。允许地方立法先行先试的实质在于，允许地方对深化改革

① 封丽霞：《中央与地方立法关系法治化研究》，北京大学出版社 2008 年版，第 509 页。

进行制度试验，并将试验效果控制在局部范围。对于有益有效的制度试验，进一步上升到中央立法层面；对于失败无效的制度试验，则将其抛弃。从制度经济学的角度观察这一过程，先行先试立法模式是降低立法成本、提高立法效益的较优选择。试错是克服立法者知识和信息不足的一个必要措施。[①]国家立法固然也可以进行这种试验，但国家立法具有全国性的效力，一旦“试错”将给社会带来很大的负面影响，相对于国家立法，经济特区先行先试立法试错成本低，可以弥补国家立法的制度供给不足。

第二，引领创新。当前，经济特区授权立法因其创新性和高效性备受决策者与改革者重视。从改革的视角来看，经济特区授权立法注重地方改革的特殊需要，授权地方对法律作出变通规定，为改革提供规范性保障，成为改革先锋。[②]立法变通权是经济特区立法的根本特征，虽然，先行先试不是经济特区立法区别于其他地方立法的独有特点，但是运用特区立法权先行先试，进行立法试验，推动制度创新、打造立法与改革相衔接的“示范模板”，正是特区的价值和功能所在。经济特区在我国政治、经济、文化、社会等方面具有举足轻重的地位，经济特区立法也在一定程度上影响着我国整个地方立法体系的建设、发展和完善。经济特区立法权的使命和任务就是改革创新，这个权是先行权、创造权、优先试验权，是体制创新、扩大开放、加快发展的主动权。随着城市化进程的加快与我国政治经济体制改革的深入，作为中央和地方之间权限划分的关键补充环节，经济特区立法在新一轮改革开放中的引领创新作用会越发明显。

第五节　特别行政区立法

一、特别行政区的高度自治权与立法权

设立特别行政区，是为妥善解决我国部分区域的特定历史问题所作出的基于现

---

① 任尔昕:《地方立法质量跟踪评估制度研究》，北京大学出版社2011年版，第2页。

② 尹德贵:《全面深化改革视野下的授权立法》，载《学术交流》2015年第4期，第84页。

实的制度安排。“一个国家、两种制度”是设立特别行政区的指导方针，中央对特别行政区具有全面管治权，并赋予特别行政区高度自治权，但特别行政区是直辖于中央人民政府的地方行政区域，是中华人民共和国不可分割的组成部分。我国《宪法》第31条规定：“国家在必要时得设立特别行政区。在特别行政区内实行的制度按照具体情况由全国人民代表大会以法律规定。”依据该条规定，全国人大于1990年4月4日制定了《香港特别行政区基本法》（以下简称《香港基本法》），于1993年3月31日制定了《澳门特别行政区基本法》（以下简称《澳门基本法》），并分别在1997年7月1日和1999年12月20日实施，对香港、澳门恢复行使主权。《香港基本法》和《澳门基本法》全面规定了中央与特别行政区的权力关系，特别行政区的政治、经济和社会制度以及居民的权利义务等内容，保持香港、澳门长期繁荣稳定。

特别行政区的立法机关有权就特别行政区自治范围内的一切有关事务立法，但是对于外交、防务和其他按照特别行政区基本法规定属于中央负责管理的主权范围内的事务，不能立法。中央对特别行政区行使的权力包括：（1）负责管理与特别行政区有关的外交事务；（2）负责特别行政区的防务；（3）任命行政长官和主要官员；（4）决定特别行政区进入紧急状态；（5）决定全国性法律在特别行政区的实施；（6）解释特别行政区基本法；（7）修改特别行政区基本法；（8）授予特别行政区享有其他权力等。全国人大授权香港、澳门特别行政区实行高度自治，享有行政管理权、立法权、独立的司法权和终审权。中央人民政府授权特别行政区依照基本法自行处理有关的对外事务等。基本法有关条文还明确规定了特别行政区有权就一些特殊事项进行立法。例如《香港基本法》第23条规定：“香港特别行政区应自行立法禁止任何叛国、分裂国家、煽动叛乱、颠覆中央人民政府及窃取国家机密的行为，禁止外国的政治性组织或团体在香港特别行政区进行政治活动，禁止香港特别行政区的政治性组织或团体与外国的政治性组织或团体建立联系。”因此，除了国防、外交等与国家主权有关的中央管理事项外，特别行政区立法会有权根据基本法制定、修改和废除法律。

香港和澳门特别行政区制定的法律应当接受全国人大常委会的监督。根据《香港基本法》第17条第2款和《澳门基本法》第17条第2款的规定，特别行政区的立法机关制定的法律须报全国人大常委会备案。备案不影响该法律的生效。全国人大常委会在征询其所属的香港特别行政区基本法委员会后，如认为香港特别行政区立法机关制定的任何法律不符合本法关于中央管理的事务及中央和香港特别行政区的关系的条款，可将有关法律发回，但不作修改。经全国人大常委会发回的法律立即失效。该法律的失效，除香港特别行政区的法律另有规定外，无溯及力。根据《全国人民代表大会常务委员会法制工作委员会关于2019年备案审查工作情况的报告》，自第十三届全国人大以来，香港特别行政区报送备案的本地法律共有43件，澳门特别行政区报送备案的本地法律共有36件。经初步审查，没有发现需要将有关法律发回的情形。[①]

二、香港特别行政区立法

（一）立法机关

《香港基本法》第66条规定："香港特别行政区立法会是香港特别行政区的立法机关。"香港特别行政区立法会由在外国无居留权的香港特别行政区永久性居民中的中国公民组成，但非中国籍的香港特别行政区永久性居民和在外国有居留权的香港特别行政区永久性居民也可以当选为香港特别行政区立法会议员，其所占比例不得超过立法会全体议员的20%。

香港特别行政区立法会由选举产生。立法会的产生办法根据香港特别行政区的实际情况和循序渐进的原则而规定，最终达至全部议员由普选产生的目标。立法会产生的具体办法和法案、议案的表决程序由附件二《香港特别行政区立法会的产生办法和表决程序》规定。目前立法会由地方选区选举产生的议员和由功能界别选举产生的议员组成。第七届立法会（2020—2024年）由70名议员组成，其中35名经地方选区直接选举产生，其余35名由功能界别选举产生。

立法会除第一届任期为2年外，每届任期4年。立法会主席由年满40周岁，在香港通常居住连续满20年并在外国无居留权的香港特别行政区永久性居民中的中国公民担任。立法会主席由立法会议员互选产生。

---

① 《全国人民代表大会常务委员会法制工作委员会关于2019年备案审查工作情况的报告》，载中国人大网，www.npc.gov.cn/npc/c30834/201912/24cac1938ec44552b285f0708f78c944.shtml，2020年12月8日访问。

立法会议员透过委员会制度，履行研究法案、审核及批准公共开支及监察政府施政等重要职能。立法会下辖3个常设委员会，分别是财务委员会、政府账目委员会及议员个人利益监察委员会。内务委员会在有需要时，会成立法案委员会，研究由立法会交付的法案。

（二）立法程序①

香港特别行政区立法会按照《香港基本法》和《香港特别行政区立法会议事规则》的规定进行立法工作。立法需要经过提案、“三读”、通过和签署公布四个步骤。

1.提案

提案权由香港特别行政区政府和立法会议员行使。根据《香港基本法》第62条第5项的规定，香港特别行政区政府可以拟定并提出法案、议案及附属法规。政府提出的法案称为政府法案。《香港基本法》第74条规定，凡不涉及公共开支或政治体制或政府运作的法案，可由立法会议员个别或联名提出。凡涉及政府政策者，在提出前必须得到行政长官的书面同意。立法会议员提出的法案，称为议员法案。

2.“三读”

法案须在立法会通过“三读”程序，才能制定成为法律。立法会通过一项法案所需的时间，由一天至超过一年不等，视法案的复杂程度及是否具争议性而定。

（1）首读

首读是法案正式提交立法会的程序。首读的程序较为迅捷简单，不涉及法案的具体内容，也不得进行辩论，由立法会秘书在立法会会议上宣读法案的简称即可。一经立法会秘书读出法案简称，该法案即当作已首读。首读后，立法会即命令安排对该法案进行二读，负责该法案的议员无须就二读议案作出预告。②

（2）二读

法案在立法会会议首读后，负责法案的官员或议员随即动议对“该法案予以

① 参见《立法会小百科——如何制定法律》，载中华人民共和国香港特别行政区立法会网站，https://www.legco.gov.hk/education/chinese/resources/factsheet/factsheet07.html，2020年12月8日访问。

② 参见《香港特别行政区立法会议事规则》第53条。

二读”，在二读程序中，议员可辩论该法案的整体优劣及原则，[①]并发言解释立法的主要目的。法案涉及政府政策的，须获得行政长官对该法案的书面同意，否则不得动议二读该法案的议案。[②]议员发言后，辩论须中止待续，该法案须交付内务委员会处理，拨款法案或另有命令的除外。[③]

内务委员会须在其后的会议上决定应否成立法案委员会审议有关法案。法案如具争议性或性质复杂，可成立法案委员会，以便详细研究法案的内容。除立法会主席外，所有议员均可加入法案委员会。法案委员会将研究法案的整体优劣、原则和详细条文，以及与法案相关的修正案。法案委员会在完成研究获交付的法案后，会向内务委员会提交报告。

内务委员会主席随后会把内务委员会是否支持该法案恢复二读辩论的意见向负责法案的官员或议员表达。负责法案的官员或议员与内务委员会主席磋商后，可作出预告，恢复法案的二读辩论。在立法会会议上恢复进行的辩论中，一位议员（通常为法案委员会主席）会提出法案委员会的整体意见。其他议员可就该法案发言，以表明他们是否支持该法案。

在二读辩论结束后，立法会须就二读法案的议案进行表决。如议案被否决，法案的立法程序便会终止。二读法案的议案如获通过，该法案即告付委予“全体委员会”，由全体委员会逐一审议法案条文的细节。在全体委员会会议上，法案委员会主席可代表法案委员会提出修正案。个别议员及负责官员亦可各自提出修正案。[④]

全体委员会完成审议法案的所有程序后，须回复立法会。负责法案的官员或议员就该经修正或无经修正的法案，向立法会作出报告，并动议采纳全体委员会就该法案作出的报告的议案。[⑤]该议案不容修正或辩论而付诸表决。如议案获通过，立法会即当作已命令将该法案进行三读。[⑥]如议案被否决，不得再就该法案

① 参见《香港特别行政区立法会议事规则》第 54 条第 3 项。

② 参见《香港特别行政区立法会议事规则》第 54 条第 1 项。

③ 参见《香港特别行政区立法会议事规则》第 54 条第 4 项。

④ 参见《香港特别行政区立法会议事规则》第 57 条第 2、6 项。

⑤ 参见《香港特别行政区立法会议事规则》第 58 条第 12 项。

⑥ 参见《香港特别行政区立法会议事规则》第 59 条第 2 项。

进行其他程序。[①]

（3）三读

三读限于法案的内容进行辩论，议员不可动议修正该议案。经立法会主席许可，为了更正法案中的错误或疏忽，可对出错之处作出修正，但不得对法案提出实质的修正。负责某法案的议员或官员，可在立法会开始就该法案进行二读或三读的程序时，宣布撤回或押后处理该法案。如三读议案获得通过，法案便完成在立法会通过的程序。如议案遭否决，即不得就该法案再进行其他程序。[②]

3. 通过

政府提出的议案、法案或修正案，如获得出席会议的全体议员的过半数票，即为通过。立法会议员个人提出的议案、法案或对政府法案的修正案均须分别经功能界别选举产生的议员和地方选区直接选举产生的议员两部分出席会议议员各过半数通过。

4. 签署和公布

立法会通过的法案，须经行政长官签署和公布，方能生效。行政长官借着在宪报上刊登的方式公布立法会所制定的法律（即“条例”）。有关条例会在刊登宪报的当日生效，若有规定在另一日期开始生效，则在该另一日期才告生效。

（三）立法监督

香港特别行政区立法机关通过的法案，须经行政长官签署，由行政长官公布为法律。行政长官如认为立法会通过的法案不符合香港特别行政区的整体利益，可以在三个月内将法案发回立法会重议，立法会如以不少于全体议员三分之二多数再次通过原案，行政长官必须在一个月内签署公布。行政长官如拒绝前述立法会再次通过的法案或立法会拒绝通过政府提出的重要法案，经协商仍然不能取得一致意见，行政长官可以解散立法会。行政长官在解散立法会之前，须征询行政会议的意见。行政长官在其一任任期内只能解散立法会一次。行政长官如因两次拒绝签署立法会通过的法案而解散立法会，重选的立法会仍然以

① 参见《香港特别行政区立法会议事规则》第 54 条第 8 项。

② 参见《香港特别行政区立法会议事规则》第 63 条、第 64 条。

全体议员三分之二多数通过所争议的原案，而行政长官仍然拒绝签署，或行政长官因立法会拒绝通过重要法案而解散立法会，重选的立法会继续拒绝通过所争议的原案，行政长官必须辞职。

三、澳门特别行政区立法

（一）立法机关

《澳门基本法》第67条规定："澳门特别行政区立法会是澳门特别行政区的立法机关。"立法会议员由澳门特别行政区永久性居民担任，多数议员由选举产生。立法会的产生办法由附件二《澳门特别行政区立法会的产生办法》规定。立法会除第一届另有规定外，每届任期4年。澳门特别行政区立法会自第五届及以后各届立法会议员数目为33人，其中直接选举14人，间接选举12人、行政长官委任7人，但《澳门特别行政区立法会的产生办法》依照法定程序作出相关修改者除外。立法会设主席、副主席各一人。主席、副主席由议员互选产生，并由在澳门通常居住连续满15年的特区永久性居民中的中国公民担任。

（二）立法程序

1.提案

根据《澳门基本法》，享有提案权的主体是特区政府和立法会议员。《澳门基本法》第64条第5项规定，特区政府有权"提出法案、议案，草拟行政法规"。第75条规定："澳门特别行政区立法会议员依照本法规定和法定程序提出议案。凡不涉及公共收支、政治体制或政府运作的议案，可由立法会议员个别或联名提出。凡涉及政府政策的议案，在提出前必须得到行政长官的书面同意。"这表明，特区政府对立法会选举法、公共收支、政治体制、政府运作事项享有专属提案权。不属于上述事项，但涉及政府政策的提案，议员在提出前必须得到行政长官的书面同意。①

① 参见《澳门特别行政区立法会议事规则》第102条、第103条。

2.审查

根据立法会议事规则，立法会一般遵循以下程序审查法案：法律草案提出后，由立法会主席初端审查，决定是否接纳。法案一经接纳或拒绝，立法会主席即将有关批示通知全体议员，并附法案副本。如接纳则定出审议法案的期限。议员在上述期限内可要求提案人提供所需资料。议员有权对是否接纳法案向全体会议提出意见。法案获全体大会接纳后，进入一般性审议，由议员针对法案的立法精神和原则，以及其在政治、社会和经济上的适时性作出评价。法案经一般性表决通过后，主席将法案交有关委员会进行细则性审议。细则性审议主要是审查法案的具体内容与一般性通过的法案的立法精神和原则是否相符，法案的内容在立法技术上和实施中的可行性等。细则性审议分细则性讨论、细则性表决两个阶段，经委员会细则性表决通过的法案送交立法会主席安排全体会议作最后表决。

3.通过

立法会的法案经讨论后，其通过分两种形式：（1）一般法案由全体议员过半数通过；（2）重要的法案，如通过行政长官产生办法、立法会产生办法或对行政长官拒绝签署发回立法会重议的法案等，均需由全体议员三分之二以上多数同意，才能通过。[①]

4.签署和公布

澳门特别行政区立法会通过的法案，须经行政长官签署、公布，方能生效。

（三）立法监督

行政长官认为立法会通过的法案不符合澳门特别行政区整体利益，可在九十日内提出书面理由并将法案发回立法会重议。立法会如以不少于三分之二多数再次通过原案，行政长官必须在三十日内签署公布。如果行政长官拒绝签署立法会再次通过的法案，或者立法会拒绝通过政府提出的财政预算案或行政长官认为关系到澳门特别行政区整体利益的法案，经协商仍不能取得一致意见，行政长官可以解散议会。行政长官在解散立法会前，须征询行政会的意见，解散时应向公众说明理由。行政长官在其一任任期内只能解散立法会一次。行政长官因两次拒绝

① 参见《澳门特别行政区立法会议事规则》第110条。

签署立法会通过的法案而解散立法会，重选的立法会仍以全体议员三分之二多数通过所争议的原案，而行政长官在三十日内拒绝签署，或者因立法会拒绝通过财政预算案或关系到澳门特别行政区整体利益的法案而解散立法会，重选的立法会仍拒绝通过所争议的原案，澳门特别行政区行政长官必须辞职。

拓展阅读

封丽霞：《中央与地方立法关系法治化研究》，北京大学出版社2008年版，第118—119页、第356—361页。

刘松山：《中国立法问题研究》，知识产权出版社2016年版，第270—285页。

袁明圣：《我国地方立法权的整合问题研究》，中国政法大学出版社2016年版，第120—150页。

曹胜亮：《论地方立法的科学化》，载《法学论坛》2009年第3期，第64—68页。

王春业：《论立法权扩容背景下地方立法的节制》，载《法学论坛》2018年第1期，第100—108页。

许安标：《我国地方立法的新时代使命——把握地方立法规律 提高地方立法质量》，载《中国法律评论》2021年第1期，第1—16页。

第六章　立法准备

立法准备是指在提出法案前所进行的有关立法活动，是正式立法前的准备工作。对立法活动过程我们可大致分为三个阶段，即立法准备阶段、由法案到法阶段、立法完善阶段。由法案到法阶段，我们也可称为正式立法阶段，立法准备阶段的目的是为正式立法创造条件。

立法准备阶段在立法实践中有重要意义，一个法案最终命运如何，往往取决于立法准备活动的质量，准备充分的法案，获得通过的概率较高。在我国，立法准备活动在立法过程中有相当重要的作用，凡是经过了立法准备阶段的法案，在由法案到法阶段几乎都能顺利通过。这说明立法准备阶段在我国立法过程中有非常重要的作用。

立法准备阶段大致可分为以下环节和内容：立法预测、立法规划、立法决策、起草法案。

第一节　立法预测

一、立法预测的含义及意义

立法预测是运用科学的方法和手段，对未来的立法情况进行预测，以把握立法时机和立法内容的活动。

预测是对未来状况的推测。在人类社会早期，人类的认识能力低下，预测未来往往是难以想象的事情，但随着人类的认识能力和科学技术水平的提高，根据现存的事物的种种信息预测未来事物的发展状况和趋势已不再是不可能的事情。

在此基础上，预测科学及其各门分支学科开始发展起来，社会预测学、经济预测学、军事预测学和法律预测学也获得了空前的发展。

立法预测是预测学在立法领域的反映。在20世纪50年代后，立法预测开始获得较快的发展，我国从20世纪80年代以来，也开始注重立法预测工作。

立法预测的基本内容有以下方面：（1）研究立法的发展规律，使立法活动的开展能够遵循规律。通过对有关信息的收集、整理、归纳、分析，从而找到立法的共同性规律以及个别性规律，为立法活动提供指导。（2）预测社会的立法需求。通过对现在的法律的整体状况的考察，以及对社会的法律需求的考察，我们便可预测出社会需要什么样的法律，以及在什么时候需要这样的法律。（3）考察现行立法的实际效果。这项工作主要是为现行立法的进一步修改完善做准备工作。（4）预测社会生活的发展趋势。科技的发展和社会生活的变化都会引起法律的变革以及新的立法领域的出现，及早注意这些苗头，可以未雨绸缪、防患于未然。

立法预测的意义在于：

第一，有利于使立法活动适应社会发展需要，做到及时立法。社会总是处于不断发展之中，现代社会的发展更是日新月异，新生事物层出不穷，社会关系越来越趋于复杂化。法律是现代社会调整社会关系的主要手段，立法要适应社会需要就必须紧跟社会的发展。如果不重视立法预测工作，立法往往难以跟上形势的发展，法律对社会生活的调整就显得十分被动，或者在该立法的时候毫无准备、仓促上马，使法律不能及时调整所应调整的社会关系；或者由于预见不够，出现法律颁布后立即就过时的现象。科学的立法预测工作能使人们对将要调整的社会关系和制定的法律及早有所准备，从而能够有条不紊地、及时地运用法律调整社会关系。

第二，有利于实现立法活动的科学化。首先，立法预测并非随意的猜测，而是利用科学手段进行预测，预测结果有科学依据，有相当的准确性。其次，立法预测可以克服立法活动中的盲目性、随意性，使立法具有条理性、计划性。所以立法预测本身是科学的活动，它可以为立法规划、立法决策以及起草法案提供科学依据。

第三，有利于法律体系内部的协调发展。法律体系由法律部门组成，各个法律部门分工合作，调整各种社会关系。但法律体系内的各部门法却不总是协调一致的，可能存在差异，甚至相互冲突，立法预测活动的开展可以使法律体系内部的新旧立法获得协调发展，消除抵触现象。

第四，有利于吸取以往立法中的经验和教训，使立法内容更加完善。一方面，通过对法律实施效果的考查，为该法律的进一步修改、补充、废止提供科学依据；另一方面，通过考查古今中外的立法的经验教训，可以为未来的立法活动提供借鉴，避免立法中的失误。比如，美国历史上曾通过立法禁止酒类商品的生产和销售而最后失败的例子，就可以为我国制定类似立法提供教训。[①]

就我国逐步走向法治的现实情况来看，立法预测也是十分必要和具有迫切性的工作。第一，我国实现法治现代化的要求十分迫切。改革开放后，许多社会关系领域无法可依，立法便成了建设法治国家的基础性工作。在这种情况下，为保证立法质量，同时使立法工作具有计划性，立法预测工作就显得十分必要和迫切；再加上我国的立法预测人才缺乏，不论在理论上还是在实践中，从事该项研究和工作的人员都非常少，这使得现阶段立法预测工作显得更为迫切和必要。第二，我国受大陆法系影响颇深，我们所走的法治道路不可能是自发演进型的，需要通过变法来实现法治。立法在社会生活中以及在法治建设中的地位显得特别重要，对立法的要求也就显得特别高，没有高质量的立法，便没有高质量的执法、司法以及对法律的严格遵守。从这个意义上说，立法预测也显得特别重要。

二、立法预测的种类

立法预测的种类的划分有不同的标准。根据这些标准可以将立法预测划分为以下几种：

从时间上，可将立法预测分为长期预测、中期预测和短期预测。长期预测是

---

① 1919 年，美国国会通过宪法第 18 条修正案："禁止在合众国及其管辖的所有领土内酿造、出售和运送作为饮料的致醉酒类；禁止此等酒类输入或输出合众国及其管辖下的所有领土。"尽管美国对禁酒加强执法力度，但该法案后来被证明根本无法执行，在全美国出现了大规模的群众性违反禁酒令的活动。第 18 条宪法修正案成为美国宪法史上的一大丑闻。

指对较长期间的立法有关情况进行的预测，如对10年以上的立法发展前景和趋势的预测。长期预测精确度不高，但可以使立法机关把握较长时间立法的大致发展方向。中期预测是指对5—10年内的立法发展前景和趋势的预测，是介于长期预测和短期预测之间的一种预测，是制定中期立法规划、确定中期立法任务的重要依据。短期预测一般是指对5年以内的立法发展情况的预测，是进行立法决策、确定近期立法工作方针的依据。长期预测、中期预测和短期预测相互联系，长期预测是中期预测和短期预测的指导，短期预测是中期预测和长期预测的基础，中期预测以长期预测为指导，以短期预测为基础。

从预测的具体程度上，可将立法预测分为宏观立法预测和微观立法预测。宏观立法预测是对国家整个立法发展趋势所进行的预测。微观立法预测是预测某一具体的立法文件或立法文件中具体规定的社会效果和发展趋势，从而找出法律调整这些社会关系的合理模式的预测。宏观立法预测对微观立法预测有指导作用，微观立法预测补充了宏观立法预测在具体化方面的不足。

从预测的空间范围上，可将立法预测分为全国性预测和地方性预测。全国性预测是对效力及于全国的法律法规在未来的制定和变动情况的预测。地方性预测是对效力仅限于地方的地方性立法的未来发展前景和趋势的预测。

从立法主体上，可将立法预测分为享有立法权的机关的预测和不享有立法权的机关的预测。享有立法权的机关的预测是享有立法权的机关自行或委托其他组织所进行的预测。这种预测有较大的权威性，能够为有权立法机关采纳，而不享有立法权的机关的预测是不具有立法权的组织或个人对立法所进行的预测。这种预测往往具有专业化优势，但并不必然获得有权立法机关的采纳。

三、立法预测的步骤

立法预测一般可划分为以下步骤：

（一）明确立法预测目标

立法预测目标是根据社会的需求和各种信息而提出的目标，该目标要明确预测什么立法项目、该立法项目在什么范围和时间内的发展趋势和未来状况，在预测的质和量上要达到什么要求。立法预测的目标要明确和具体，只有这样，才能使立法预测工作高效地开展下去。

（二）选择立法预测方法

立法预测方法是立法预测工作进行过程中所采用的预测手段，是立法预测的实践过程及其规律性的反映。从方法上看，有调查预测法、时间数列预测法、因果预测法、比拟预测法、立法模型预测法等。[①]调查预测法，即立法预测者通过调查研究，结合实践经验，对立法发展前景进行预测的方法。时间数列预测法是根据准确、系统、及时、全面的历史统计资料，运用一定的数学方法、分析统计数据依时间变化的规律，预测立法发展前景的方法。因果预测法是通过因果规律的认识，探讨立法中原因和结果的关系的立法预测方法。比拟预测法是将本国或本地区的社会发展情况与外国或本国其他地区的社会发展情况相比较，预测本国或本地区的立法发展前景的方法。立法模型预测法是利用计算机进行分析并进行人工模拟，从中推测出该立法现象在未来某一时间的基本情况的预测方法。立法预测者可根据预测的有关要求选择立法预测方法，各种方法还可结合起来运用。

（三）收集立法信息

信息的完整程度是预测结果准确的前提，做好预测工作必须重视信息收集。凡和预测有关的信息都必须掌握，包括社会发展变化给社会关系带来变化的信息，也包括各种法律法规实施情况的反馈信息，国内外立法的理论与实践方面的信息等。收集立法信息的方法有文献收集法、观察收集法、访问收集法、问卷收集法、集体访谈收集法和实验收集法等。

（四）分析立法信息

分析立法信息首先是整理信息，将有用的信息抽取出来，并审查、分类、汇

---

① 参见张根大、方德明、祁九如:《立法学总论》，法律出版社1991年版，第282—290页。

总。其次是进行分析，利用各种分析方法，得出分析结果。

（五）提出立法预测报告

对立法信息进行分析后，初步的预测结论即可得出。但正式的立法预测报告的提出，还需要检验预测结果的准确度，在各方面反馈意见的基础上，看是否达到或基本达到预期目的。最后确定的正式的预测报告应该是最佳的预测方案。

第二节 立法规划

一、立法规划的含义及意义

立法规划是在立法预测的基础上，由立法主体作出的在未来一定时期内拟完成的立法项目的总体安排与部署。在我国，立法规划（广义）包括立法规划（狭义）和立法计划两类，前者一般以五年为期，后者一般以一年为期。

早在1912年，美国总统威尔逊以总统名义向国会提出了许多重要的立法规划。此后，美国历届总统都效仿威尔逊的做法，向国会提出立法规划。美国的立法规划，以两种方式提出，一种是在每年一月的《国情咨文》中提出，另一种是通过院外活动集团向国会提出。1945年开始，英国内阁下设立法规划委员会，其职责是权衡各部相互争夺的立法选题，并确定哪些选题列入立法规划。政府为下次年会编制立法规划的工作通常于该次年会前一年的11月份开始启动。先由内阁办公厅通知政府各部申报立法选题。立法选题首先报内阁的主管政策委员会从是否必需和可行性角度审批同意后，再报立法规划委员会。立法规划委员会将准备好的立法规划建议稿报内阁审批。英国在立法规划方面的做法后来为一些发达国家效仿。从20世纪60年代后期开始，立法规划工作在许多国家普遍得到推行。罗马尼亚、保加利亚、匈牙利、苏联等国都在立法工作中进行了立法规划的实践。

我国从20世纪80年代开始，逐步重视立法规划工作，1981年，经国务院批准，开始制定1982—1986年经济立法规划。1986年，国务院又批准了“七五”

期间立法规划，并按年度制定了每一年的立法规划，七届全国人大常委会第二次会议通过了《全国人民代表大会法律委员会关于五年立法规划的初步设想》。1988年，全国人大常委会制定的常委会工作要点中就五年的立法作出了规划。1991年11月，七届全国人大常委会制定了1991年10月—1993年3月的立法规划。1993年底，制定了八届全国人大常委会立法规划，该规划共列入立法项目152项，其中有115项将在八届人大的时间范围内审议，有37项属于研究起草、成熟时才安排审议。为落实五年的立法规划，全国人大常委会有关部门根据规划，与有关方面联系、协商，对每一年度常委会需要审议的法律草案作出了具体安排。1998年，全国人大常委会制定了《九届人大常委会立法规划》。此后，每届全国人大常委会都会制定五年立法规划。

制定立法规划的意义在于：

第一，突出立法中的重点，分清立法项目的轻重缓急。在一定时期内需要立法的项目往往是很多的，但这些项目的立法并不能一拥而上，而是应该分清轻重缓急，对于社会意义较大、社会急需的项目，应先立法。在立法中要突出重点，做到有条不紊，就得制定立法规划。我国“七五”期间，把与经济体制改革密切相关的立法项目作为立法规划的重点，“八五”期间将建立社会主义市场经济体制方面的立法作为立法规划的重点，就是针对改革需要，突出立法重点，从而使得我国的社会主义改革事业能够顺利地进行。

第二，消除立法中的重复、分散或遗漏现象，限制不必要的立法活动。所谓立法中的重复，即对某一社会关系的调整进行重复立法，既缺乏效率，又容易引起法律冲突。而立法分散则表现为调整某一社会关系的法律规范被分散到不同的法律法规中，使法律体系显得凌乱、不统一。遗漏现象就是某些匆忙上马的立法项目，由于缺乏充分准备，使某些应该体现的内容未得到体现。立法规划工作使立法的事先准备工作得到加强，可以克服立法工作中的混乱现象，有效制止一些不必要的立法，以避免立法工作中人力、物力、财力的浪费。

第三，保证法律体系的和谐统一。一个国家的法律体系应该是和谐统一的一个有机整体，这样一个有机整体就意味着，法律部门以及法律规范之间相互配合、相互衔接、互为补充。如果法律体系中的法律规范存在规定不统一、配合不协调等现象，则该法律体系不能称为和谐统一。开展立法规划工作有利于使法律体系获得协调统一，因为立法规划工作是将不同时期的立法活动作为一个整体进行统筹安排，各个立法项目之间的协调统一必然会得到考虑。

第四，保证立法质量。进入立法规划的立法项目，一般都会进行充分的立法准备工作，有关立法主体必须采取措施保证计划的实现和项目的完成。因此，进入立法规划的立法项目，有关立法主体一般都会收集有关资料、调查研究、征求社会各界意见、进行试点等。由于经过充分准备，起草的法案质量较高，在进入立法程序后，往往能够获得顺利通过。

第五，协调立法主体之间的关系，使之相互配合协同完成立法工作。一项立法活动往往不是单一立法主体就能够完成的，而需要多个立法主体之间的协同活动。立法规划明确了有关机关各自的立法工作任务，有助于各立法主体各负其责、相互配合、协调一致地开展工作，避免职责不清引起的立法工作的混乱。

二、立法规划的分类

按主体是权力机关还是行政机关，可以将立法规划分为议会立法规划和政府立法规划。议会立法规划是指议会为调整国家较为重要的社会关系而进行立法的规划，它的地位较高。政府立法规划主要是指政府为执行议会法律和行使行政权而进行立法的规划，政府立法规划的地位次于议会立法规划。

按主体是中央立法主体还是地方立法主体，可以将立法规划分为中央立法规划和地方立法规划。中央立法规划是指对中央立法主体在一定时期内进行的立法规划。地方立法规划是指对地方立法主体在一定时期内进行的立法规划。

按立法规划时间的不同来划分，可以分为短期立法规划、中期立法规划和长期立法规划。短期立法规划是较短时间内的立法工作设想和部署，时间一般为5年以下。短期立法规划比较具体、精确，更有可操作性。中期立法规划在规划的时间上介于短期和长期立法规划之间，从时间上看，一般为5—7年。从具体程度和精确程度上看，不如短期计划，但更具有指导性。长期立法规划是较长时间内的立法工作设想和部署，从时间上看，8年以上即可称为长期立法规划。长期立法规划是从宏观战略和大局出发进行的规划，规划重心主要是从长远发展出发为立法工作指明方向。因此从规划立法项目的具体程度来看，不如短期和中期立法规划。

按立法项目内容的不同，可从将立法规划分为综合性立法规划和专门性立法规划。综合性立法规划是对多方面内容的立法项目的总体规划，立法规划大多数都属于综合性立法规划。一般综合性立法规划的编制主体必须是具有较完整的立法权的主体，如我国的全国人大、全国人大常委会、国务院都可以编制综合性立法规划。专门性立法规划是对某一方面内容的立法项目的规划，它主要是针对具有特定形式、特定效力等级、特定调整对象、解决特定事项的立法项目而制定的规划。

三、制定立法规划的基本原则

（一）依法规划原则

立法规划要有法律的依据以及不与现行法相抵触。一般来说，立法规划权的归属、权限的划分、有关程序应该有法律的明确规定，而立法规划活动的进行应该依法进行。我国立法规划制度建设还是一个薄弱环节，立法规划权属、内容范围以及程序都缺乏充分的法律规定，影响了立法规划本身的质量。要实施依法规划原则必须要有相应的法律制度来保障。

（二）适应社会需要原则

社会需要是立法的指南针，虽然建设社会主义法治国家需要进行大量的立法，但立法活动却不能片面追求数量，不讲求社会需要，脱离社会实际。仅仅靠主观臆断或借鉴国外的立法，而不顾本国国情和实际需要，其立法必然要遭到失败。在立法规划的编制过程中，我们必须深入调查研究，根据科学的立法预测结果以及现实的社会需求，规划立法项目，反对华而不实的、不适应社会需要的立法项目。

（三）具备可行性原则

立法规划在适应社会需要的同时，还必须具备可行性。要做到使立法规划具备可行性，至少应考虑三方面的内容，首先，必须考虑规划实施所具备的思想条件，即社会的法律意识、价值观念、经验和理论的积累等条件是否到位。其次，还必须考虑实施立法规划所需的制度条件，即相应配套的并且行之有效的法律法规是否存在，如不存在，则立法项目也无法实施下去。最后，还要考虑立法主体自身的条件，立法主体是否具备足够的人力、物力、财力和时间来完成立法规划所确定的立法任务。

（四）协调配套原则

协调配套原则有两层含义，一是指立法规划要与国民经济和社会发展的总体规划协调配套。如果不一致就会出现不协调的现象，从而影响立法规划项目的实施。二是指立法规划的内容要和现行法律法规协调配套，以保持法律体系内部和谐统一。总之，协调配套原则要求立法规划要有全局观念，不能仅关注立法规划内容自身，要充分考虑与之相关的事物，是否与它协调配套。

四、编制立法规划的步骤

我国目前并没有就立法规划的编制程序作出规定，但在实践中，已大致形成了一整套较为成熟的基本程序步骤。主要包括以下几个基本步骤：

（一）立法项目的提出

立法项目的提出是指有关机关、部门、团体等向有权立法机关提出要求立法的项目。国务院编制立法规划是由政府部门提出立法项目。全国人大常委会制定的立法规划的项目来源包括以下几个方面：一是每年一度的全国人大会议期间代表提出的议案以及批评、建议和意见。二是执法机关提出的立法建议。三是全国人大及其常委会在执法检查、调查研究过程中提出的应当立法或修改法律的意见。四是专家学者通过各种渠道提出的立法建议。从实践中看，全国人大常委会立法规划的项目，主要是国务院综合各部门的建议后向全国人大常委会提出的。从我国提出立法项目的情况看，还应逐步扩大提出立法项目主体的范围。虽然提出立法项目的主体资格并无严格限制，但接受立法项目的主体资格却限制严格，国家法律性质的立法项目应由全国人大及其常委会来接受；行政法规性质的立法项目应由国务院来接受；地方性法规性质的立法项目应由相应的地方权力机关来接受。

在提出立法项目后，接受立法项目的机关要对立法项目进行汇总，在国务院是由国务院法制机构来负责接受并汇总立法项目。在全国人大常委会是由全国人大常委会工作机构负责接受和汇总立法项目。

（二）立法项目的审查

接受立法项目的机关对立法项目的审查是第二步工作。从审查机构来看，国务院的立法项目是由国务院法制机构进行审查，全国人大常委会的立法项目是由全国人大常委会工作机构进行审查。审查既包括对立法项目的名称、文字、结构等形式方面进行审查，也包括对立法项目的可行性、必要性、适用范围、社会效果等各方面的实质性的审查。

（三）立法规划的编制

立法项目经审查后，接受立法项目的机关将对立法项目进一步调整，使之协调一致，然后再进行立法规划的编制。编制的立法规划的内容大致应包括：规划的指导思想和原则；规划的目标、任务；规划的主要内容；落实规划的组织和措施。

（四）立法规划的审议、批准

立法规划草案编制完成后，还须报请有权机关审议批准。全国人大常委会和国务院的法制机构在编制立法规划草案后要报全国人大常委会或国务院批准，再下达有关部门执行。

第三节　立法决策

一、立法决策的含义

立法决策是立法决策主体就未来的立法目标和方案进行决定的活动过程。立法决策不仅在立法准备阶段存在，而且存在于立法活动的各个方面和各个阶段。“在立法的整个过程和方方面面中，很少有别的行为像决策行为这样具有广泛性。上到一国立法体制的确立，如立法机关的设置、立法权限的划分，下到某地某立法工作机构的成立及其工作人员的配置；大到一国重大立法活动如宪法、民法、刑法的制定和变动，一国中长期立法规划的编制和实施，小到一个普通地方性法规、地方政府规章的产生或废弃，都离不开决策，都涉及决策问题。”①在立法准备阶段，立法决策最重要的内容是作出是否立法、立何种法的决策。决策活动贯穿于立法规划以及立法起草程序之中。

立法决策是立法活动的重要组成部分，是进行立法行为的前提，没有立法决策，立法行为便无法进行。正因为如此，作出的立法决策是否妥当、及时关系到立法行为以及立法结果的有效性。

二、立法决策的主体

立法决策主体历来有两种不同的学说：一种是“法定说”，即只有法定化的主体才是立法决策者。该观点认为，实践中有些非立法主体往往也能起至关重要的作用，但这类情形所表现的是有关主体对立法起何种作用，不是表现立法决策。立法决策概念强调的是一种立法行为而不是对立法的作用。即便非立法主体对立法往往起决定性作用，也不算正式的立法决策。②在“法定说”看来，正式立法活动只能由也必须由法定立法主体开展。另一种是“功能说”，即只要在立法过程中起实质性作用的就是立法决策的主体。“功能说”系从实际运行的角度研究和分析问题，因此把政党、行政机关、利益集团、新闻媒体、公民个人都列入了立法决策主体的范围之内。

这两种观点的分歧主要来自观察问题的角度不同，“法定说”强调主体的法定性，这对于规范立法决策主体、使之制度化是有益的。“功能说”从实际运行的角度看问题，可以看到立法决策中实际上起到作用的一些机关、团体和个人。

① 周旺生主编:《立法学》，法律出版社2000年版，第539页。

② 周旺生主编:《立法学》，法律出版社2000年版，第537页。

所以这两种观点都有一定道理。

另有些学者将立法决策主体分为主要立法决策主体和辅助立法决策主体。主要立法决策主体是指依法具有立法决策权的机构或个人。辅助立法决策主体是指可以参与立法决策，并对立法决策施加一定影响的机构或个人。[①]也有学者提出了立法决策主体与立法影响主体的区分。立法决策主体具有立法决策权，立法决策权是一种法定的权力，由立法机关根据其成员的多数意愿而行使。而公民个体、新闻媒介、政党、利益集团、行政机关、司法机关等则试图影响立法决策者的抉择行为，尽可能地实现其所要达到的目的，它们是立法影响主体。虽然有的影响主体实际上还主导着立法决策，但不能由此取代议员或代表的主角位置，也不能改变立法决策的法定场合性。立法决策主体与影响主体之间的一般关系是，前者应有自主性决策权，而后者亦应有围绕立法决策权的充分的、竞争性的影响权。[②]

这里所指的立法决策主体主要是指有立法决策权的立法决策主体，即具有法定立法权的主体。

三、立法决策的分类

按决策主体分类，可分为集体决策和个人决策。集体决策是法定立法主体中领导集体所作的决策，这种决策通常以会议、集体表决的形式体现。个人决策指立法主体中的领导者代表法定立法主体所作的决策，主要为法定立法主体中的行政机关所采用。

按立法决策的空间范围分类，可分为宏观决策与微观决策。宏观决策是对整体性的、全局性的、综合性的立法问题所作的决策，表现为规模大、范围广、情况复杂，如规划性的决策。微观决策是对局部的、个别的、单方面的立法问题所作的决策。

按决策的规律性程度分类，可分为常规决策与非常规决策。常规决策是具有

① 郭道晖:《法的时代呼唤》，中国法制出版社 1998 年版，第 431 页。

② 于兆波:《立法决策主体比较研究》，载《法商研究》2002 年第 4 期。

规范性、例行性的立法决策。这类决策具有明显的规律性，如立法机关在任期内对立法所作的部署性的决策。非常规决策是指偶然性、临时性、非重复性的决策。这类决策无规律，具有不确定性。

四、立法决策的原则

（一）民主原则

立法决策的民主原则的理论根据是人民主权原则，根据人民主权原则，国家主权并不为某个人、某个集团、某个党派所独掌，而是人民群众共同享有。立法权是国家主权的重要表现形式之一，虽然从表面看是为有权立法的机关所掌握，但根本上是掌握在人民群众手中。立法决策主体在进行决策时，不能按照自己专断的意志进行决策，而必须根据广大人民群众的意愿和需要进行决策。要保证立法决策的民主原则的实现，不仅立法制度的设置要以民主的原则为指导，而且立法决策主体在具体的决策过程中也要体现民主。就我国来说，要充分发挥人民代表在立法决策中的作用，保障人民群众参与立法，广泛听取社会各界的意见和建议，使民主原则真正在立法决策中得到体现。

（二）科学原则

立法决策的理论基础之一是20世纪70年代在美国出现并在世界上普遍受到重视的决策科学。决策科学不仅注重决策的定性分析，而且注重科学的定量分析，使过去注重经验的决策行为逐渐被科学化的决策行为所取代。立法决策要做到准确、正确，必须以科学原则为指导。科学的立法决策一方面要遵循严格科学的决策程序，另一方面要依靠科学的决策技术，运用科学的思维方式。除了科学的制度保障外，决策者的自身素质也是体现科学决策的重要因素。决策者必须具备充分的知识储备，对社会生活有深刻的理解，并掌握科学的决策方法。

（三）最大效益原则

最大效益原则是从经济学角度出发，为提高立法效益而必须遵循的原则。立法决策者在进行决策时除要考虑政治、社会、立法机制等方面的因素外，同时也应当考虑成本效益问题，当立法成本大于预期效益时，立法行为徒劳无益，而只有在预期立法效益大于其立法成本时进行立法，立法才会产生良好的社会效益和经济效益。因此，立法决策者在决策时应当遵循决策的最大效益原则，不仅要做到效益大于成本，而且要追求效益的最大化。这就要求决策者在决策时应当进行成本效益的测算，并将其作为立法决策依据。

（四）从实际出发原则

从实际出发原则是指立法决策要从本国的国情和实际出发，充分考虑一国、一地具体的历史与文化、经济体制与法律制度、法律意识等各方面的因素，满足本国人民的利益和要求。在立法决策中，不应当仅仅遵从理论、遵从经验，还应当充分考察当时、当地的各种具体制约条件，在这个基础上，再来判断该问题是否应当立法，应当立哪一种法，该立法的基本内容应该是什么。只有从实际出发，立法决策才不会犯教条主义和经验主义的弊病。从实际出发原则在我国现实的立法实践中具有重要意义，中国特色社会主义法治道路有其独特性，这是由我国现阶段社会经济条件以及历史文化条件的独特性决定的。因此，立法决策者必须从我国的具体国情出发，从实际出发来进行立法决策，才会避免决策失误。

五、立法决策的步骤

要作出民主、科学、合理的立法决策，必须遵循一定的决策步骤。因为立法决策其后果是重大的，是进行立法行为的前提，所以不能是简单、武断、随意的决定，而是审慎的、遵循一定步骤的行为。立法决策大致可分为以下几个步骤：

（一）发现有待解决的问题

立法决策行为的发生来自立法问题的产生和发现，没有需要解决的立法问题，就不存在决策行为。所以，首先应明确立法问题是什么？立法问题的产生来自立法实践，来自立法实践中对问题的发现和思索。在立法中，没有需要解决的问题是不正常的，而不断地发现问题是立法工作走向成熟的表现。只有发现问题，才会产生立法决策，最终导致问题的解决。

（二）明确解决问题的方向

问题被发现之后，接下来就需要明确解决问题的大致方向，这就需要参考理论知识、借鉴实践经验、大胆探索、小心求证，将解决问题的大方向确定下来，作为立法决策指导目标。比如，是继续修改旧法，还是编撰法典，制定新法，诸如此类的大方向问题。对解决问题的大致方向的正确把握，是正确决策的关键。

（三）设计解决问题的方案

方案设计是在解决问题的方向确定之后，就更具体的问题明确解决办法。方案的设计既可以是一个方案，也可以是多个方案，供其选择。从方案的内容上看，既要从理论上、实践上解决方案的必要性、可行性问题，也要拿出解决问题的具体办法，如在某一社会关系领域是否需要法律调整问题上，既要拿出需要立法的原因和道理，也要就所立之法的原则和内容有大致的界定。

（四）作出最后抉择

对于设计好的方案，最后还要由有权决策机关作出选择何种方案的抉择。一般是选择最优方案。方案定下来后，接下来就是贯彻实施阶段。如制定某法律的决策确定后，接下来就是通过起草、提案、审议、通过、公布等一系列程序来完成立法活动。

第四节　起草法案

一、法案起草的含义及意义

法案起草是指有立法提案权的机关、团体和个人或受其委托的机关、团体和个人，将立法提案以书面形式形成文字的活动。

法案起草包含三方面的含义，一是立法提议的起草，即主案的起草，是立法提案的主要部分。它通常可以单独存在，因为很多时候，立法提案中并未提出法律草案，仅仅是一种立法提议。它的内容包括提案的标题、理由、法律草案的主要内容、原则，以及建议由何机关、组织和人员来进行起草。二是法律草案的起草，即附案的起草，立法提案如果要列入议程进行审议，除主案外，还必须附有法律草案。三是主案和附案结合而成的完整的法案起草。

由于法律草案的起草要求最为严格，其意义也更为重大，人们通常所说的法案起草主要是指法律草案的起草。

法案起草是立法过程的必经之路，是立法准备活动的重要内容，它为立法程序的正常开展奠定基础，立法活动中的提出法案、审议法案、通过法案等一系列程序无不围绕起草的法律草案进行。法案起草的质量高低直接影响到立法效率，决定着法案审议过程能否顺利进行，立法过程是否少受挫折，立法速度是否受到影响。

法案起草还影响到法律在实施中能否实现预定的立法目的，实现法律的实效。起草的法案虽然还要经过审议通过等程序才能成为正式的法，但如果其弊端并未在审议中被纠正，则会对执法、司法、守法等活动产生重要影响。轻的后果可能产生认识和理解上的分歧，严重的甚至可能产生和立法目的相反的后果，或者根本无法实施，成为一纸空文。

二、法案起草机关、起草班子和起草人

法案起草必须要有相应的起草机关、起草班子和起草人才能进行，它们共同组成法案起草主体。

我国现行法律对哪一方面的法律应由哪些机关负责起草并没有作出具体规定。

就以全国人大及其常委会的立法来看，由全国人大主席团、全国人大常委会及其委员长会议、全国人大各专门委员会提出的法案，其法律草案通常由下列机关起草：（1）全国人大各专门委员会。专门委员会是法律议案的法定提案人，它也可以自己组织法律草案的起草工作。（2）全国人大常委会法制工作委员会和办

公厅。它们是常委会的办事机构，不是法律议案的提案人，但根据全国人大常委会议事规则规定，法制工作委员会和办公厅可根据委员长会议的委托，代常委会拟订法律议案草案，并向常委会会议作说明。在立法实践中，大量的法律草案是由法制工作委员会组织起草的。（3）全国人大代表或全国人大常委会组成人员。有关法律规定，全国人大代表和常委会组成人员可以分别联名提出法律议案，在提出法律议案时应同时提交法律草案。由于我国的全国人大代表和常委会组成人员大多数不是专职的，且没有助手和工作人员，他们实际上很难承担法律草案的起草工作，因而也很少提出法律草案。（4）成立专门法律起草委员会。在起草某些重要或特殊法律时，由全国人大或全国人大常委会成立专门的起草委员会，如宪法起草委员会、香港特别行政区基本法起草委员会。

此外，最高人民法院负责起草与司法审判以及司法审判组织有关的法律草案。最高人民检察院负责起草与检察工作和检察院的组织有关的法律草案。中央军事委员会起草有关军事方面的法律草案，主要由中央军委法制局承担。中央有关单位、组织也可以起草一些法律草案，如全国总工会、全国妇联、共青团中央、科学技术协会、残疾人联合会等一些中央有关部门也负责起草有关的法律草案。有些涉及面比较广的法律，也可由一个部门牵头，各有关部门联合组成起草小组，进行联合起草。

起草机关确定以后，通常还要组织一个起草班子，一般称为起草工作小组或起草委员会。起草班子的组成应该注意合理搭配，不仅专门从事立法工作的人员和有关业务工作的实际工作人员要参加，对一些专业性强、综合性强的法案起草，有关方面的专家都应参加。如果一部法律的内容涉及其他有关部门的业务，还要请有关部门的人员参加。

法案起草人是参加起草立法提议和法律草案的具体人员。法案起草人承担着将立法者的意图转化为具体的法律规范以保障公民的合法权益、满足社会需要的任务。因此，他们的责任重大。一般对起草人员的素质有众多要求：

在知识素质方面，他们应懂得立法的基本理论和一般方法，并能贯彻到实践中去；他们应精通宪法、熟悉相关法律、法规、规章和政策，熟悉各有关立法主体的立法权限范围和立法职责；他们还应具有较高的文化水平，特别是很高的文字水平，能理解和把握法律语言文字的性质和特征；他们还应掌握较高的立法技术，对法律规范的谋篇布局、遣词造句以及其他技术能够运用自如。

在其他能力方面，他们应能承担来自各方面的强大政治压力，确保法案反映立法者的意图；他们应对法治、立法和法案起草有正确的理解和兴趣，乐于从事法案起草工作；他们应具有较高的协调能力，能协调有关方面的利益关系，解决由各方面的竞争、冲突所产生的各种问题，并能提出有效处理对策供决策者参考；他们应对社会有较多的了解，对法案所涉及的社会生活有深刻的理解；他们应有较强的信息情报收集能力，能够分门别类地整理来自各方面的信息，以对起草法案起参考作用；他们应有较强的分析、综合能力，能够发现问题，并洞察事物的本质和发展规律，以采取相应对策；他们应有较强的学习能力，能够与时俱进，接受新生事物。

在工作作风方面，他们应当善于听取各方面的意见和建议，甚至批评，不独断专行；工作效率高，并能承受繁重的立法工作。

三、法案起草的过程和步骤

（一）作出法案起草的决策

法案起草的决策者是根据宪法和法律规定行使立法提案权的机关和组织。其决策的依据主要是立法规划的规定，根据立法规划的规定，决策者应当及时起草法案，并提出法案。除此之外，决策者的决策还可能依据法定的职权和职责、法律规定、国家政策、立法建议、客观需要等作出。

当前，我国法案起草决策的主要表现形式是立法起草决议或决定，也可表现为包含要求起草某法案的法文件的形式。在作出起草决策的同时，应当初步明确起草该法案的必要性和立法目的，以指导起草工作的开展。

（二）确定法案起草机关和组织起草班子

法案起草机关和法案起草决策机关并不一定一致，作为法案起草决策机关必须具备立法提案权，而法案起草机关可以是有立法提案权的机关，也可以是其下属机构，还可以是其委托的机构。

一般基本法律由全国人大专门委员会或全国人大常委会法制工作机构起草，其他法律有的由全国人大常委会法制工作机构起草，有的由国务院有关部门起草，并以国务院的名义形成法案；行政法规的起草有的由国务院法制机构起草，有的由国务院有关部门起草；地方性法规有的由地方人大常委会法制工作机构起草，有的由地方政府有关部门起草；特别重大的法案起草，也可能由立法机关自己进行，或由专门成立的起草机构进行。

起草法案的具体工作由起草班子进行。在我国，每一个法案的起草都需要组织起草班子，故人员选择非常重要，要求人员相对固定，并须具备较高的专业水准，符合法案起草人的条件。

（三）明确立法意图

法案的立法意图并不由法案起草人确定，而是由提案主体确定的，在作出起草法案的决策时，立法意图必须明确，以便让起草人遵循。

如果决策者的立法意图是清楚的，作为起草人就必须努力地弄清其立法意图所在，才能真正实现起草法案的任务。美国立法学者里德·狄克逊教授在《立法起草》一书中认为：法案起草工作如同工程的设计建筑工作，法案起草人有如工程的设计建筑师。他的任务一方面在于完成工程的设计建筑，另一方面则在于对建筑物的用途、形式、效用及其他有关问题作综合考虑和协调。当工程师接受设计建筑的委托时，他首先应当了解委托者的意向所在，委托者需要的是何种用途的建筑，是商业大楼还是厂房，是民用住宅还是观光饭店，是校舍还是办公场所。然后，他应当了解自己将要设计、建筑的工程的特定要件有哪些。起草人起草法案之前，要先弄清立法主旨所在，研究如何表达这种主旨，如何解决种种问题。①

如果起草人认为立法意图有所不妥，侵害了公众和社会的利益，也不能自作主张，改变既定的立法意图。因为立法意图必须由立法主体确定，起草人没有权利过问。

---

① ［美］里德·狄克逊：《立法起草》，美国 1977 年英文版，第 11—12 页。转引自郭道晖总主编：《当代中国立法》（下），中国民主法制出版社 1998 年版，第 1251—1252 页。

（四）进行调查研究

调查研究是法案起草过程必不可少的内容，它是在弄清了立法意图的基础上进行的，主要包括：明晰法案的重要问题和难点，收集相关的法律规定，弄清是否有与之相冲突的地方；弄清法案涉及的各方面关系，以便协调；研究实践中的实际做法和可供吸取的经验；研究其他国家和地区的相关法律规定，寻找法案起草可供借鉴的相关经验；研究专家和实际部门的意见和建议；研究法案在审议、表决过程中可能遇到的问题。

调查研究的方法包括召开座谈会、到基层考察、收集各方面的资料等。

（五）拟定法律草案

拟定法律草案之前，要先拟定草案的提纲，以便确定法案的大致框架，使法律草案的拟定有章可循、条理清楚、逻辑结构严谨，并且没有遗漏。提纲拟定后，再进行具体条文的起草。法律条文可以由一个人根据集体讨论的意见执笔起草，也可以由几个人分头起草。完成后的草案稿，经起草机关集体讨论同意后，可称为征求意见稿或讨论稿。

（六）在广泛征求意见的基础上，反复修改法律草案

征求意见一般包括决策者的意见、有关部门的意见、专家学者的意见、人民群众的意见等，特别要注意征求与法案有利益关系的人的意见。征求意见可以及时发现拟定的法律草案存在的问题，从而及时作出修改。征求意见的方式一般有两种：一种方式是将征求意见稿印发有关方面征求意见，另一种方式是召开座谈会，以面对面直接交流的形式征求意见。

在广泛征求意见的基础上，还要反复修改法律草案，对草案中有争议的问题要反复斟酌，力图使草案的各方面趋于完美。

（七）形成法案正式稿

在起草人、起草班子对法律草案稿已经满意的情况下，就需要由起草机关提出定稿建议，由决策者作出定稿决定。定稿决定作出后，法案正式稿便形成。

在我国，法律草案在经过广泛征求意见和多次修改并形成送审稿后，还需要经过提案机关集体讨论通过，才能最后定稿，形成正式的法案稿，向立法机关提出。一般来说，国务院各部门起草的法案要经过国务院常务委员会讨论通过；由全国人大各专门委员会或全国人大常委会办公厅负责起草的法案要经过委员长会议讨论通过。

拓展阅读

周旺生：《立法规划的权限划分和编制规程》，载《政治与法律》1993年第1期，第40—43页。

刘松山：《立法规划之淡化与反思》，载《政治与法律》2014年第12期，第86—96页。

刘风景：《审慎立法的伦理建构及实现途径》，载《法学》2020年第1期，第29—39页。

［法］纪尧姆·默尼耶：《法国视角下的立法准备与起草：探寻法律的本意》，朱博文译，载《私法研究》第25卷，法律出版社2020年版，第277—288页。

第七章　立法程序

第一节　立法程序原理

一、立法程序的概念

法可划分为实体法和程序法两大基本类别，虽然在不同的法系中，实体法和程序法的地位不同，但不论在哪一国法律体系中，两者都是紧密联系、不可分割的。任何缺少了程序法的实体法，就只能是跛脚的正义，难以实现实体法的真正目的。和立法实体法相对应的是立法程序法。立法程序在实现立法的民主、科学、公正、公开、效率等方面起着至关重要的作用。

对于立法程序的概念，学者们的看法不尽一致。从各国学者的观点来看，有的学者认为，立法程序是立法机关行使职权的程序。从立法机关的职权来看，不仅包括制定法律，还包括通过国家预算和监督政府的职权。这类学者将立法程序看作制定法律、拨款和监督政府的程序。有的学者认为，立法程序不仅应该包括立法机关制定法律的程序，而且还应该包括立法机关和行政机关的议事程序。有的学者认为，立法程序是议事机关对议案处理的程式。[①]以上学者将立法程序并不限于立法活动中的程序，但我国学者一般倾向于将立法程序限定于立法活动本身。比较有代表性的观点如下：

“立法程序是有权的国家机关在制定、认可、修改、补充和废止法的活动中，所须遵循的法定的步骤和方法。”[②]

---

① 参见吴大英、任公允、李林：《比较立法制度》，群众出版社 1992 年版，第 384 页。

② 周旺生主编：《立法学》，法律出版社 2000 年版，第 286 页。

“立法程序是有关具有特定效力的规范性文件形成、变更和废止等过程的形式、步骤以及各形式、步骤的顺序和期限的法律规范的总称。”①

“立法程序就是立法主体按照一定的步骤、时间和方式，创制和完善法的行为过程。”②

“所谓立法程序，就是宪法和法律规定的享有立法权的机关或个人制定、认可、修改和废止法律的工作次序、步骤和方法。”③

从我国学者对立法程序的定义来看，普遍从立法程序的形式特征进行定义，不涉及立法程序的实质特征。但立法程序并非仅仅是立法的步骤和方法，立法程序必须体现正当性，满足一系列的价值要求，如民主、控权、参与、公开等要求，实现程序正义，才能真正实现立法程序的功能。

如果忽略立法程序本身的内在价值，仅仅将立法程序看成国家机关的立法步骤，则立法程序可能失去程序本身的控制权力、表达民意、实现立法活动的正义性之功能，立法活动可能演变为权力者或利益集团谋取利益的活动。

因此，立法程序指具有立法权的国家机关在制定、认可、修改、补充和废止法的活动中，所必须遵循的法定步骤和方法，是立法活动中限制立法者恣意，使法律充分体现正义的正当法律程序。应从以下方面理解该定义：

第一，立法程序的主体是有立法权的国家机关。没有立法权的国家机关不具备进入立法程序的主体资格。有立法权的国家机关并非就是立法机关，在我们国家立法机关固然是立法主体，但其他国家机关经宪法和法律授权，同样可以拥有立法权进行立法活动。

第二，立法程序体现为制定、认可、修改、补充和废止法的活动。立法程序不能简单理解为制定法律的活动，认可法、修改法、补充法、废止法等活动同样是立法活动的重要组成部分，也要遵循法定程序。

第三，立法程序是必须遵循的法定步骤和方法。立法程序由法律明确规定，并非习惯步骤，作为立法主体在立法活动中必须遵循。如果是立法活动中，立法

① 马怀德主编:《中国立法体制、程序与监督》，中国法制出版社 1999 年版，第 151 页。

② 苗连营:《立法程序论》，中国检察出版社 2001 年版，第 3 页。

③ 张根大、方德明、祁九如:《立法学总论》，法律出版社 1991 年版，第 234 页。

主体可自由选择，且法律未明确规定的步骤和方法，则不是立法程序。如立法准备阶段的一些步骤和方法，由于法律未加以规定，不属于立法程序。

第四，立法程序应满足程序正当性的要求。这是防止恶法出现的基本要求，当立法程序是建立在民众参与、民主对话、平等协商、充分听取意见的基础上时，可以有效防止恶法的出现，使法律的产生体现民意、体现正义。

二、立法程序的功能

1.约束立法者的权力

由于议员或代表总是由社会中的少数人组成，他们的立法权力是来自人民的委托，因此，他们不能任意行使拥有的立法权力，人民把立法权力交给立法者代为行使，是为了制定法律，实现公民的权利、自由和利益。要制定出公正的维护公民权利和自由的法律规范，必须防止立法者滥用权力。孟德斯鸠关于一切有权力的人都容易滥用权力的警告，是可以应用在立法者身上的。立法者也是由人组成的，他们同样受到各种外界因素的影响，他们也可能被自己的利益、外界压力、偏好、情绪以及非理性的思维所左右。因此也就可能将权力不正当或不正确地行使。立法程序将程序公正、公开、参与等原则纳入法定的必经步骤之中，通过具体的方式使得约束立法者权力的意图最终得以实现。

2.体现立法民主

民主是人民群众当家作主，但纯粹的全民民主在现代国家是难以找到的。现代国家的民主是间接民主，这体现在立法中就是通过人民选举出来的议员或代表来进行立法活动。立法民主主要在程序中得到体现，立法程序中的多数人决定原则，尊重少数人原则，立法公开、立法听证、公众参与等程序设置，使立法民主得到体现，并使得间接民主的弊端在最大限度上被克服。通过立法程序体现立法民主，还可以提高立法的权威性，提升社会公众对立法结果的认同感。

3.平衡立法中的利益冲突

法律对社会关系的调整实质上是对人们之间利益关系的调整，社会主体的利益需求通过法律得到表达，并得到确认和实现。但由于利益是一种稀缺的社会资源，利益冲突在立法程序中必然时有体现，人们为争夺立法所能带来的利益与避免立法所带来的不利益的斗争，必然要通过各种形式对立法过程施加影响。由于作为立法者的议员或代表，是接受人民的委托，代表了各类利益群体的要求，利益冲突必然在立法程序中体现，比如，通过议会的发言、辩论、表决等体现出来。立法程序的设置使得各类利益群体的要求都得到充分的有秩序的表达，也使得立法结果在最大限度上反映各类利益群体的需求，使立法中的利益冲突得到平衡。

4.规范立法秩序，提高立法效率

秩序的特点是事物之间关系的稳定性、结构的一致性、行为的规则性、进程的连续性和事件的可预测性等。而无序表明存在无连续性、无规律性的现象，意味着大量随机的、偶然的、不可预测的因素对社会生活的渗透和对社会秩序的侵害。立法程序的功能之一，就是实现立法秩序，克服立法无序。它体现为程序规范内在有序性、可预测性和连续性等特点。立法无序的发生，使立法过程的规律性、可预测性受到破坏，使立法过程中可能出现大量的不可预见的因素，使立法过程难以得到控制。由于立法过程充满利益冲突，争执、较量、对抗现象往往易造成立法过程中紧张的对峙状态。井然有序的议事程序可将冲突纳入秩序的轨道，国外议会的议事规则通常就议事程序作详细规定，包括发言时间、次序、内容、态度等，完善的议事规则可以减少议员之间的直接冲突，增加议会的整体和谐，同时也提高了议会的立法效率。

5.逐步完善法案

通过立法程序，法案可以逐步得到完善。进入立法程序的法案，开始体现的只是起草者和提案人的意志，难免会有考虑不周的现象，而进入立法程序后，由于众多立法者和社会各界力量的参与，法案面临更多的利益权衡，不公正的、不切实际的法案可能在程序中遭到否决，不完善的法案则将会吸纳更多人的意见和智慧，克服立法中的疏漏，使法案更全面地反映社会各界的意愿。

三、立法程序的原则

（一）程序公正原则

程序公正是程序法最基本、最核心的原则，自然正义、正当法律程序等程序正义的观念可以说伴随着程序法演进的历史，成为程序法最核心的原则和精神。程序公正不仅适用于司法领域和行政领域，也适用于立法领域。公正包括公平和正义，尽管人们对它们的看法总是有所差异，但这种差异往往体现在实体法领域。对于程序正义人们的看法几乎是一致的。美国学者戈尔丁认为程序公正包含九项内容：（1）任何人不能作为有关自己案件的法官；（2）结果中不应包含纠纷解决者个人的利益；（3）纠纷解决者不应有支持或反对某一方面的偏见；（4）对各方当事人的意见均给予公平的关注；（5）纠纷解决者应听取双方的辩论和证据；（6）纠纷解决者只应在另一方当事人在场的情况下听取对方的意见；（7）各方当事人应得到公平机会对另一方提出的辩论和证据作出反应；（8）解决的诸项内容应以理性推演为依据；（9）分析推理应建立在当事人作出的辩论和提出的证据之上。[①]如果我们把纠纷解决者置换成立法者，程序公正的有关内容也是能适用于立法程序的。立法程序所要求的充分听取利益有关人的意见、充分辩论、议员的言论免责、议事公开、多数人决定等原则，其主要的价值取向就是程序公正，保证立法能够做到不偏不倚，从程序公正达到立法结果公正，从形式公正走向实质公正。

（二）程序参与原则

程序参与是指立法程序中的公众参与，主要是指立法程序应当保障那些权益可能受到立法结果影响的人有充分的机会和有效的途径参与立法过程，并对立法结果的形成发挥有效的影响和作用。现代法治国家尽管确立了人民主权的原则，但通常人民立法权力的体现是通过委托议员来进行的，这就存在着权力异化现象，即权力的拥有者和权力的行使者是分离的，权力的行使者背离人民的委托是可能的。要充分体现民主，赋予利益当事人参与立法过程、表达自己愿望的权利是有必要的。我国《宪法》第2条规定："中华人民共和国的一切权力属于人民。"从理论上说，人民拥有当然的立法权。但由于这种权力主要是通过人民代表大会实现的。普通公民如果没有直接参与的权力，则无法体现社会主义立法的广泛的

① ［美］马丁·P. 戈尔丁：《法律哲学》，生活·读书·新知三联书店1987年版，第240—243页。

民主性。程序参与有两个衡量指标：一是参与的广泛程度。参与越广泛，则意味着立法程序中的民主色彩越浓，立法的结果也就可能越完善。二是参与的有效程度。这是指公众参与对立法结果的影响力的程度，民意的表达能否在立法结果中最大限度地被考虑和吸收。

在我国的立法实践中，程序参与原则主要是以通过多种途径和渠道听取群众意见的形式体现出来。包括：（1）书面征求意见，即向有关国家机关、社会团体、大专院校、企事业单位征求书面意见。（2）召开座谈会、论证会、听证会，即在法案起草或审议过程中，由法案起草机关或审议机关组织、邀请有关方面的代表、专家、政府官员、普通群众举行座谈会、论证会、听证会，对法案的有关问题进行讨论和研究。（3）全民讨论，即将关系到多数公民切身利益的重要法案在媒体上公布，广泛征求社会各界的意见，由有关部门收集整理报送立法机关。

（三）程序公开原则

程序公开是立法民主化的基本要求，是贯彻公民知情权的重要方面。程序公开一方面可以使公民对立法权力运行状况有所了解，从而清楚地了解法律的产生，以及在内心产生对法律的亲近感和信任感。英国有句法律格言："正义不但要伸张，而且要以看得见的形式伸张。"看得见的正义必须通过透明的程序来实现。另一方面，只有程序公开，才能落实议员的职责，才能让选民看到议员是否实现了自己的委托，有利于选民对议员的监督。此外，程序公开还是公众参与立法的前提条件。

立法程序公开包括立法性文件的公开和立法会议的公开。立法性文件的公开又包括立法信息和资料的公开以及已形成的正式的法律文本的公开。除了法律有特别规定应予以保密的外，立法机关应采取有效的措施使公众尽可能了解与立法有关的信息和资料。如立法的主要根据、背景资料、法律草案的主题、审议过程中提案人的说明、委员会的审查结果报告，以及其他与法案有关的文件、记录等。已形成的正式的法律文本则要求可以被公众快捷、准确、廉价地获得。立法性文件的公开始于18世纪的瑞典，该国1766年制定的宪法即已明确规定，所有公共文件均得公开，不受限制。而当今世界，美国的立法文件公开制度较为完善，国会通过的法律在生效后即印成单行活页文本公开发行，联邦登记办公室负责法律活页的编辑出版。法律活页分别送参众两院的文案室，以便于官员和公众索取。法律活页也可以通过向政府印刷局进行年度订购或个别购买取得，从计算机上也可以获得法律活页的电子版本。另外，还有联邦登记办公室和国家档案记录管理局负责编辑出版的《美国法律大全》，它是每届国会通过的法律装订成卷的汇编。为便于查找法律，众议院法律修订顾问会员会还按照法律主题分类编撰了《美国法典》，汇集了美国的一般法和常设法，每6年出版一个新版本。①

立法会议的公开，也就是立法机关的一切会议除依法不公开的外，都必须公开举行。在举行会议之前，立法机关应公开议程、时间、地点、讨论事项等内容。公众可以观察会议的进程、出席旁听会议、观看立法者的争论及其结果，有权取得会议的信息、文件和记录。同时舆论可以通过各种传播手段报道会议的情况。议会通常都会尽可能为记者的工作提供方便，为他们提供旁听席、专门的工作间和基本文件，并且不少国家电视台和电台会定期转播议会的辩论实况。

美国立法会议公开的实践做法有值得借鉴的地方，1976年，美国国会通过《阳光下的政府法》，对大约50个联邦会议、委员会和机关的例行工作方法作了规定，主要是有关公开举行各种会议的规定。美国各州对议事公开也有立法规定。其中，美国佛罗里达州之“阳光法”明确规定：佛罗里达州及其郡、市机关之集会，一律公开，非于公开集会中形成的决议、法规或规则没有法律约束力，州机关各委员会的会议记录必须公开，违反该规定的有关人员，得处二级轻罪。②

（四）程序自治原则

程序自治原则是指立法结果是从立法程序中产生出来的，立法程序对立法结果有决定性的作用。程序自治原则意味着立法结果必须通过程序才能决定，不允许立法结果早于程序便预先决定下来，使立法程序变成可有可无的点缀。在有些国家便存在着这样的问题，法案在提出后，便基本上决定下来，立法程

① 蔡定剑、杜钢建主编:《国外议会及其立法程序》，中国检察出版社2002年版，第312—313页。

② 马怀德主编:《中国立法体制、程序与监督》，中国法制出版社1999年版，第198—199页。

序对它来说就仅仅是一个过场。这样立法程序便没有它独立的地位和意义。立法程序的意义就在于通过程序使社会各界力量参与，通过交涉、辩论、取舍、妥协，最终达成共识。通过程序既可以淘汰不公平不正义的法案，也可以完善有缺陷的法案。虽然不通过立法程序便决定的法案内容也可能是正确的、可行的，但却是不合法的，因为它没有体现立法民主，它的合法性没有通过合理、充分的证明。

（五）多数人决定原则

多数人决定原则是立法程序中通过法案的原则，也是立法民主的基本要义之一。多数人决定原则一般具有以下意义：（1）使法案具有民意的基础，避免少数人的专断。多数人决定原则是立法民主的最后一道保障，它的主要功能就是排除立法中的恣意、任性和偏执，避免个人专断，避免立法政策随领导人个人意志的改变而改变，避免滋生“言出法随”“以言代法”“以言废法”等现象。此外，多数人决定原则，可以有效避免立法中的进一步争执，避免利益冲突的加剧和社会动荡，有利于人们对制定出来的法律普遍地服从。（2）使立法程序具有效率，防止法案久拖不决。通过法案的审议，对法案的争执、辩论可能会进一步增加，分歧会更加突出，通过多数人决定的表决，法案是否通过可以最终得出结果，这样就可以提高作出决策的效率。

现代立法程序中，多数人决定原则同时又包含了尊重少数人的意蕴。在民主原则中，强调多数人的权利，忽略少数人的权利，可能会造成多数人的暴政。① 在立法程序中在实行多数人决定原则的同时，强调对少数人的尊重，就是要在立法程序中赋予少数人对抗多数人的权利。少数人可以自由地发表不同意见，不用害怕打击报复。在西方国家的议会中，议员们普遍享有言论免责的权利。这主要

---

① 法国自由主义思想家托克维尔通过对美国民主的考察及对法国大革命的研究，他发现民主作为所有人都参与公共事务的政府参与形式带有多数人暴政的危险，民主中隐含的平等主义的倾向，会带来泯灭个性的危险，最终带来专制主义。（见［法］托克维尔：《旧制度与大革命》，商务印书馆1992年版。）在立法程序中过于强调多数人的意志的可能结果就是，少数人哑口无言，不敢发表自己的不同意见。而敢于发表自己和多数人不同意见的人却可能受到排挤、打击甚至镇压。

就是保护议员的表达自由，保护议员在作为少数人的不利的条件下，能排除外在的强制力去发表自己的意见，不需要通过个人的勇气去发表不同意见。我国《宪法》第75条也有类似规定：“全国人民代表大会代表在全国人民代表大会各种会议上的发言和表决，不受法律追究。”我国的《立法法》规定，法律委员会向人大主席团提交的审议报告，对重要的不同意见应当在审议报告中予以说明，法律委员会向人大常委会提交的审议报告也有这样的要求。这也是尊重少数人的表现。

尊重少数人意见的原因除了对抗多数人专制之外，还有，多数人并不一定总是对的，真理有时掌握在少数人手中。在某些集体狂热的情况下，少数人的头脑可能比多数人的头脑更冷静。少数人受到尊重的好处就是，他们有权利使他们的意见向众人表露，使众人在更多的意见中作出自己的理性判断，从而使法案通过立法程序之后，会更成熟和完善。此外，少数人并非固定不变的一批人，少数人如果说服了多数人，则少数人转变为多数人，尊重少数人实际上是尊重真理，尊重理性。

四、立法程序的分类和阶段

根据不同的标准立法程序有多种划分：可以分为成文法立法程序和判例法立法程序、宪法立法程序和普通法立法程序、自主立法程序和授权立法程序、立法机关立法程序和行政机关立法程序、中央立法机关立法程序和地方立法机关立法程序。

对于立法程序的阶段，迄今学者们的认识尚不一致。有的学者认为，“我国中央权力机关的立法程序，大体分为制定立法规划、起草法律草案、提出法律议案、审议法律草案、通过法律草案、公布法律六个阶段。”①

有的学者认为：“就我国的实际情况而言，立法程序主要包括起草、提案、审议、表决和通过、公布等几个阶段，其中每个阶段又可分若干具体的步骤与

① 李步云、汪永清主编：《中国立法的基本理论和制度》，中国法制出版社1998年版，第144页。

环节。”该学者还认为，法定性并不是检验立法活动中的步骤是否为立法程序的标准。[①]

有的学者区分了立法活动过程和立法程序，将立法活动过程分为立法准备阶段、由法案到法阶段、立法完善阶段。立法准备阶段包括立法预测、立法规划、立法创议、立法决策等活动。由法案到法阶段包括提出法案、审议法案、表决法案、公布法四个阶段。立法完善阶段包括立法解释、法的修改和补充、法的废止、法的清理、法的汇编、法的编纂等活动。立法程序就是在立法活动各阶段中以法的形式确定的那一部分。[②]按他们的观点立法程序存在于立法活动过程的各个阶段，只要是法律明确规定的，主体是法定的，其活动过程就是属于立法程序。

判断立法程序的标准是法定性，正是由于程序的法定性，才使得程序的目的和价值能够体现出来，而法律未明确规定的程序，是可有可无的程序，并不能称为立法程序。在立法活动过程的各个阶段，只要是法律明确规定的必须遵循的步骤就属于立法程序。由于在立法准备阶段和立法完善阶段属于立法程序的内容不多，而立法程序的主要部分集中在由法案到法阶段，所以一般论及立法程序主要是集中在提出法案、审议法案、表决法案和公布法四个阶段上。

第二节　提出法案

一、提出法案的含义

提出法案是指依法享有立法提案权的机关或个人依法定程序向有权立法的机关提出有关制定、补充、修改或废止规范性文件的提议和草案的活动。

法案不同于议案，法案仅仅是议案的一种，是立法议案。议案范围更广，涉及立法机关或代议机关开会时列入议程的、交付审议的、属于其职权范围内的有

① 苗连营:《立法程序论》，中国检察出版社2001年版，第161—162页。

② 周旺生主编:《立法学》，法律出版社2000年版，第196—210页、第288—189页。

关国家和地方重大事务的建议和方案，除立法议案之外，还包括预算案、决算案、质询案、不信任案、弹劾案或罢免案。

法案不同于法律草案，法案又叫立法议案，它是和草案一起提出的立法建议或动议，而法律草案则是这种建议被列入议程后立法机关审议和表决的法律原型，是法律未被通过之前的具体文本。法律草案起草完之后，需要提案主体向有关立法机关提出法案，将法律草案列入议事日程后，才能进行审议。我国《立法法》第54条规定："提出法律案，应当同时提出法律草案文本及其说明，并提供必要的参阅资料。修改法律的，还应当提交修改前后的对照文本。法律草案的说明应当包括制定或者修改法律的必要性、可行性和主要内容，以及起草过程中对重大分歧意见的协调处理情况。"该规定也说明法案不同于法律草案，但法律草案是法案的必备部分。

法案也不同于普通公民或未有专门权限的机构提出的立法建议，他们可以提出立法建议供有关立法的机关作立法参考，这种立法建议可能具有较大的参考价值，可以成为决策机关编制立法规划和形成立法决策的重要材料。但它并不能直接进入立法程序，立法机关对于这些建议并不具有必须接受的义务。

提出法案是由法案到法阶段的第一步，是审议法案、表决和通过法案、公布法等程序的基础。

二、提案权的归属

提案权的归属就是立法提案权由什么主体行使。

（一）提案权主体的分类

享有立法提案权的主体一般在各个国家宪法或法律中作出规定，是法定的、明确的、具体的。但各个国家政体、国体和国情不同，提案权的归属也有所不同。但总的说来，一般主要有以下几类：

1.议员或代表

议员或代表可以提出法律案在绝大多数国家宪法中有明确规定，但并非所有国家议员或代表都可以提出法律案。议员提出法律案一般有以下两种情况：（1）议员个人可以提出法律案。比如美国的参众两院的议员、英国的上下两院的议员。（2）议会党团或一定数目的会议代表可以提出法律案。我国即是如此，全国人大一个代表团或30名以上代表联名可以提出法律案。

2. 议会委员会或议会领导机关

只有一部分国家的宪法规定，议会委员会或议会领导机关有立法提案权。在有些国家虽没有明确议会委员会有提案权，但由于议会委员会要先行审议议案，它们可以将政府或议员的议案按自己的想法进行改造后，再向大会提出这些议案，这实际上等于赋予了议会委员会的提案权。在美国，由于议员个人提出的法案要由相关委员会来决定是否列入院会的议事日程，因此，美国国会委员会的法案报告权，也类似于委员会向院会提出法案的提案权。

3. 行政机关（政府）

据统计，在世界83个国家中，有63个国家的行政机关拥有立法提案权。据对69个国家行政机关所提法案在全部法案的百分比的统计，有55个国家行政机关提出的法案率在百分之五十以上。[①]政府提案权的行使往往超过议员的提案权的行使，“为什么议员在提出议案方面的作用减退了呢？部分原因是出于现代立法复杂性的结果，要想充分懂得现代立法，所要求的不仅要具有创造性想象力的政治、法律头脑，而且要包括像经济学家和其他一系列学科专家一样的综合知识。……议员所能获得的技术性资源和草案蓝本少于政府”。[②]

在严格实行三权分立的总统制国家，行政机关是没有立法提案权的，原因是分权制衡的需要，政府如果要提出法案，必须通过立法机关成员代为提出。美国就属于这类国家。在美国，总统通常把立法草案送到国会，这种草案被放入送给参众两院的议长的函件中，并交有关的委员会，习惯上收到函件的委员会主席将以自己的名义提出总统建议的议案。[③]

4. 国家元首

国家元首是一个国家对内对外的象征和代表。各国都设有国家元首，不过各

---

① 李林:《立法机关比较研究》，人民日报出版社1991年版，第243页。

② 全国人大常委会法制工作委员会国家法行政法室、湖北省社会科学院政治学研究所编译:《各国议会制度概况》，吉林人民出版社1991年版，第122页。

③ 全国人大常委会法制工作委员会国家法行政法室、湖北省社会科学院政治学研究所编译:《各国议会制度概况》，吉林人民出版社1991年版，第124页。

国的国家元首地位高低、职权范围或职权大小有所不同。有的国家国家元首只享有间接的提案权，如美国，美国宪法规定总统没有名义上的提案权，但可以通过向国会发表《国情咨文》的形式，间接地达到立法提案的目的。有的国家国家元首享有直接的立法提案权，如芬兰宪法规定："总统及国会对于新法律之制定，或关于现行法律之修改、解释或废止，均有提议权。"

5.一定数量的选民

如奥地利20万名选民可以提出法律草案，意大利5万名选民可以提出法律草案，西班牙50万名选民可以提出法律案。不过，通过该方式提出的法律草案十分稀少。奥地利仅在1964年采用过选民提案的方式提出一件法律草案。在意大利，一年内选民提出的法案仅1—3件。

6.最高司法机关

资本主义国家大多数都没有将立法提案权赋予司法机关，但一些社会主义国家司法机关有立法提案权。如苏联以及我国，我国的最高人民法院和最高人民检察院可以向全国人大提出法律案。

7.联邦制国家的成员国或下一级政权

有的联邦制国家规定，各州或邦等成员国可以在联邦立法机关中提出法律草案，行使立法提案权。据统计，在世界83个国家中，有9个国家的州或邦有立法提案权。①

8.其他主体

除了以上七个方面外，在有些国家政党组织、某些社会或经济团体、法定的其他机关也有权提出法案。从世界各国的情况看，行使立法提案权的主体虽然可以是多方面的，但议员、行政机关、国家元首、议会委员会等行使立法提案权的地位更重要，而且从行使权力的频率来看，行政机关和行政机关首脑行使立法提案权是最频繁的，所提出的法案在议会获得讨论及通过的概率更高。

（二）我国的提案权主体

根据我国《宪法》《立法法》《全国人民代表大会组织法》《全国人民代表大

① 李林:《立法机关比较研究》，人民日报出版社1991年版，第245页。

会议事规则》《全国人民代表大会常务委员会议事规则》的规定，我国享有立法提案权的主体是：

1.全国人大主席团、全国人大常委会、国务院、中央军事委员会、最高人民法院、最高人民检察院、全国人大各专门委员会，一个代表团或者三十名以上的代表联名，可以向全国人大提出法律案。

2.全国人大常委会委员长会议、国务院、中央军事委员会、最高人民法院、最高人民检察院、全国人大各专门委员会、常务委员会组成人员十人以上联名，可以向全国人大常委会提出法律案。

三、提案的范围和要求

就提案的范围，不少国家规定，提案人应当在职权范围内行使立法提案权，提案人超越职权提出的法案是无效的提案。

在一些国家通常对财政法案的提出有限制，在澳大利亚、塞浦路斯、意大利、马来西亚、波兰、斯里兰卡和赞比亚等国，议会议员不能提出具有财政后果的法案，这一领域保留给政府。在希腊、新西兰、西班牙、泰国等国，这类议案如果想被接受，必须获得政府的推荐。在印度，议员提出的财政方面的议案，要得到国家元首的批准。

根据我国《宪法》《全国人民代表大会议事规则》《全国人民代表大会常务委员会议事规则》的相关规定，向全国人大或其常委会提出的法律案，应当是属于全国人大或其常委会职权范围内的法律案，即提出修改宪法和制定、修改或废止法律的议案。根据《全国人民代表大会组织法》的规定，各专门委员会的提案必须同本委员会的业务有关。对于其他主体的提案，我国的现行立法并没有规定必须提出自己部门业务和职业范围内的法案，但立法实践中，提案人提出的法案总是与自己的业务或职业范围相适应的。

提案时间上的要求：不少国家对法案提出的时间上有所要求，有的国家规定法案要在规定时间内提出，如保加利亚规定，向国民议会提出法案，要在会前30天提出，会前20天发给代表。有些国家对部分法案的提出在时间上有特殊要求，如财政法案、临时议案等。丹麦宪法规定，下一个财政年度的财政法案须在该财政年度开始前至少4个月以前提交议会审议。芬兰法律规定，在议会会议过程中发生的情况所直接引出的提案，须在提案人认为对问题的要点已经了解之日起第七天正午前提出。根据我国《立法法》《全国人民代表大会议事规则》等规定，提请全国人民代表大会审议的法律议案，要在开会一个月以前提出，以便在会议举行的一个月前将法律草案发给代表；而列入常务委员会会议议程的法律案，除特殊情况外，应当在会议举行的七日前将法律草案发给常务委员会组成人员，这也意味着应当在七日前提出法案；代表联名或者代表团提出的议案，可以在全国人民代表大会会议举行前提出。

提案对象上的要求：不少国家规定，提案人应当向指定的接收对象提出法案。如法国宪法规定，国民议会议员草拟的法律草案及法律提案应当提交国民议会理事团，共和国参议院参议员提出的法律提案应当提交共和国参议院理事团。在加拿大，财政法案必须向众议院提出。在墨西哥，总统必须在众议院提出法案。在爱尔兰，金钱法案和宪法修正案向众议院提出，“特别利益法案”只能向参议院提出。我国《宪法》《立法法》《全国人民代表大会组织法》对提案主体应当向哪一提案对象提出法案也有专门规定：委员长会议可以向全国人大常委会提出法案，但不能向全国人大提出法案；全国人大常委会10人以上联名可以向全国人大常委会提出法案，但不能向全国人大提出法案；全国人大主席团可以向全国人民代表大会提出法律案，但不能在人大开会期间向人大常委会提出法案；不少机关既可以向人大提出法律案，也可以向常委会提出法律案，如国务院、中央军委、最高人民法院、最高人民检察院、全国人大各专门委员会等。但在实践中，提请全国人大审议通过的法律案，一般不是直接向全国人大提出，而是先向全国人大常委会提出，经过常委会会议审议两次以上，再由常委会决定提请大会审议。

提案人数上的要求：不少国家都规定议员提出法案必须符合法定人数。虽然绝大多数议会允许单个议员提出法案，但也有一些国家要求议员要联合提出法案，并就提出法案的法定人数作出规定。如在科威特和尼加拉瓜，一个议案必须由5名议员联署提出，在奥地利要求8名议员，波兰要求15名，突尼斯则要求45名，日本议会要求法案必须有10名参议员或20名众议员赞同。“（议员联合提出议案）这一要求的背后，包含着想从议案一开始就进行筛选，以便只有那些得到相当多议员支持的议案才能被进一步考虑的因素。”①在我国，一个代表团或者30名以上的代表联名，可以向全国人民代表大会提出法律案；常务委员会组成人员10人以上联名，可以向常务委员会提出法律案。我国《立法法》对提案人数的要求主要是从提高会议效率的角度考虑的，如果允许个人提出法案，则可能造成提出的法案太多，无法纳入议程进行审议。

提案形式上的要求：许多国家规定法案的提出应当采取书面形式，并应当阐明案由、理由、具备法案条件。例如，芬兰议会法规定，法律提案应按照法定格式起草。在埃及，提出法案必须符合宪法和法律的规定，共和国总统提出的法案必须附具解释说明，以总统令的形式提交给议会。议员法案必须附有动议者的署名、起草法案的条文框架，附具宪法所要求的该项立法的动机、基本原则和目的定义说明以书面形式向议长提出。我国《立法法》第54条规定：“提出法律案，应当同时提出法律草案文本及其说明，并提供必要的参阅资料。修改法律的，还应当提交修改前后的对照文本。法律草案的说明应当包括制定或者修改法律的必要性、可行性和主要内容，以及起草过程中对重大分歧意见的协调处理情况。”也有国家规定，个人提案既可以采取书面形式也可以采取口头形式。

其他要求：在某些国家，如意大利、科威特、扎伊尔，凡未被议会采纳或曾被拒绝的议案，在同一会期，不得再次提出，或必须经过规定的一段时期后才可再次提出。在突尼斯，议员不得提出攻击国家共和政体的议案。

四、法案列入议程

议程是会议的议事程序，不是议事日程，议事日程是会议的时间安排，仅仅是议事程序的一部分。法案是否列入议程关系到法案是否能够进入下一程序，是否能够被安排审议、讨论和表决。

法案提出后，如果想要不加选择地安排进会议议程，往往是难以做到的。这主要是因为一次会议的会期时间有限，不可能对所有的法案都进行审议，再加上

① 全国人大常委会法制工作委员会国家法行政法室、湖北省社会科学院政治学研究所编译:《各国议会制度概况》，吉林人民出版社1991年版，第127页。

有的法案并不成熟，缺乏审议的基础。所以，许多国家对法案列入议程都作出了规定，列入议程的法案须经一定机构的筛选。这是提高会议审议效率的要求。

编制立法议程的机构一般为立法机关内部的有关委员会或领导机构，但也有的是非立法机关负责编制的。在美国，参众两院都设有规则委员会，主要职责即是编制立法议程。在英国，下议院的立法议程由内阁成员充任的立法委员会负责编制。法国第四、第五共和国时期，国民议会的议程由主席会议编制。瑞典议会法规定，议长负责安排每次会议的议程。在丹麦、芬兰、荷兰、埃及等一些国家，立法议程也由议长编制。

法案列入议程的审查在不同国家有不同的方式。在英国，议会用于讨论政府提出的公法案的时间占议会开会时间的大部分，而议员私人提出的法案虽然数量多，但只能在议会开会时间的星期五讨论，因此，私人议员议案只能首先交特别委员会挑选，再经过抽签，抽中的才允许讨论。在日本，议长接到议案后，要交给相应的委员会审议，该委员会的审议报告决定了法案是否列入议程。

在我国，法案列入议程的决定权由全国人大主席团或委员长会议掌握，《立法法》第14条规定："全国人民代表大会主席团可以向全国人民代表大会提出法律案，由全国人民代表大会会议审议。全国人民代表大会常务委员会、国务院、中央军事委员会、最高人民法院、最高人民检察院、全国人民代表大会各专门委员会，可以向全国人民代表大会提出法律案，由主席团决定列入会议议程。"第15条第1款规定："一个代表团或者三十名以上的代表联名，可以向全国人民代表大会提出法律案，由主席团决定是否列入会议议程，或者先交有关的专门委员会审议、提出是否列入会议议程的意见，再决定是否列入会议议程。"第26条规定："委员长会议可以向常务委员会提出法律案，由常务委员会会议审议。国务院、中央军事委员会、最高人民法院、最高人民检察院、全国人民代表大会各专门委员会，可以向常务委员会提出法律案，由委员长会议决定列入常务委员会会议议程，或者先交有关的专门委员会审议、提出报告，再决定列入常务委员会会议议程。……"第27条第1款规定："常务委员会组成人员十人以上联名，可以向常务委员会提出法律案，由委员长会议决定是否列入常务委员会会议议程，或者先交有关的专门委员会审议、提出是否列入会议议程的意见，再决定是否列入常务委员会会议议程。不列入常务委员会会议议程的，应当向常务委员会会议报告或者向提案人说明。”

从我国《立法法》对法案列入议程的有关规定看，国家机关提出的法案在列入议程方面具有优先地位，全国人大主席团和委员长会议的提案可直接交会议审议，国家机关的提案虽然要由全国人大主席团或委员长会议决定，但并不经过审查，全国人大主席团或委员长会议无权决定将法案不列入议程。而人大代表或委员提出的法案，要经过一定的审查程序，才决定是否列入议程。这种区别对待的原因是，国家机关提出的法案，一般都是立法规划已确立的立法项目，而且都做过反复的调查研究，形成了比较完善的草案形式，可以直接成为审议的原型。而代表或委员提案往往缺乏系统性，更倾向于是一种立法建议，所以难以进入本次会议程序。①

在有些国家立法议程确定之后，如遇到特殊需要，也可适时变更议程。“一般来讲，立法议程的变更主要在两种情况下发生：一种情况，是把未列入立法议程而予以补列的变更；另一种情况，是把已列入立法议程但顺序在后，而予以提前安排的变更。”②在世界各国，变更立法议程的程序各不相同，有的程序要求简单一点，有的则繁杂一点。一般需要由法定的主体提起书面形式的立法议程变更的动议。这些主体多数规定为政府、委员会、议长、一定数量的议员等。

五、提案的撤回

虽然法案提出后，提案主体便希望法案能列入议程进行审议，但在某些情况下，提案主体可能存在想要撤回法案的情况。比如，情况发生了变化、法案本身内容需要进一步补充和修改、立法时机不成熟等。各个国家对法案的撤回都有一些程序性规定。我国的《全国人民代表大会组织法》规定，向全国人大提出的议案，在交付大会表决前，提案人要求撤回的，对该议案的审议即行终止。该规定

---

① 在我国，即使代表或委员提出的法律议案附有完整的法律草案，但由于他们都是在开会期间临时提出的，按目前的立法工作程序，也很难列入本次会议议程。就法律案来说，由全国人大代表提出，并被列入议程的至今仍十分稀少。参见苗连营：《立法程序论》，中国检察出版社2000年版，第191—192页。

② 参见吴大英、任公允、李林：《比较立法制度》，群众出版社1992年版，第487页。

没有明确提案人撤回议案的条件。对此，《立法法》进一步规定：首先，明确了向全国人大及其常委会提出的法律案，在列入会议议程前，提案人有权撤回；其次，列入全国人大或常委会会议议程的法律案，在交付表决前，提案人要求撤回的，应当说明理由，经主席团或委员长会议同意，并向大会或常委会报告，对该法律案的审议即行终止。

第三节　审议法案

一、审议法案的含义及意义

审议法案就是由有权机关对列入议程的法案进行审查、讨论、辩论，使法案得到论证、修改、补充和完善的专门活动。

审议法案是由有关机关进行的、法定的正式程序，不是对立法建议所作的一般性研究和讨论。有关研究机构、学术团体以及其他社会团体对法律草案所进行的讨论活动不是立法程序中的法案审议程序的组成部分，即使这类研讨活动由立法机关召集，只要不是法定的必经步骤，就不是立法程序中的法案审议。

法案审议是立法程序中最重要的组成部分，在由法案到法阶段起承上启下的作用，提出法案之后的必经步骤就是法案审议，它也是表决法案的前提。

审议法案还是体现程序公正、公开、参与、自治等原则的主要阶段。经过该程序，法案公开于有关立法机关，并经过众人的审查、讨论，民意得到表达，利益冲突通过对话、交涉、沟通，以秩序的方式在法案中得到平衡，法案中的民意得到体现。此外，法案的漏洞和不科学的地方，也经过众人的审查而被发现和修改。

二、审议权的归属和审议程序

在世界各国，审议权的归属一般具有专属性和排他性，只能由法定主体掌握。一般来说，立法机关的全体会议、领导机构和专门委员会都具有审议权。只是在不同的国家有所侧重，有的国家审议权主要由立法机关的全体会议掌握，有的国家审议权主要由专门委员会掌握。

在我国，有权审议向全国人大提交的法案的主体为：人大常委会和委员长会议，人大预备会议，人大主席团和主席团会议，人大代表，由人大代表组成的代表团和代表团会议，代表团团长会议，人大专门委员会和委员会会议，人大开会期间的座谈会、小组会议、小组联席会议，人大全体会议。审议向全国人大常委会提交的法案的权力，由委员长会议、常委会组成人员和常委会会议以及专门委员会行使。

在各个国家审议权归属的不同和差异决定了审议程序也不一样。有的国家采用的是由议会大会直接审议法案的程序，但是这类国家很少。

有的国家采用的是由立法机关的专门委员会先行审议，再交立法机关大会审议的程序，这类国家如美国、法国、意大利、瑞士、日本等国。这些国家委员会在审议法案时不受议会的约束，它甚至可以根本改变法案的内容，经他们审议后，再交议会大会的法案，往往等于是委员会提出的新法案。

有的国家采用的程序是先由议会大会审议，确立法案的基本原则和主要内容，再交专门委员会审议，最后再由议会大会审议。采用这类程序的国家专门委员会的权力较小，它们不能改变法案的基本原则和内容，只能提出修正意见。采用这类程序的国家有英国、澳大利亚、印度等国。

有的国家对不同的法案采用不同的审议程序，有的法案采用由委员会到议会大会审议的程序，有的法案又采用由议会大会到委员会再到议会大会的审议程序。

在我国，全国人大和全国人大常委会对法案的审议程序有所不同，全国人大审议法案的程序是：

1.将法律草案发送代表。《立法法》第17条规定：“常务委员会决定提请全国人民代表大会会议审议的法律案，应当在会议举行的一个月前将法律草案发给代表。”

2.大会全体会议听取提案人的说明。

3.由各代表团和专门委员会审议。《立法法》第18条第1款规定：“列入全国人民代表大会会议议程的法律案，大会全体会议听取提案人的说明后，由各代表团进行审议。”第19条规定：“列入全国人民代表大会会议议程的法律案，由有关的专门委员会进行审议，向主席团提出审议意见，并印发会议。”

4.法律委员会统一审议。《立法法》第20条规定：“列入全国人民代表大会会议议程的法律案，由法律委员会根据各代表团和有关的专门委员会的审议意见，对法律案进行统一审议，向主席团提出审议结果报告和法律草案修改稿，对重要的不同意见应当在审议结果报告中予以说明，经主席团会议审议通过后，印发会议。”

5.必要时，由主席团常务主席就法案中的重大问题听取各代表团审议意见。《立法法》第21条规定：“列入全国人民代表大会会议议程的法律案，必要时，主席团常务主席可以召开各代表团团长会议，就法律案中的重大问题听取各代表团的审议意见，进行讨论，并将讨论的情况和意见向主席团报告。主席团常务主席也可以就法律案中的重大的专门性问题，召集代表团推选的有关代表进行讨论，并将讨论的情况和意见向主席团报告。”

6.审议时有重大问题需要进一步研究的，可授权常委会进一步审议。《立法法》第23条规定：“法律案在审议中有重大问题需要进一步研究的，经主席团提出，由大会全体会议决定，可以授权常务委员会根据代表的意见进一步审议，作出决定，并将决定情况向全国人民代表大会下次会议报告；也可以授权常务委员会根据代表的意见进一步审议，提出修改方案，提请全国人民代表大会下次会议审议决定。”

7.提出法律草案表决稿。《立法法》第24条规定：“法律草案修改稿经各代表团审议，由法律委员会根据各代表团的审议意见进行修改，提出法律草案表决稿，由主席团提请大会全体会议表决，由全体代表的过半数通过。”

从我国全国人大的法案审议程序看，全体会议的审议主要体现为代表团的审议，虽然《全国人民代表大会议事规则》对大会审议议案和发言方式作出了规定，[①]但由于全国人大有近3000名代表，集中在大会上进行审议显然效率不高，也难以进行实质上的审议，所以《立法法》为适应我国的现实需求，将大会的审议仅限于听取提案人的说明，真正的审议法案是通过各代表团分别进行

① 《全国人民代表大会议事规则》第14条规定：“主席团可以召开大会全体会议进行大会发言，就议案和有关报告发表意见。”第57条规定：“代表在大会全体会议上发言的，每人可以发言两次，第一次不超过十分钟，第二次不超过五分钟。要求在大会全体会议上发言的，应当在会前向秘书处报名，由大会执行主席安排发言顺序；在大会全体会议上临时要求发言的，经大会执行主席许可，始得发言。”

审议的。[①]

全国人大常委会的审议程序是：

1.将法律案发送常委会组成人员。《立法法》第28条第1款规定："列入常务委员会会议议程的法律案，除特殊情况外，应当在会议举行的七日前将法律草案发给常务委员会组成人员。"

2.在全体会议上听取提案人的说明，分组会议进行初步审议。《立法法》第29条第2款规定："常务委员会会议第一次审议法律案，在全体会议上听取提案人的说明，由分组会议进行初步审议。"

3.法律委员会统一审议并提出审议结果报告。《立法法》第33条第1款规定："列入常务委员会会议议程的法律案，由法律委员会根据常务委员会组成人员、有关的专门委员会的审议意见和各方面提出的意见，对法律案进行统一审议，提出修改情况的汇报或者审议结果报告和法律草案修改稿，对重要的不同意见应当在汇报或者审议结果报告中予以说明。对有关的专门委员会的审议意见没有采纳的，应当向有关的专门委员会反馈。"

4.分组会议进一步审议。《立法法》第29条第3、4款规定："常务委员会会议第二次审议法律案，在全体会议上听取法律委员会关于法律草案修改情况和主要问题的汇报，由分组会议进一步审议。常务委员会会议第三次审议法律案，在全体会议上听取法律委员会关于法律草案审议结果的报告，由分组会议对法律草案修改稿进行审议。"

5.法律委员会提出法律草案表决稿。《立法法》第41条第1款规定："法律草案修改稿经常务委员会会议审议，由法律委员会根据常务委员会组成人员的审议意见进行修改，提出法律草案表决稿，由委员长会议提请常务委员会全体会议表

---

① 有学者认为代表团的审议存在一定局限性："首先，代表对所讨论的问题无法在整个立法机关内部进行直接交流，更谈不上不同意见之间的交锋、辩论。其次，除个别代表团外，多数代表团由于人数过多，实际上都又按辖区内的行政区划分成若干小组审议。它更难以形成有效的交流与沟通以及在整个议事体内求得广泛的共识与支持。而且，在代表团会议和小组会议上，当地政府官员与普通代表一起讨论，如何淡化行政色彩，使普通代表消除心理障碍、畅所欲言地发表意见也成问题。因此，应当采取措施更多地安排一定的时间用于大会发言审议讨论。"见苗连营：《立法程序论》，中国检察出版社2000年版，第191—192页。

决，由常务委员会全体组成人员的过半数通过。”

全国人大常委会审议法案的程序的一个特点是“三审制”，即《立法法》第29条第1款的规定：“列入常务委员会会议议程的法律案，一般应当经三次常务委员会会议审议后再交付表决。”但三审是一般情况，根据《立法法》规定，在分歧较小的情况下，也可两审后交付表决。对部分修改的法律案，各方面意见比较一致的，也可以经一次常务委员会会议审议即交付表决。关于实行三审制的原因，李鹏同志1998年4月29日在九届全国人大常委会第二次会议上的讲话中提到：“一些委员反映，审议法律草案缺乏充裕的时间，有些法律案第一次会议听取说明，还来不及消化，就开始审议，第二次会议就要通过，显得有些仓促，影响立法质量。委员长会议讨论了大家的意见，决定今后审议法律草案一般要实行三审制：一审，听取提案人对法律草案的说明，进行初步审议；二审，再经过两个月或者更长的时间，委员们对法律草案进行充分的调查研究后，围绕法律草案的重点、难点和分歧意见，进行深入审议；三审，在专门委员会根据委员们的审议意见对法律草案进行修改并提出审议结果报告的基础上再作审议，如果意见不大，即付表决。实行三审制可以使审议工作做得更充分一些，有利于提高立法质量和效率。”①

全国人大常委会的审议程序另一个特点是对广泛征求意见的要求。在《立法法》第36条、第37条中，规定了列入常务委员会会议议程的法律案，法律委员会、有关的专门委员会和常务委员会工作机构应当听取各方面的意见。听取意见可以采取座谈会、论证会、听证会等多种形式。列入常务委员会会议议程的法律案，还应当在常务委员会会议后将法律草案及其起草、修改的说明等向社会公布，征求意见。由于全国人大常委会立法在民意的吸纳上不及全国人大立法，因此采取各种广泛征求意见的形式是强化立法民主的体现。

三、专门委员会和议会大会的审议

在世界各国，法案审议权普遍归属于专门委员会和议会大会。两种不同的审

① 乔晓阳主编:《立法法讲话》，中国民主法制出版社2000年版，第356页。

议主体的形成原因在于其各自不同的优势和特点。

议会大会的审议的特点是充分体现代议制下的民主，议会的议员代表了社会各界的意愿和利益，在议会大会上进行审议，可以使民意得到充分的表达，讨论和辩论得以不受干预地开展。议会大会的审议可以实现立法程序中公开、参与、交涉、对话等目的，法案能否表达民意，主要依靠议会大会的审议过程来体现。

专门委员会的审议也有其优势。（1）委员会审议法案气氛更宽松，审议更周详。委员会人数少，且是常设机构，审议法案比大会的审议来说，更充分，气氛更宽松，与会者可以畅所欲言、理智地表达意见。而大会的审议一般辩论比较激烈，在西方国家的议会大会上，议员们可以唇枪舌剑、相互攻击，场面非常热闹，台上慷慨陈词，台下一片嘈杂，有愤怒者的咒骂声，有反对者的嘘声，有抗议者的咆哮声，甚至还有玩笑声，学做动物的吼叫声。因此，委员会审议法案可以避免一些干扰，避免情绪化和不理智的思维，更周密地思考问题。（2）委员会审议法案可以发挥专家在立法中的作用。有的法案专业性较强，各专业委员会都是主管某一范围的问题，对这些问题有经验和研究，由他们审议法案会解决一些在大会上难以发现和解决的问题。（3）委员会经常开展立法调研，有利于提高审议质量。审议法案往往要做大量的、广泛的调查研究，征求多方面的意见，这些事情议会大会不可能做到，而委员会成员可以自己走出去，亲自调查研究和征询意见，也可以把有关方面的专家、学者请来列席会议，提供专门的知识。

专门委员会审议法案由来已久，早在16、17世纪的英国，詹姆斯一世和查理一世已经有将法案交给专门委员会审议的惯例。从1700年开始，全院委员会除了私法案以外，对其他法案都可以进行审议。1882年，英国议会设立了常设委员会，常设委员会和全院委员会各自对不同的法案进行审议。到1907年，议事规则规定，除非下议院有命令，否则所有的法案都要交常设委员会审查，但征税法案、统一基金法案和批准临时命令的法案除外。最初在英国形成的这种由专门委员会审议法案的制度随着它的议会制度被传到了世界上的许多国家。

目前在世界各国的立法机关中，大多都存在着专门委员会审议法案的制度。但不同的国家专业委员会在议会中的地位不同。在英国以及仿效英国体制的国家中，专门委员会受议会大会的控制，权力有限，在审议过程中不能修改法案的原则，只能就细节问题提出意见。而在一些采用欧洲大陆和美国模式立法程序的国家，专门委员会的权力很大，在法案审议中，它们可以完全彻底地修改法案的内容。

从世界各国委员会审议法案的一般程序看，首先要听取提案人的说明。并对法案进行质疑，在质疑中可以阐述自己的意见。然后讨论和提出修正、补充意见。最后再进行表决。

对法案的处理，专门委员会一般有三种态度：赞成，反对或否决。赞成法案的同时，委员会要提出修改意见或重新起草，建议大会通过。反对法案主要是在委员会审议法案时，发现法案存在种种问题，必须撤销的情况下，建议大会撤销该法案。否决法案，这主要在委员会有权决定法案是否列入议程的情况下，它可以直接否决该法案。

委员会审议法案后，要向大会提交审议结果报告。在一些国家报告起草人由委员会指定，在另一些国家委员会是通过主席作出报告。审议报告一般包括：对法案内容的概括，对提案人的意图和法案宗旨的说明，对法案赞成与否的意见及理由，对法案的修改意见及理由。审议报告一般还带有附件，如各方面对本案的评论、意见，同本案有关的详细资料等。

委员会提出审议结果报告之后，该报告将被印刷并分送议会议员。有的议会大会将原来最初提出的法案和委员会修改后的法案一起讨论，这时，提交议会的委员会报告仅仅体现为一种审议意见，其地位和议员意见平等，如日本、印度、古巴、新西兰等国。而在另外更多的国家中，议会大会不再考虑原法案，而是对委员会提出的报告及修改后的法案进行讨论。

我国是在有关专门委员会进行审议之后，由法律委员会再进行统一审议，并提出审议结果报告，同时在报告中也要说明一些重要的不同意见，表示对少数人意见的重视。

议会大会的审议程序在许多国家采用的是读会制度。按照世界议会联盟的解释，读会概念源自盎格鲁-撒克逊人或日耳曼人的理念，意为连续的讨论（Successive Debates）。“读”并非法案要宣读几次，我们可以将“读”理解为议会大会讨论法案的阶段。按各国议会讨论法案的次数的不同，可将读会制度分为一读会制、两读会制、三读会制。一读会制，即直接审议或讨论法案，然后就可进行表决。两读会制包括一读和二读，一读阶段，对法案的一般原则进行讨论，然后作出是否将法案送委员会审议的决定；二读阶段，在对法案进行最后表决前，对法案条款和委员会报告进行详细讨论，然后再表决。三读会制起源于中世纪的英国，当时认为对每个议案都宣读三次后再表决是一种隆重的做法。后来这种做法被一些国家所效仿。在三读会制中，一读阶段宣读案名和提案人的姓名，决定二读日期，不进行辩论；二读阶段讨论法案的各种原则，决定法案是否成立。然后由委员会根据二读所决定的原则审议法案，再由委员会将审议法案的结果向议会提出审议报告。三读阶段，听取委员会的审议报告，全面审议法案，对法案进行表决。

议会大会的审议程序中，讨论和辩论是审议法案的主要方式。为保证议会讨论秩序，每个国家的立法机关都制定了讨论的规则。这些规则包括：

1.发言权和发言次序。发言权的获得一般有两种做法。一种是议员可以（或必须）预先向每一场辩论的主持人登记。另一种是在辩论中，议员可随时向主持人请求发言。会议主持人宣布讨论时，议员可以起立要求发言。会议主持人决定谁先发言的原则，通常是提案人或作报告的委员会成员优先发言或有最后发言的机会。未发言的议员比已发言的有优先发言权。赞成者和反对者可轮流发言，发言地位平等。

2.发言的限制。一是内容限制，一般都规定，发言不得离开法案的主题或法案涉及的问题。这是为了防止有些议员的发言超出议题范围，美国在1917年以前，参议院发言不受限制，有些议员为了拖延法案通过的时间，故意东拉西扯，甚至在演说中谈论养花、养鸟或朗读圣经。为了节约时间，所以一般都规定了发言内容不得离题。二是次数限制，按英国的做法，每个议员在一场辩论中，只有经议会允许才能有一次以上的发言机会。有的国家规定允许二次发言，也有规定三次的，还有个别国家规定不受限制的。三是时间限制，各国对发言时间规定长短不一，有的规定，不能超过5分钟、10分钟、20分钟、30分钟的，有的规定不能超过40分钟、60分钟、120分钟的。①

① 在美国，过去由于对参议院辩论时间没有限制，有些议员就用冗长的演说来拖延法案通过时间，讨论法案的时间一拖再拖，甚至拖到会期结束。这种方法被称为“海盗封锁”。如1977年，参议院在辩论能源法案时，有的议员甚至作了长达37小时的发言。由此可见，对议员的发言时间作限制是必要的。

3.发言的语言。在一些多语言的国家，通常明确规定了讨论法案时的语言，有些国家立法机关只使用一种语言讨论法案，另外一些国家则使用两种或三种以上的语言讨论法案。在使用多语言讨论的国家，立法机关还需提供同声翻译服务。

4.发言的场所。有些国家议员在议院的前台或讲坛上发言，有些国家议员在自己的座位上发言。也有些国家议员既可以在讲坛上发言，也可以在座位上发言。

5.发言的形式。有些国家规定不允许采用宣读发言稿的形式进行发言。宣读讲稿，仅仅是在议会批准或要求材料准确等情况下，才可进行。不念讲稿的目的，主要是使辩论能有效展开，如果每个议员念一通事先准备好的讲稿，就无法针对对方的观点进行辩论。另一些国家则允许议员宣读讲稿，以减少辩论中的自发性。另外，发言的形式还可区分为公开辩论发言和秘密辩论发言。公开辩论发言允许旁听，秘密辩论发言不准旁听。①

6.发言的中止。在各国议会中，往往会出现发言的人很多、发言的时间很长的情况，使议会不能顺利工作。为了避免这种情况出现，采用了中止辩论的方法。英国从1881年就开始采取了各种中止辩论的方法。1881年，爱尔兰议员为了反对镇压爱尔兰要求自治的法案，连续几夜辩论以妨碍表决，后来议长通过打断辩论才将法案交付表决。

第四节 表决法案

一、表决法案的含义

表决法案是指立法机关对法案最后的正式态度，即同意或不同意的态度。它

① 秘密辩论有时并不是不讲究民主和公开，而是因为有些事务不便公开。但英国是比较特殊的一种情况，英国传统上把议事需不需要公开看成议会特权，可自由决定。这可能有两点理由，第一，旁听者在场不容易计算表决结果。第二，英国议会最初反抗王权，加上议员言论自由当时又没有法律保障，又怕国王派人侦察，所以禁止陌生人入场。

是立法程序中最关键的、决定法案命运的阶段。

有些学者将这一程序阶段称为通过法案，实际上不准确，因为表决法案是程序，通过法案仅仅是结果，而且不是所有的法案都能获得通过。

审议法案的必然结果是表决法案，通过表决法案，法案审议中的所有争论便宣告终止，多数人的决定使得法案的表决结果获得合法性，也使得符合大多数人意愿的法律得以产生。

二、表决法案的方式

（一）公开表决和秘密表决

公开表决是指表决中不掩饰表决者对法案的态度的一种表决方式。公开表决方式大致可分两类，一类是不作记录的表决方式，这种表决方式无法确定每个议员所投的票是什么。大约有以下几种：

1. 口头表决，或称呼喊表决。法案表决时，以发出赞成声音或反对声音的高低来确定法律案是否通过。由于采用这种方式声音的高低纯凭议长的感觉判断，容易出差错，一般有更精确的表决方式作为辅助。如英国议会大会采取口头表决的方式，由大会主席判断赞成方胜或反对方胜，但如果有议员就表决结果的裁断提出异议，主席则应组织行进表决。美国也采用口头表决的方式，如果根据声音难以判断，议员可要求主席采用起立表决的方式进行表决。

2. 起立表决，即由赞成者、反对者、弃权者依次起立，获得多数一方的态度为表决的结果。

3. 举手表决，即由赞成者、反对者、弃权者依次举手表示自己对法案的态度，获多数一方的态度为表决结果。

4. 发牌表决，即每人发表决牌若干枚，绿色牌表示赞成，红色牌表示反对，黄色牌表示弃权，表决时由会场工作人员收点各色表决牌，当场计算表决结果。

另一类是作记录的表决方式。作记录的表决是一种更精确的表决方式。但这种表决方式比较费时。大约有以下几种：

1. 点名表决，即由会议组织者逐一点名，被点到名的逐一回答自己是赞成、反对，还是弃权，获得多数一方的态度为表决结果。

2.行进表决，即由表示赞成的议员走过会场中间的通道并清点人数，再由表示反对的议员走过会场中间的通道并清点人数。

3.记名投票表决，即表决者根据自己对法律案的态度，把印有自己姓名的表决票投入赞成、反对、弃权的投票箱中，获得多数一方的态度为表决结果。

4.电子仪器表决，即用电钮表示赞成、反对、弃权，以电子仪器统计表决者的态度。

公开表决的优点是表决统计简便又节省时间，能清楚显示出每个议员或代表的态度。这是议员代表民众，落实“代议”身份与职责的需要。议员由选民选举产生，受选民委托，这就需要向选民公开自己对法案的态度，不允许出现阳奉阴违的现象。如果投票不记名，就可能出现表面上为民众说话，但表决时却为利益集团说话的现象。这样他是否代表民众就很令人怀疑。缺点是表决结果有时不能反映议员或代表的真实态度，因为议员或代表在公开自己的态度时，往往面临着一些压力，影响了自己表决态度的真实性。

秘密表决是指不公开表决者态度的一种表决方式。秘密表决的主要方式是实行无记名投票或无记名的电子仪器表决，即表决者按大会确定的方式对法案表示赞成、反对或弃权的态度，但自己究竟是赞成、反对或弃权，不让别人知道。古罗马曾利用小球进行不记名投票，并用不同形状或颜色代表赞同或反对，故选票（ballot）一词便以小球（ball）为词根。秘密表决的优点是表决者对议案的真正态度可以不为人知，表决的结果能更为真实。

各国议会在表决法律案时一般都采用公开表决，很少进行秘密表决。秘密投票往往只是在进行选举或决定某些重大问题时（如表决对政府的信任问题），或者根据议长或一定数量的议员要求时，才被采用。

（二）整体表决和逐步表决

整体表决就是由表决者对整个法案表示赞成、反对或弃权的态度。大多数国家经常采取整体表决的方式。逐步表决是指表决者对法案的条文，逐章逐节逐条的内容进行表决。最后对法案整个内容再表决。只有在少数国家才将逐步表决作为普遍的表决方法。整体表决的方式的优点是表决过程简单，效率高。但当遇到分歧较大的法案，表决者如果仅仅反对法案的某一条款，而最后不得不对整个法案投反对票，显然是不能准确地反映表决者的意愿的。所以在某些条款有较大分歧的情况下，采取逐步表决的方式较好。《立法法》第41条第2款规定了单独表决的情形："法律草案表决稿交付常务委员会会议表决前，委员长会议根据常务委员会会议审议的情况，可以决定将个别意见分歧较大的重要条款提请常务委员会会议单独表决。"

（三）公民公决

公民公决是指有选举权的一切公民就反映国家生活中最重要的问题的法案直接投票进行表决。表决方式是直接表示赞成或反对。公民公决又叫全民表决、全民投票等。通过公民公决表决法案分两种情况：一是立法机关对法律案已表决，再由公民对法律案表示赞成或反对的表决。二是有的法律案不经立法机关表决，由公民直接表决。

公民公决作为一种表决形式起源于古希腊，它是直接民主的一种表现形式。民主有直接民主和间接民主的区别，间接民主是由公民选举代表行使自己参政、议政的权利，审议法案、表决法案都不用自己亲自参与，而是由自己委托的代表来专门进行这些活动。间接民主通常被称为"代议制"民主，即人民通过其代表来进行统治，而不是自己直接进行统治。在间接民主下，主人和主事是分离的。为了防止仆人滥用权力变成主人，在代议制民主下，发展了一套严密的监督机制。

直接民主是公民直接参与国家大事的决策，如制定法律等活动。直接民主起源于古希腊，古希腊的城邦斯巴达，每月都进行一次公民大会，由国王主持，凡年满三十岁的公民都有权参加，对需要表决的决策，以会场上呼喊声音的高低来决定是否通过。在古希腊的雅典，也实行的是直接民主的方式，公民大会是最高的立法机关，每年开会约40次，每次一整天。

1777年，美国佐治亚州宪法规定了公民公决的制度，后来，其他州也竞相效仿。1792年，法国也形成了全民公决宪法的制度，1793年的法国宪法就是通过全民公决通过的。其后，瑞士等国也采取了全民公决的形式表决宪法。

公民公决有历史的影响，也受某些资产阶级思想家的影响。卢梭反对议员立法，认为法律必须得到人民的直接赞同，才能成为法律，任何法律必须经过全民公决。因为："正如主权是不能转让的，同理主权也是不能代表的；主权在本质上是由公意组成，而意志又是不能代表的；它只能是同一个意志，或者是另一个意志，而绝不能有什么中间的东西。因此人民的议员就不是、也不可能是人民的代表，他们只不过是人民的办事员罢了；他们并不能作出任何肯定的决定。凡是不曾为人民所亲自批准的法律，都是无效的；那根本就不是法律。"①

卢梭所提倡的全部法律由公民直接决定的做法在实践中是行不通的，在世界上，几乎没有国家完全采取直接民主的做法，法律的公民公决也仅限于部分最重要的法律，如限于宪法案的表决、宪法性法律案的表决、重要税收法律案的表决、重要的国际条约的表决等。各国实行公民公决的表决方法十分慎重，因为实行公民公决制度有利有弊。

从有利的方面看：（1）公民公决出的法律，最能代表民意，最能体现民主。（2）公民公决，可防止权力异化，没有立法权可能被议员滥用的弊端。（3）可以使人民以主人翁的态度参与国家管理。（4）可以提高公民的政治觉悟和法律意识。（5）有利于法律被自觉地遵守和有效执行。

从弊端看：（1）虽然公民公决出的法律最能代表民意，但并不一定最具有智慧。首先，公民公决由于参与者众多，反而不能有效组织审议，导致对法案的有效讨论不能进行。其次，大众并不一定更具有远见，普通公民人数众多，但知识文化水平却参差不齐。最后，多数人比少数人更容易被操纵，容易被野心家鼓惑，从而被篡夺权力。（2）公民公决活动过多，会导致全民生活全面政治化。一方面，由于法案众多，公民的大部分时间将被政治生活占据，而不少人对政治和法律并无兴趣，这就妨碍公民的自由生活。另一方面，一个隐含较大利益冲突的法案，可能引发不同利益集团的公民相互对抗的情绪，使社会矛盾激化。（3）削弱了立法机关的作用。由于立法机关立法最后要公民批准，这导致立法机关审议法案的责任心下降。

公民公决制度有利有弊，在一个国家中如果要实施该制度，一定要尽量扬其利，而防其弊。所以实行公民公决制度的国家对该制度的运用，无不严格规定其

① ［法］卢梭：《社会契约论》，何兆武译，商务印书馆1980年版，第125页。

程序和运用范围。

三、通过法案

法案通过的原则是多数人决定原则，就是少数服从多数，法案只有获得多数表决者的赞同，才能通过。

多数人决定的多数分普通多数和特殊多数，普通多数又叫简单多数，意指超过半数，适用于普通法案的表决。特殊多数一般指超过2/3，或3/4，或4/5等多数，一般用于表决宪法或特别重要的法律。大多数国家一般是2/3以上多数，通过宪法。

无论是普通多数还是特殊多数，多数的统计必须是以一定的基数进行的，比如过半数，到底是参加人数的过半数，还是全体应到人数的过半数？过半数的基数是否将弃权者列入在内？所以在每个国家的法案通过程序中必须明确多数票的计票标准。

世界各国对法律草案的表决主要有三种计票标准：

1. 多数为“出席且参加表决”的多数。这种统计法是把弃权票排除在统计之外。比如，出席会议的有50人，其中10人弃权，40人参加投票，法案以40人过半数，即获21票赞成就可以通过。但在弃权太多的情况下，就可能出现问题，比如，50人，49人弃权，1人赞成，那这个法案就是百分之百的多数通过。这样少数人的意志便成了多数人意志。

2. 多数为“全体出席人员”的多数，即以全体出席人员为计票基准，那么，前面50人出席，10人弃权，40人投票，要50人过半，即26人才能通过。这种方法必须对出席人员数量作出要求，否则如果只有少数人出席，在少数人中多数通过就没有意义，实际上它不是真正的多数。所以一般都规定了出席大会的法定人数。大多数国家要求法定人数应多于议员数的一半。

3. 多数为“全体成员”的多数，而不管是否出席或参加表决。这种计票方法，如果缺席的人太多，法案就很难得到通过。它强调立法机关组成人员应尽量到会，否则法案可能就始终无法通过。我国人大及其常委会表决的计票基准是全体成员的多数。为使表决可能成功，《全国人民代表大会议事规则》规定，全国人大有2/3以上的代表出席才能举行。全国人大常委会必须有常委会全体组成人员过半数出席，才能举行。

在实践中，偶尔也可能出现赞成者和反对者相等的情况，这时采取的法案通过原则就可能不是多数人决定原则。有的国家是由议长决定是否通过，有的国家是抽签决定，有的国家将该情况视为否决或未通过。当然这些方法不适合宪法以及宪法性法律的通过。

在不少国家，法案经过大会审议，表决通过后便成为正式的法律。但在一些国家并不一定。法案通过后仍可能会改变。因为在有的国家有立法复议、公民公决、立法否决和违宪审查等制度：有的国家要求一院通过的法律要送另一院复议后才能正式通过；有的国家要求立法机关通过后还要公民公决；有的国家要求立法机关通过后还要国家元首批准；有的国家要求立法机关通过后还要经司法机关或宪法委员会进行违宪审查后，才能正式生效。所有这些措施是审慎立法以及监督立法的需要。

在我国，全国人大审议的普通法案由全体代表的过半数通过，宪法的修改由全体代表的三分之二以上多数通过。全国人大常委会审议的法案，由常委会全体组成人员的过半数通过。

如果法案未获得通过，《立法法》第56条规定："交付全国人民代表大会及其常务委员会全体会议表决未获得通过的法律案，如果提案人认为必须制定该法律，可以按照法律规定的程序重新提出，由主席团、委员长会议决定是否列入会议议程；其中，未获得全国人民代表大会通过的法律案，应当提请全国人民代表大会审议决定。"

第五节　公布法

一、公布法的含义

法案经过审议、表决之后，就面临公布的问题。公布就是广而告之，让立法机关制定的法为人民所知晓。如果制定的法律没有经过公布，人们便不可能按法的要求来办事，法律也不可能有它的内在约束力。

从历史来看，并不是有法律就有法的公布，在古代没有成文法的时期，法就不存在公布问题。这个时候统治者凭借自己的统治权力，垄断法律，秘而不宣，从而保持法律的神秘性，使人民心中对此产生恐惧心理，以便于维护自己的统治地位。这个时候法律的内容是什么，如何实施，统治者有非常大的自由。由于统治者在法律实施上的绝对自由，人民对自己的生活就缺乏起码的安全感。于是历史上就产生了争取公布成文法的斗争。在古希腊和古罗马都有平民争取成文法的斗争。古希腊雅典的德古拉立法，即是在平民争取成文法的斗争的情况下，打破了贵族垄断法律的状况，制定了可为民众知晓的成文法。在古罗马，最初也是没有成文法的，即使是习惯法也为僧侣和贵族所垄断，就连法学知识的传授都是秘密进行的。平民阶层对高级官吏利用他们所把持的习惯法从而滥用立法和司法权力的行为十分不满。要求用文字把习惯法记载下来。后来，经过贵族和平民的流血冲突，贵族们不得不采取了成文法的统治方式，十二铜表法就是在这种情况下诞生的。“十二铜表法”是刻在十二块铜牌上的法律，那个时候还没有现在的纸张和书籍，公布法律一般采用雕刻在固定的物体上面，以示郑重。“十二铜表法”还不是最早的成文法。今天我们知道的最早成文法是巴比伦奴隶制国家颁布的《汉谟拉比法典》，这部法典是雕刻在石头柱子上公布的。

在我国古代，成文法的公布也有冲突和斗争，最早的成文法是公布在鼎上面的，是郑国大夫子产公布的郑国的成文刑法，历史上称为“铸刑书”。

历史发展到现在，公布法律已成为立法活动的必经程序，法律被通过仅仅意味着法律的产生，必须经过公布，法律才具有法律效力。对公布法的程序的必要性的认识还来自“法无明文规定不为罪”的理念，因为秘密的法律等同于没有明文规定。部分自然法学派的法学家将法的公布看成法的必备要件，美国法学家富勒的法制八原则，即将法的公布作为一个重要的法律成立的条件，是属于程序自然法的内容，没有公布的法被认为不具有成为法的资格。[①]现代法的公布必须由有权的机关或人员，在特定时间采用特定方式进行。如果给公布法下一个定义的话，公布法就是有权的机关和人员将通过后的正式的法，用特定方法在特定时间予以公布的活动。

---

① ［美］富勒：《法律的道德性》，郑戈译，商务印书馆2005年版，第59—62页、第114页。

二、公布法的主体

（一）由国家元首公布法

公布法的主体在大多数国家是国家元首，这一制度起源于英国，在中世纪的英国，君主是国家元首，议会只是君主的咨询机关，没有权力制定法律，所有法案都是以向君主请愿的方式向国会提出，最后送君主批准签署。最后由国家元首公布法律的制度演变成了许多国家的通例。

国家元首公布法律有两种情况，一种情况是，国家元首实施公布法的权力，是行政方面对立法方面实行制约的一个手段。这种情况一般存在于总统制国家，以美国最为典型。美国总统有权批准法律，也有权拒绝公布法律。如果不同意公布，可以要求议会再进行审议，如果议会审议后，经过议会2/3多数通过，议会可以自行颁布法律。还有规定，总统在收到法案后10天内，既不签署也不退回，国会又没有休会的情况，则该法案便自动成为法律，不需要总统签署和公布。但如果国会在法案送交总统后的10天期限届满休会了，在这种情况下，总统既不签署也不退回就等于否决了该法案，因为议会休会，没有机会复议。另一种情况是，在有些国家元首公布法律纯粹是履行一道程序，他们必须公布法，不能拒绝公布法律。这种情况主要存在于责任内阁制国家，如英国，公布法实际上只是一种形式，是政治传统形式的惯性延续。这种国家通常是议会至上的国家，议会作为民意代表机构有无可争议的权威性和最高性。因此，国家元首只有批准或公布的权力，没有否决的权力。

（二）由立法机关领导机构公布法

立法机关领导机构公布法律也只是履行一道程序，立法机关不存在自己制约自己的情况，所以立法机关无论如何也不会不公布自己所立的法律。立法机关领导机构公布法，一种情况是，在国家元首未行使公布法律权的情况下，议会自己公布法，如巴西宪法规定，总统如果不于48小时内公布法律，则由参议院议长公布，参议院议长如果不于48小时内公布，则由参议院副议长公布。另一种情况是，宪法直接规定由立法机关领导机构公布法，如匈牙利宪法规定，法律的公布由主席团主席执行。

在我国公布法的主体有一个演变发展的过程，过去，既有由国家主席公布法的时期，也有由全国人大常委会委员长公布法的时期。至1982年，《宪法》确定国家主席根据全国人大或全国人大常委会的决定公布法律。2000年颁布的《立法法》也规定法律由国家主席签署主席令予以公布。由于《宪法》或《立法法》没有规定国家主席可以拒绝公布法律，而立法实践中也没有发生过国家主席拒绝公布法律的情况。因此，我国的国家主席公布法律也仅仅是履行一道程序。另外，我国的行政法规由总理签署国务院令公布；地方性法规由地方人大主席团或常委会发布公告公布；部门规章由部门首长签署命令予以公布；地方政府规章由省长、自治区主席、市长或者自治州州长签署命令予以公布。

三、公布法的时间和方式

法案经审议通过以及批准后，就应当公布。就公布时间来说，不应该拖延太久。因此，许多国家都规定，法案经过议会通过及有关方面复议或批准后，应当在一定时间内公布。意大利宪法规定，法律由共和国总统于批准之日起一个月内公布。法国、突尼斯、保加利亚和阿尔巴尼亚规定，法律在通过后15日内公布。也有的国家对公布法的时间没有做具体规定。这些国家通常在法获得通过、批准后随即公布。

法的公布时间和法的生效时间并不一定一致，法公布的时候，不一定法就立即生效。一般有三种情况：一是法公布的时候，法就自然生效。这种情况一般是疆域较小的国家，并且公布之后不需要一定的准备时间即可实施。二是法公布后经过一定时间生效，这主要是因为国土疆域太大，或法公布后需要一定时间做实施准备。三是法公布后按到达时间计算生效时间。这种情况的存在主要是因为疆域辽阔且交通不便。

公布法的方式各国一般都是一致的，都是在立法机关的刊物或指定的其他刊物上公布，在其他刊物或用其他方式公布的法不算是正式的法的公布。大多数国家都有公布法律的正式刊物，如法国有《法兰西共和国政府公报》，意大利有

《意大利共和国公报》。有的多民族多语言国家，法律也用几种文字正式公布。

我国《立法法》规定：（1）法律签署公布后，及时在全国人民代表大会常务委员会公报和中国人大网以及在全国范围内发行的报纸上刊载。在常务委员会公报上刊登的法律文本为标准文本。（2）行政法规签署公布后，及时在国务院公报和中国政府法制信息网以及在全国范围内发行的报纸上刊载。在国务院公报上刊登的行政法规文本为标准文本。（3）地方性法规、自治区的自治条例和单行条例公布后，及时在本级人民代表大会常务委员会公报和中国人大网、本地方人民代表大会网站以及在本行政区域范围内发行的报纸上刊载。在常务委员会公报上刊登的地方性法规、自治条例和单行条例文本为标准文本。（4）部门规章签署公布后，及时在国务院公报或者部门公报和中国政府法制信息网以及在全国范围内发行的报纸上刊载。地方政府规章签署公布后，及时在本级人民政府公报和中国政府法制信息网以及在本行政区域范围内发行的报纸上刊载。在国务院公报或者部门公报和地方人民政府公报上刊登的规章文本为标准文本。

所谓标准文本，是指凡发现各种法律文本之间不一致时，一律以它的内容为准。除公报类刊物刊登法律文本外，在我国还有各种法律汇编、大全、法规数据库等，它们可能存在一定的疏漏，为保证法律实施的统一，所以，有必要确定标准文本。

第六节　立法听证制度和专家立法制度

一、立法听证制度和专家立法制度出现的背景

法是社会生活对人们行为的规范，就其本质来说实际上是人们在公共生活中的自我规范，法反映的是社会中人们的共同意志，从这个角度说，法有民主性的要求。从另一角度说，法不仅反映社会的共同意志，具有民主性，而且从法的内容上看，法还应该体现对社会生活的深刻认识，体现对法自身规律的认识以及体现社会生活各领域内的专业知识。从这一角度说，法应当还具有科学性。民主和科学体现了人们对规范社会生活的法的要求，这种要求体现在立法上，便是立法

的民主化和科学化。

现代立法制度中民主和科学是通过代议制体现的，议员和代表经民主的方式选举而来，受选民委托，代表民意，其立法被认为是体现了民意，因而是民主的。此外，议员和代表是通过选举而来，本身就意味着他们具备一定的能力和知识水平，能够反映民意，并具备参政议政及制定法律的能力，议员和代表应当属于社会的精英。因此，立法具备科学性。

但随着社会的发展，代议制下的民主和科学却日益受到挑战，一方面，通过民主选举产生的议员来议决国家大事虽然较封建社会的专制制度是一个历史的进步，但却容易产生议员并不受选民控制，不再代表选民利益的现象，这就可能造成新的专制，即议员具有凌驾于民众意志之上的绝对自由。卢梭曾用一句经典的名言来讥讽英国的代议制，他说："英国人民自以为是自由的；他们是大错特错了。他们只有在选举国会议员的期间，才是自由的；议员一旦选出之后，他们就是奴隶，他们就等于零了。"[①]虽然卢梭的断言过于绝对化，但也反映了代议制民主可能存在的问题。另外，议员的选举是按照地域范围来进行的，不是按职业群体不同、利益倾向不同来进行的，议员所代表的选民范围存在缺漏，有些职业群体或利益群体可能并无议员代表他们。另一方面，通过选举产生的议员或代表，虽然大多是社会的精英人物，但毕竟不可能具有所有专业领域的专业知识，特别是在现代科技突飞猛进、学科知识不断向专深方向发展的情况下，议员要靠自己的个人知识作出对法案的判断是不可能的，这就必然要借助各方面的专业力量来解决这些问题。

由于存在以上一些问题，立法听证制度和专家立法制度的产生便是自然而然的事情。立法听证的着眼点主要是弥补立法程序在民主方面存在的缺漏，也有立法科学化的考虑；而专家立法制度则着眼于使立法程序更加科学化，也完善了民主的形式。

二、立法听证制度简介

立法听证制度是指立法机关为了收集或获取最新立法资料，邀请政府官员、

① ［法］卢梭:《社会契约论》，何兆武译，商务印书馆1980年版，125页。

专家学者、当事人、与议案有利害关系的人或有关议员到议会委员会陈述意见，为委员会审查议案提供依据和参考的一种立法制度。[①]

听证（hearing）来自西方的司法审判制度，本来意思是在诉讼上应当听取他方当事人的意见，也就是说，法院在审查事实或法律问题时，要以公开举行的方式听取证人和当事人的意见，以保证审判的公平，实现司法正义。司法上听证制度的思想起源于古典自然法学派的“自然正义”观念。自然正义的观念和西方自然法的观念有渊源，在不少人看来，它们几乎具有相同的含义，至少自然正义属于自然法的一个重要组成部分。霍布斯（T.Hobbes）的《利维坦》中罗列了一些自然法的规范，其中即包含了自然正义的内容：“争议各方应将其权利交付公断人裁断。……任何人在自己的争讼的案件中充当公断人都不相宜。……如果一方被接受为裁断人，那么另一方便也应当被接受；这样一来，争端（即战争的原因）就会违反自然法而继续存在。”[②]每个人不能成为自己案件的法官，即是自然正义的重要内容之一。随着历史的发展，起先的近似于自然法的自然正义的概念逐渐有了自己的专门内容，它和自然法的区别也因此变得非常明显。在现代，自然法是具有程序和实体两方面内容的一个先验的概念，而自然正义则是普通法上的一项司法原则，它只同程序的问题相关。通常包括两个方面的内容：一是听证规则，即当事人在其利益受到某决定影响的时候，作决定人应该充分听取其意见；二是避免偏见规则，即某案件的裁决人不得对该案持有偏见和拥有利益。在传统上，自然正义原则只适用于司法或者准司法功能。[③]司法听证也就由此而来。

后来，司法听证制度被推广到立法和行政方面。议会为制定出良好的法律，以法官精神通过法律来公正地调整各种关系、协调各方面的利益，而采用了听证制度，这种制度被称为“立法听证制度”。行政机关为制定法规、裁决行政案件，同样需要保持“公正”，实现正义，因此也采取了听证制度，这种制度被称为“行政听证制度”。

---

① 该定义见吴大英、任允正、李林:《比较立法制度》，群众出版社 1992 年版，第 507 页。

② ［英］霍布斯:《利维坦》，黎思复、黎廷弼译，商务印书馆 1985 年版，第 119 页。

③ 杨寅:《普通法传统中的自然正义原则》，载《华东政法学院学报》2000 年第 3 期。

立法听证制度最早是由美国将源于英国的司法听证制度改造而成的，第二次世界大战以后，立法听证制度又被移植到了日本，后来拉美一些受美国影响较大的国家，也实行了立法听证制度。而其他一些国家如英国、法国等，却没有实行。

在美国，国会委员会在审议法案中经常要对一些重要的法案举行听证会。除规则委员会外，各委员会不论就任何法案或事项进行听证会，都应在此前一周向公众公布听证会的举行日期、地点、主题。听证会除少数涉及国防、外交等不宜公开的外，一律公开进行。在听证会上利害关系人有充分的参与听证的机会，利害关系人可在调查程序中参与意见，并可在会议中表达观点、提出立法建议。在听证会的辩论中，参加听证会的各方都有提出意见的机会。在听证会上，有关证人有义务出席并作证。听证会的记录一般将会被印刷，并为委员会广泛散发。

日本的立法听证适用于普遍关心以及特定的重要提案，从程序上看，常任委员会为审查议院或议长交付的提案，可以作为预备审查召开公开听证会。听证会的时间、提案等情况由委员长通过新闻媒介公布，并公开召集利害关系人和专业人士（统称公述人）。挑选公述人时不得偏袒赞成法案者或反对法案者的任何一方。听证会中公述人发言应征得委员长许可，发言不得超出需听证的提案范围。委员会为审查及调查需要，可以要求利害关系人列席，听取意见。

在德国联邦议院，如果法案的主题非常复杂而且法案涉及立法的政治争议，就要举行由有关专家和利益集团代表参加的听证会。举行听证会的目的之一是获得与法案有关的特定问题的专家信息和建议。另一目的是引起媒体对法案的关注，使论题的重要性清晰并激发政治辩论。有许多法案因为被大多数或所有参加听证会的专家认为不恰当或有害而被撤回。

因此，立法听证制度的作用如下：

首先，它体现了现代民主政治的需要，使立法机关立法更加民主化。立法听证会为民众提供了一个公开的论坛，不论赞成或反对议案的意见，都能在立法机关发表；听证过程一般以公开方式进行，通过新闻媒介传播出去，使全体公民共同听证，既实现了代议政治条件下公民的知情权，又为公民行使参政、议政的权利提供了保障。这样便扩大了立法机关立法民主的范围。

其次，立法听证可使立法机关更广泛地收集立法信息。作为立法者来说，缺乏信息便不能有效地进行立法决策。收集信息是立法机关的重要工作之一，立法听证毫无疑问地打开了一条更多更广地收集立法信息的渠道，使立法机关了解事实、听取多方意见，使立法决策趋向正确。

再次，立法听证可以协调各种社会利益关系。立法本身是对社会上的利益关系的分配和调整，必将触动一部分人的利益，立法听证以理性的制度设计来使利益冲突有一个正当的宣泄渠道，也沟通不同利害关系人的意见，就某些问题达成共识，从而保证立法的合理性和可行性。

最后，可以减轻立法机关的立法任务。通过立法听证的形式，可以否决一些不适当的法案，减少向立法机关大会提交的法案的数量。在美国，议员动议提出的法案，经委员会立法听证等多种形式审议后，最后向院会提出报告的不足10%。从而减轻了立法机关工作量，保证了其他重要法案的立法质量。

我国的听证制度最早是在《行政处罚法》中确立的行政听证制度，它是行政处罚的一个调查程序，是在听证主持人的主持下，在行政调查人员和案件当事人均在场的情况下，最充分地听取被处罚的当事人的陈述和申辩的调查程序。在我国是否适合立法听证制度呢？《宪法》第27条第2款规定："一切国家机关和国家工作人员必须依靠人民的支持，经常保持同人民的密切联系，倾听人民的意见和建议，接受人民的监督，努力为人民服务。"这是我国可实行立法听证制度的宪法基础。《立法法》第一次在立法程序中规定了听证制度，《立法法》第36条第1款规定："列入常务委员会会议议程的法律案，法律委员会、有关的专门委员会和常务委员会工作机构应当听取各方面的意见。听取意见可以采取座谈会、论证会、听证会等多种形式。"听证会一般在法律案有关问题存在重大意见分歧或者涉及利益关系重大调整时进行。此外，《立法法》第67条第1款中还规定了行政法规起草时的立法听证："行政法规在起草过程中，应当广泛听取有关机关、组织、人民代表大会代表和社会公众的意见。听取意见可以采取座谈会、论证会、听证会等多种形式。"

三、专家立法制度简介

现代社会是知识的社会，知识日渐成为一种权力支配社会的运转。由于知识具备一定的独立性和客观性，并不以某人的意志为转移，也并不以多数人的意志为根据。它实际上以某种独立的力量在影响着法律的制定。

现代社会的知识和以往社会不同，从知识的量上看比以往的社会可以说大大地增加了，从现象上看，知识呈不断分化和综合的趋势，并向复杂化、专深化方向发展，没有一个人能通晓所有门类的知识，过去百科全书式的人物不再出现，所谓的专家也不过仅仅涉足他本身所研究的狭窄的知识领域。而现代社会是法治社会，法律不仅占据社会生活的主导地位，而且涉及社会生活的方方面面。立法涉及的内容也几乎遍布所有知识领域。过去的立法者仅仅凭借常识就能够进行立法活动，而现在已经不再可能。在这种情况下，专家立法制度也就应运而生。

从世界各国的专家立法制度来看，虽然因其立法程序的不同而有所差别，但从其注重的内核来看，却是一致的，就是承认并注重专家在立法中所起的作用。

从美国来看，由于立法提案权专属于国会，国会所承担的立法任务更为繁重，对专家立法的需求十分突出。美国国会的专家立法制度有一个发展演变的过程，最初体现为立法听证制度，通过听证制度获取专家对法案的意见。后来，从罗斯福新政开始，为推行新政，美国有80%的重大立法是由白宫及其附属行政机构制定的。国会委员会因此形成就重大法案主动约请政府方面有高深专门知识的人员充任“特别顾问”的传统。1945年后，国会开始自行选用专家，任用了外交关系、财税、美国法以及劳工关系等方面的专业人员为立法顾问人员，由此，导致了1946年的《立法改组法》将各种高级专门人才扩充到各单位。因此，《立法改组法》开创了专家立法制度的先例。

从现行美国国会专家立法制度的组织机构看，主要由三部分构成：国会各常设委员会下设的专门委员会、立法顾问局、立法资料馆。常设委员会下的专门委员会是由“专门委员”组成，专门委员是议会中设立的永久性职位，职责是负责法律草案的研究和起草工作，专门委员会还设立了秘书职位，负责专门委员会的秘书工作。立法顾问局为国会两院设立，职责是为各常设委员会及议员提供法律草案起草过程中的技术性帮助。立法资料馆是国会图书馆的一个部门，负责编订《国会公报》和“委员会听证会摘要”，对各委员会的议案提出“特别研究报告”，并协助议员起草法律及收集资料。

除以上建制外，美国还有许多非正式的征询各方面专家参与立法的实践，如国会约请专家举行非正式的座谈会，委托私立研究机构、大学进行法律案的特别研究工作等。

英国的专家立法制度的重心在政府方面，因为重大立法案是由政府提出，政府提案在准备过程中会有一批专家协助起草工作，他们被称为“议会顾问”，是无党派的专业群体。法案通常由某一“议会顾问”领导起草小组起草，拟就的提案草案一般交内阁的一个常设委员会进行审查，由该委员会协助负责提案的大臣对草案的原则问题进一步审查。由此形成立法提案的第一稿，由负责提案的大臣将法案向议会提出。

英国的政府提案属于公法案的一类，对于私法案[①]来说，由另一类被称为“审查专员”的专家来负责协助起草审查。议员提出私法案时，要先提供与该法案有关的私人权益的资料、表示该提案的性质及费用估计的计划和图表，然后由“审查专员”审查是否符合各项提案手续，再向议院提出。在议院二读时，该私法案又须经“小组委员会”审查，这种审查程序类似于美国的立法听证程序。

日本的专家立法制度的特色在于博采众家之长，既受英国影响也受美国影响；另外，日本在制度上对专家参与立法有明确规定，保障了专家立法制度的有效实施。

日本国会的常设委员会也配备了具有专业知识的专门委员、调查员、调查主事，他们并非国会议员，主要职责是执行委员会交办的立法调查事务。日本的国会两院还设有各自的“法制局”，相当于美国的立法顾问局，各法制局的局长及其所指定的参事的主要职责是应各常设委员会或联合调查会的请求，向其报告法制局管辖范围内的事务，以协助从事有关的立法活动。国会法制局的主要工作是为国会各党议员担任法案的研究、起草工作。日本内阁亦设有法制局，主要任务是内阁提案的起草与研究工作、答复内阁及各部提出的法律问题，负责行政法规

① 公法案与公共政策有关，直接由担任政府官职的议员或非政府成员的议员提出；私法案是与个人、若干人、公司或地方政权等特殊利益有关的法案，根据英国议会的议事规则，有关私人事项的规定，由利害关系人以申请方式提出。

的审查工作。日本的国会图书馆设有“调查及立法考察局”，其主要职责是应两院各委员会的要求，对由内阁移送国会的法律草案进行分析、评价，向该委员会提出报告，作为各委员会讨论审查法案的依据。该局还从事立法及相关资料的收集、整理工作，及时向委员会和议员提供所需资料。

各国专家立法制度的特点是从制度以及程序上，加强专家在立法起草、审查、调研、信息收集等方面的作用。专家立法制度的作用在于：

第一，使法案更具备科学性、可行性。一个良好的法律产生不仅是反映了民意，体现了正义，而且还需要具备科学性、可行性，法案的内容是否符合科学规律？是否符合立法所需的技术性要求？是否是可能实施的？这些问题必须要由专业人才进行衡量，必须要有众多专家的参与才能使法案达到较为完美的境地。

第二，更全面地收集信息。立法信息的收集是制定良法的重要前提，在信息不完整的情况下，作出的决策往往是盲目的、不可行的，甚至可能起相反的作用。强大的信息和资料背景，以及对各种信息高效的分析和处理是提高立法质量的保障。

第三，发展立法民主化的形式。专家参与立法活动体现的是少数人的意志，看起来和民主背道而驰，其实是立法民主的进一步发展。首先，在立法中听取专家的意见本身也是立法民主的体现，因为专横的意志是不需要听取任何意见的。其次，专家参与立法是在服从多数人意志的基础上的行为，非但不和多数人意志相抵触，还可以使民主的立法进一步趋于科学化、完备化。

拓展阅读

汪全胜：《制度设计与立法公正》，山东人民出版社2005年版，第300—315页。

易有禄：《立法权正当行使的控制机制研究》，中国人民大学出版社2011年版，第340—350页。

刘平：《立法原理、程序与技术》，学林出版社2017年版，第220—260页。

周旺生：《论法案起草的过程和十大步骤》，载《中国法学》1994年第6期，第20—28页。

汤善鹏:《论立法与法治的契合——探寻程序法治的理论逻辑》，载《法制与社会发展》2019年第5期，第131—149页。

孙潮、徐向华:《论我国立法程序的完善》，载《中国法学》2003年第5期，第65—66页。

第八章　立法监督

立法监督不外乎如下三部分内容：由哪个主体实施监督；哪些立法需要监督；依据何种程序监督。它们从不同角度对立法监督展开阐释均能实现殊途同归的效果。立法监督不仅应当监督立法结果更应当控制立法过程，从而在源头上提高立法质量、防止种种弊端。

第一节　立法监督基本理论

一、立法监督的含义

广义的立法监督，指国家机关、社会团体、企业事业组织以及公民个人等对立法权力运作过程和结果的关注与督促。任何公民和组织都有权对不适当的立法提出批评意见，或者请求有权主体对相关立法是否违背宪法作出审查。狭义的立法监督，指有权机关对立法权力运作过程和结果的审查和限制，该活动包括对立法主体、立法程序和立法文本的审查及处理。立法监督的直接目的在于确保立法符合宪法以及法律法规的规定，保证法律体系内部的协调，确保立法符合相关技术规范。

此处的有权机关指立法机关，立法监督权具有准立法权的性质。立法监督的直接目的并不在于产生新法，但实际结果却可能引发立法活动，导致法律的改变、撤销、废止等。同时，立法监督的提议者可能不具有立法权，但直接实施主体一般都拥有立法权。因此，立法监督具有准立法的性质。

在我国“一元两级多层次”的立法体制之下，立法主体众多，“法律”形式各样。个别立法主体对自身权限的理解不到位，一些立法工作人员业务能力不强，导致实践中违法立法、越权立法的情形时有发生，很有可能损害法律的权威，侵犯公民、组织的权利，无法有效发挥社会治理的作用，有必要从多个方面对上述现象进行监督和纠正。

二、立法监督的必要性

立法监督是民主制度的必然要求。我国一切权力属于人民，立法权源自人民，因此立法权的行使不能违背人民的意志。立法活动既是一个由专家把关的活动，又是一个民众广泛参与的活动。立法活动与每个公民的切身利益密切相关，立法一旦生效，民众应当严格遵守。每个公民都有权以恰当方式监督立法过程与立法结果，对于其中不合法、不适当的问题有权提出纠正意见，并提请有权主体及时作出处理。因此，立法活动中侵害人民权利的行为应当通过立法监督程序得以及时纠正。

立法监督是法制统一的保障方式之一。在我国"一元两级多层次"的立法体制之下，拥有立法权的主体多元，各层次、各种类的立法之间可能出现不协调甚至互相抵触的现象，立法监督能在一定程度上纠正立法上的错误，保证法律体系内部的和谐。法律冲突无法得到有效解决便会影响法律运作的各个环节，相关主体便无所适从，不知应当遵守何种规定，最终可能会动摇法律的权威和信仰。

立法监督是对立法权力的程序控制。一切权力都具有扩张的本性，若不加以控制必定会导致权力的滥用。一切公权力都应当被关进笼子，立法权力更应如此。不受控制的立法权力必将侵犯公民的切身利益，甚至将不合宪、不公平的内容写入法律，影响法治国家的建设。立法监督便是限制和规范立法权力的方式之一。有权主体对特定立法的权限、程序、结果进行审查处理，能够从程序上控制立法权力的运作。

立法监督是提高立法质量的手段之一。特别是在设区的市拥有地方立法权以来，提升立法质量已成为当下立法领域迫切的实践需求。当下，立法权限不明问题仍未解决，重复立法、越权立法现象突出；个别立法违背社会规律，与社会的现实需要之间并非一一匹配，立法的社会效果不甚理想；部分立法违背立法规律，在语言、逻辑、体例方面有很大改进空间。立法监督能够解决立法质量不高问题，进一步保障立法科学化的实现。

各个国家的立法监督制度各具特色，但作为对立法权的监督制约制度存在一些共性，简言之，立法监督关注的是“谁来监督”“如何监督”“监督什么”的问题。各国都会要求有权主体就立法过程和立法结果进行审查，而审查的重点则在于合法性问题和合理性问题。整体而言，我国的立法监督显得较为薄弱，不论理论研究还是制度实践都有待加强。

第二节　立法监督的方式

根据立法监督的主体、对象以及程序的不同可以将我国的立法监督方式分为“批准”“备案”“审查”三种。相较于备案，立法批准属于事前监督，即法律生效前的监督，其能够有效避免不合宪、不合法或者不适当的立法出台，避免产生较大风险或实际损失。不利之处在于立法监督机关除自身工作之外还需承担较大的工作负担，另外由立法引起的实践问题在事前监督阶段可能无法被发现。为了提高立法质量，应当将事前监督与事后监督相结合。

一、立法批准

立法批准指法律生效前由特定主体审查立法过程以及法律文本内容以确定是否允许其生效的立法监督制度，属于立法的事前监督方式。

立法批准是世界通行的一种立法监督方式，授权机关有权批准授权立法，一些国家的元首有权批准或者否决立法机关通过的法案，后者较为常见。国家元首批准法案的情形包括实质意义上的批准和形式意义上的批准，美国、法国、巴西、印度尼西亚则是实质批准的代表，而英国、澳大利亚则属于形式批准的代表。就美国而言，参议院和众议院通过的法案必须经总统签署批准才能生效，不签署便是对该法案的否决。总统否决退回的法案，由提出法案的议院进行复议，该议院2/3议员同意通过的，再交由另一议院复议，也获2/3议员同意通过的，则该法案生效。在印度尼西亚，情形与美国有所不同，一旦总统否决法案，议会无权复议，该法案将不再可能成为正式的法律。就英国而言，君主对法案的批准则是形式意义上的程序，现已不存在因君主未批准而使法案未生效的情况。在我国，两类地方立法需要经过批准才能生效：民族自治地方的自治条例和单行条例；设区的市的地方性法规。

（一）自治条例和单行条例的批准

依据我国《宪法》《民族区域自治法》《立法法》的规定，民族自治地方的人民代表大会拥有制定自治条例和单行条例的权力。早在1954年宪法[①]中便规定全部的自治条例和单行条例应当交由全国人大常委会批准，而在1982年宪法[②]中则做了适当改动，即自治区的自治条例和单行条例由全国人大常委会批准，自治州、自治县的自治条例和单行条例则由省、自治区人大常委会批准，上述规定在《立法法》中得到了贯彻。

依据《立法法》第75条的规定，自治区人民代表大会制定的自治条例[③]和单行条例应当报全国人大常委会批准，而自治州、自治县人民代表大会制定的自治条例和单行条例应当报省、自治区、直辖市人大常委会批准。举例而言，云南省怒江傈僳族自治州人民代表大会制定的《云南省怒江傈僳族自治州水资源保护与开发条例》于2012年3月31日获得云南省第十一届人民代表大会常务委员第三十次会议批准通过。

为何民族自治立法需要经过批准程序才能生效呢？原因有二，首先，宪法以及宪法性法律授予民族自治地方较大的立法权限，民族自治地方的人民代表大会有权依照当地民族的特点对法律和行政法规的规定作出变通规定。我国普通的县级立法机关不具有立法权限，只有民族自治县才拥有立法权。在较大权限范围内进行自治立法，若无恰当的限制和约束，可能破坏法制统一。其次，我国是一个多民族国家，进行国家建设和社会治理既要充分发挥民族自治地方的积极性和自

---

① 1954年《宪法》第70条第4款规定："自治区、自治州、自治县的自治机关可以依照当地民族的政治、经济和文化的特点，制定自治条例和单行条例，报请全国人民代表大会常务委员会批准。"

② 1982年《宪法》第116条规定："民族自治地方的人民代表大会有权依照当地民族的政治、经济和文化的特点，制定自治条例和单行条例。自治区的自治条例和单行条例，报全国人民代表大会常务委员会批准后生效。自治州、自治县的自治条例和单行条例，报省或者自治区的人民代表大会常务委员会批准后生效，并报全国人民代表大会常务委员会备案。"

③ 我国尚无自治区层面的自治条例。

主性，也要保证中央权威和国家统一，避免出现破坏民族团结的状况。从程序上控制民族自治地方自治立法的质量，进行审查批准非常必要。

现行立法并未对自治条例和单行条例批准权的行使程序及期限作出明确规定。现行《立法法》第75条规定民族自治地方有权制定"变通和补充规定"，但须符合以下必要条件：（1）不得违背法律或者行政法规的基本原则；（2）不得违背宪法和民族区域自治法的规定；（3）不得违背其他法律、行政法规专门就民族自治地方所作的规定。上述条件可被视为批准"变通和补充规定"的审查标准，但对于"变通和补充规定"之外的其他自治条例和单行条例，现行法律并未明确规定审查标准。上述问题有望在未来完善自治条例和单行条例的批准制度时得到解决。

（二）地方性法规的批准

在我国，市级立法主体[①]制定的地方性法规需要交由省级人大常委会审查批准，最终才能生效实施。在2015年前，该类立法主体被称为"较大的市"，而新《立法法》出台后，则统称为"设区的市"。较大的市并非一开始便拥有制定地方性法规的权限，对较大的市的立法监督从发端至完善经过了较长历程。

最早在1982年《地方组织法》[②]授权省会市和较大的市"拟订本市需要的地方性法规草案"，但该权力十分有限，而且立法主体只有人大常委会。1986年修改后的《地方组织法》第7条[③]则授权几类市级立法主体制定地方性法规，但

① 地方性法规的制定主体既包括省级人大及其常委会，又包括市级人大及其常委会，市级立法主体包括设区的市、4个不设区的市、自治州的人大及其常委会。2015年《立法法》第72条规定自治州的人大及其常委会有权制定地方性法规，简言之，在制定地方性法规的权限范围上自治州等同于设区的市。

② 1982年《地方组织法》第27条第2款规定："省、自治区的人民政府所在地的市和经国务院批准的较大的市的人民代表大会常务委员会，可以拟订本市需要的地方性法规草案，提请省、自治区的人民代表大会常务委员会审议制定，并报全国人民代表大会常务委员会和国务院备案。"

③ 1986年《地方组织法》第7条第2款规定："省、自治区的人民政府所在地的市和经国务院批准的较大的市的人民代表大会根据本市的具体情况和实际需要，在不同宪法、法律、行政法规和本省、自治区的地方性法规相抵触的前提下，可以制定地方性法规，报省、自治区的人民代表大会常务委员会批准后施行，并由省、自治区的人民代表大会常务委员会报全国人民代表大会常务委员会和国务院备案。"

需省、自治区人大常委会批准后生效。2000年《立法法》则将省、自治区的人民政府所在地的市、经济特区所在地的市和经国务院批准的较大的市统称为“较大的市”，授权较大的市制定地方性法规，但需省、自治区人大常委会批准，同时对审查的标准作出规定，符合批准条件的应当在四个月内批准。①2015年修改后的《立法法》则将所有的市称为“设区的市”②，在“城乡建设与管理”“环境保护”“历史文化保护”等领域有权制定地方性法规，经省、自治区人大常委会批准后生效实施，并对审查标准作出规定。③举例而言，2018年10月17日，广安市人民代表大会常务委员会第十五次会议通过了《广安市城乡污水处理条例》，由四川省人民代表大会常务委员会第八次会议于2018年12月7日批准。

对设区的市的地方性法规进行立法监督有其现实依据：其一，在2015年全面授予设区的市地方立法权之前，我国的“地级市”只有49个拥有地方立法实践经验，其他的“地级市”不论是立法人才储备还是立法资源供给都不充分，有必要对设区的市开展地方立法采取谨慎态度。其二，我国各个地方的实际情况差异较大、发展水平不均衡、亟待解决的问题各异，地方立法应当在维护法制统一原则的前提下充分发挥地方活力，地方立法应当有其地方特色和创新之处，又要避免地方立法权滥用导致的负面后果，批准制度能够在一定程度上保持各个地方

---

① 2000年《立法法》第63条第2款规定：“较大的市的人民代表大会及其常务委员会根据本市的具体情况和实际需要，在不同宪法、法律、行政法规和本省、自治区的地方性法规相抵触的前提下，可以制定地方性法规，报省、自治区的人民代表大会常务委员会批准后施行。省、自治区的人民代表大会常务委员会对报请批准的地方性法规，应当对其合法性进行审查，同宪法、法律、行政法规和本省、自治区的地方性法规不抵触的，应当在四个月内予以批准。”

② 一些特殊的不设区的市也被授予立法权，俗称为“直筒子市”，例如嘉峪关、东莞、中山、三沙，其立法事项范围等同于设区的市。

③ 2015年《立法法》第72条第2款规定：“设区的市的人民代表大会及其常务委员会根据本市的具体情况和实际需要，在不同宪法、法律、行政法规和本省、自治区的地方性法规相抵触的前提下，可以对城乡建设与管理、环境保护、历史文化保护等方面的事项制定地方性法规，法律对设区的市制定地方性法规的事项另有规定的，从其规定。设区的市的地方性法规须报省、自治区的人民代表大会常务委员会批准后施行。省、自治区的人民代表大会常务委员会对报请批准的地方性法规，应当对其合法性进行审查，同宪法、法律、行政法规和本省、自治区的地方性法规不抵触的，应当在四个月内予以批准。”

之间的适当平衡。

现行《立法法》第72条第2款要求省级人大常委会对市级人民代表大会及其常务委员会制定的地方性法规进行合法性审查，具体而言，设区的市的地方性法规不得与宪法、法律、行政法规以及本省、自治区的地方性法规相抵触。上述规定并未明确省级人民代表大会常务委员会是否需要进行合理性审查和立法技术审查，即审查“市级”地方性法规是否立足本市实际、能否满足本市需求、是否具备可操作性、是否满足经济原则；是否照搬上位法、是否逻辑自恰、是否用词准确等。

二、立法备案

立法备案即在立法文本公布后的一定期间内，由制定机关或者批准机关报送有权机关存档以备审查。相较于其他的立法监督制度，我国的立法备案制度较为完整规范，我国《宪法》、《立法法》以及国务院的《法规规章备案条例》中都有系统规定。在我国，备案不仅是事后报备，更是实质审查。

我国的立法备案制度始于1979年，最早的备案对象不包括中央立法。全国人大常委会有权接受地方性法规、自治条例和单行条例的备案，由全国人大常委会办公厅政法室具体负责。1987年，全国人大常委会办公厅和国务院办公厅联合发布《关于地方性法规备案工作的通知》，以规范性文件的形式从程序层面明确了地方性法规、自治条例和单行条例的备案工作。2000年《立法法》通过后，全国人大常委会委员长会议通过了《行政法规、地方性法规、自治条例和单行条例、经济特区法规备案审查工作程序》，将行政法规和经济特区法规纳入全国人大常委会的备案对象。2001年国务院通过了《法规规章备案条例》，代替了1990年的《法规规章备案规定》，进一步完善了应当接受国务院备案的法规和规章的备案程序。现在，全国人大常委会法工委成立的法规备案审查室具体负责全国人大常委会的备案工作，司法部具体负责国务院的备案工作。

在我国，全国人大常委会、国务院、省、自治区、直辖市的人大常委会有权接受立法备案，除宪法、法律之外，行政法规、地方性法规、自治条例和单行条例、部门规章、政府规章、经济特区法规都需要接受相应机关的备案监督。根据《立法法》第98条的规定，行政法规报全国人大常委会备案；省、自治区、直辖市人大及其常委会制定的地方性法规报全国人大常委会和国务院备案；设区的市（以及自治州）的人大及其常委会制定的地方性法规应当由批准机关（省、自治区人大常委会）报全国人大常委会和国务院备案；自治州、自治县人大制定的自治条例和单行条例[①]需要由批准机关（省、自治区、直辖市人大常委会）报全国人大常委会和国务院备案；部门规章、地方政府规章报国务院备案，地方政府规章还应报本级人大常委会备案，设区的市（以及自治州）的政府规章还应报省、自治区人大常委会和政府备案；依授权制定的法规应报授权决定规定的机关备案。[②]此外，拥有立法变通权的法规（自治条例和单行条例、经济特区法规）在报送备案时须说明变通的情况。

在我国，不仅部门规章、政府规章，所有的地方性法规、自治州、自治县的自治条例和单行条例都要接受国务院的备案监督。但国务院本身并非我国权力机关，与地方立法机关（人大及其常委会）之间的权力关系也非“监督”或者“领导”关系，其作为备案主体的依据在于：我国属于单一制国家，需要遵循法制统一原则，国务院制定的行政法规适用于全国范围，且行政法规是一切地方立法的上位法，除个别变通规定（自治条例和单行条例、经济特区法规）之外其他地方立法必须严格遵守行政法规的规定。因此，应当赋予国务院对地方立法进行备案监督的权力。

《立法法》《法规规章备案条例》《关于地方性法规备案工作的通知》等对备案期限及所需材料都有明确规定，地方性法规、自治条例和单行条例应于批准之日起30日内，将法规文本、说明、备案报告等材料提交全国人大常委会和国务

---

① 需要注意的是：自治区人大制定的单行条例不需要备案，因为其必须经由全国人大常委会批准才能生效，实质上批准程序便是一个立法监督程序，该程序比备案程序更为严格，故无需再次备案。

② 根据全国人大的授权规定，深圳、汕头、珠海、厦门市人大及其常委会制定的经济特区法规应当报全国人大常委会、国务院、广东省人大常委会（福建省人大常委会）备案；海南、广东、福建省人大及其常委会制定的经济特区法规应当报全国人大常委会和国务院备案。与设区的市的地方性法规不同，经济特区所在地的市制定的经济特区法规并不需要提交省人大常委会批准。

院各一式15份；规章自发布之日起30日内提交国务院备案。

三、立法审查

除了立法批准和备案程序中的主动审查外，还有一种被动审查制度，即依申请而启动的立法审查。此处着重讨论依申请而启动的被动审查，即立法程序结束之后，公民个人、社会团体、企业事业组织、国家机关针对可能不适当的立法向有权主体要求或者提议，有权主体依法进行审查并处理的立法监督制度。

根据《立法法》第99条的规定，被动审查程序的启动分为两种情况，即依要求而启动和依提议而启动，对于前者而言特定国家机关认为立法不适当（与宪法或者法律相抵触）的，可以要求全国人大常委会启动立法审查，则程序必须启动。此处的"特定国家机关"指国务院、中央军事委员会、最高人民法院、最高人民检察院和各省、自治区、直辖市的人大常委会，审查对象为行政法规、地方性法规、自治条例和单行条例。对于后者而言，上述特定国家机关之外的所有主体都有权提出立法审查的建议，经全国人大常委会工作机构研究之后，认为有必要启动的才会启动。

现行《立法法》第100条规定了立法审查程序，主要有两种情形：提出审查、研究意见，建议修改，制定机关修改；制定机关不予修改，则提出予以撤销的议案。具体流程如下：在对行政法规、地方性法规、自治条例和单行条例实施审查时，一旦发现其与上位法相抵触，全国人大专门委员会或者全国人大常委会工作机构可以向制定机关提出书面审查意见、研究意见，也可以由法律委员会与有关的专门委员会、常委会工作机构召开联合会议，为了全面准确把握被审查法律法规的情况可以要求制定机关到会说明情况，再向制定机关提出书面审查意见。制定机关须在两个月内提出是否修改的意见，并向上述联合审查主体反馈。若制定机关按照所提意见作出修改、废止，则审查终止；若制定机关不予修改，上述联合审查主体应当向委员长会议提出予以撤销的议案或者建议，由委员长会议决定提请常委会会议审议。

"特定机关"之外的主体对立法的监督应当成为立法监督的常态，值得重视。2015年《立法法》第101条规定全国人大有关的专门委员会和常委会工作机构还需向提议主体反馈审查意见，并向社会公开。反馈机制可以避免审查建议“石沉大海”，有利于落实立法监督工作，及时纠正不适当的立法行为，增加公民参与政治活动的积极性，培养公民参加政治活动的能力。

第三节　立法监督的处理方式

在立法监督过程中，审查结束后有权机关有权根据情况分别作出处理。《立法法》第97条对立法监督之后的处理权限作出规定，监督主体对被审查的立法进行处理的情形则在《立法法》第96条中作了规定。法律、行政法规、地方性法规、自治条例和单行条例、规章出现下列情形的，有权主体应当作出处理：超越权限立法；违反上位法立法；规章之间不一致，应被处理的一方；规章违背合理性；违背程序立法。对不适当的立法往往采取两种方式处理：“撤销”“改变或者撤销”，两种处理方式的根源在于立法监督机关和被监督机关之间的权力关系不同。另外，实践中有权主体还会通过裁决制度解决立法之间的矛盾冲突，最终实现立法监督目标。

一、撤销

撤销是指废止整个立法文本使其归于无效。经该方式处理后的立法文本则自始无效，不得实施，且无法通过一定手段补正其效力。能够对被审查的立法进行“撤销”处理的情形，往往监督机关与被监督机关之间存在权力上的监督关系而非领导关系。具体如下表所示：

表一　全国人民代表大会常务委员会监督地方各级人民代表大会及其常务委员会

监督机关	方式	监督对象
全国人大常委会	撤销	省、自治区、直辖市人大及其常委会制定的地方性法规
		设区的市、自治州人大及其常委会制定的地方性法规
		省、自治区、直辖市人大常委会批准的自治条例、单行条例

全国人民代表大会常务委员会属于我国的法律监督机关，其有权对全部立法行为及其结果展开审查监督，与其他立法主体之间的权力关系为监督关系，故其不得直接改变其他立法主体的立法文本，只能采取全有全无的方式，要么全部肯定要么全部否定。

表二　各级人民代表大会常务委员会监督同级人民政府

监督机关	方式	监督对象
全国人大常委会	撤销	国务院制定的行政法规
省、自治区、直辖市人大常委会		省、自治区、直辖市政府制定的政府规章
设区的市、自治州人大常委会		设区的市、自治州政府制定的政府规章

各级（市级以上）人民代表大会常务委员会代表本级人民代表大会对同级人民政府的立法活动和结果实施监督，但由于此处的监督主体与被监督主体之间并不存在领导关系，二者之间存在明确的权力界限，因此，监督主体不得直接改变相关立法的内容，否则涉嫌越权0。

二、改变或者撤销

改变是指部分改动立法文本，具体方式包括立法监督主体直接修改、补充、删除相关条款或者改变文本结构。改变后的文本可以继续施行。能够对被审查的立法进行“改变或者撤销”处理的情形，往往监督机关与被监督机关之间存在权力上的领导关系。具体如表三所示：

表三　各级人民代表大会领导其常务委员会

监督机关	方式	监督对象
全国人大	改变或者撤销	全国人大常委会制定的法律
省、自治区、直辖市人大		省、自治区、直辖市人大常委会制定和批准的地方性法规
全国人大	撤销	全国人大常委会批准的自治条例和单行条例

需要注意的是，全国人民代表大会不能直接改变其常务委员会批准的自治条例和单行条例，原因在于自治条例和单行条例有其民族属性和地方自治含义，应当将实质上的立法权限交给民族自治地方，而不是立法审查主体。若全国人民代表大会直接改变自治条例和单行条例的立法文本，便存在侵犯民族自治地方自治立法权之嫌。

表四　上级人民政府领导下级人民政府

<table>
<tr><th>监督机关</th><th>方式</th><th>监督对象</th></tr>
<tr><td>国务院</td><td rowspan="2">改变或者撤销</td><td>国务院部、委、直属机构制定的部门规章
省、自治区、直辖市政府制定的政府规章
设区的市、自治州政府制定的政府规章</td></tr>
<tr><td>省、自治区、直辖市人民政府</td><td>设区的市、自治州政府制定的政府规章</td></tr>
</table>

此外，由于经济特区法规并不属于地方性法规，《立法法》第97条未对不适当的经济特区法规规定明确的处理方式，而《立法法》第98条则以立法备案的方式对经济特区法规实施立法监督。

值得一提的是，《立法法》第97条对法律、行政法规、地方性法规、自治条例和单行条例、规章设置了相应的改变或者撤销制度，但该条中的“法律”仅指“全国人大常委会制定的法律”并不包括“全国人民代表大会制定的基本法律”。那么，是否有必要对全国人大制定的不适当的法律进行相应处理？基本法律在我国法律体系中处于极其重要的位置，应当对其进行立法监督并建立完备的监督制度。对基本法律实施立法监督的首要指标便是审查其是否违背宪法，这既是对基本法律的立法监督，也是对宪法实施的监督。2018年第十三届全国人民代表大会第一次会议决定设立“宪法和法律委员会”，该决定体现在2018年《宪法》第70条。党的十九大提出“加强宪法实施和监督，推进合宪性审查工作，维护宪法权威”，上述精神为监督“基本法律”提供了宏观指引，而具体制度的构建尚待推进。

三、立法冲突及其裁决

立法冲突指不同立法之间针对同一事项的规定不相一致的状况。在我国“一元两级多层次”的立法体制之下，立法主体数量较多、层次不同，立法的种类和形式众多，不同立法之间存在冲突在所难免。不同立法主体在不同情境之下从事立法活动，其立法动机、目的、理念和价值倾向各不相同，再加上不同立法主体的工作人员其能力和专业素养亦有所区别，作为立法活动结果的立法文本之间可能存在不一致。另外，制定时间、条件、历史背景也会影响立法本身，可能会进一步加剧立法冲突的程度。当下我国处在一个大变革的时代，社会转型和体制改革必定会对法律供给提出更高要求，倘若上位法不能适时修改，下位法与其冲突的可能性也会更大。

虽然根除立法冲突不可能，但在一定程度上限制和解决冲突则是可能且必要的。如果放任立法冲突的存在，很有可能损害法律的权威，也为执法、司法和守法带来困难，法律的信仰更将无从形成。

立法裁决制度便是为解决立法冲突而创设。一旦发生法律冲突，不知如何适用时，经申请有权主体裁决适用何者。立法冲突及其裁决制度的基础便是法律效力等级制度，并非一有法律冲突即需要特定主体立即裁决，只有法律效力等级制度无法直接解决冲突时才需裁决。现行《立法法》第87条、第88条、第89条对此已有框架性的规定：宪法具有最高的法律效力；法律的效力高于行政法规、地方性法规、规章（包括部门规章和政府规章）；行政法规的效力高于地方性法规、规章（包括部门规章和政府规章）；地方性法规的效力高于本级和下级政府规章；省级政府规章的效力高于市级政府规章。

此外，还需要遵循两条规则：同一机关制定的新法优先于旧法；同一机关制定的特别法优先于一般法。就前者而言，例如，2019年6月29日第十三届全国人民代表大会常务委员会第十一次会议通过的《疫苗管理法》优先于2013年6月29日第十二届全国人民代表大会常务委员会第三次会议修正的《传染病防治法》（1989年制定）；就后者而言，例如，特别法《商标法》优先于一般法《民法典》。当然，一般与特别是一种相对关系，同一部法律参照此法律是特别法，参照彼法律可能就是一般法。

通过法律效力等级制度无法直接处理的法律冲突便需要特定主体的裁决，对此《立法法》第94条、第95条有所规定。针对同一事项新的一般规定与旧的特别规定不一致，不能确定如何适用时，裁决权限如下：全国人大常委会裁决法律间的冲突；国务院裁决行政法规间的冲突；国务院部、委、直属机构分别裁决其各自制定的部门规章间的冲突；地方人大及其常委会分别裁决其各自制定的地方性法规间的冲突；地方政府裁决其制定的政府规章间的冲突。此外，部门规章之间、部门规章与地方政府规章之间就同一事项的规定不一致时，由国务院裁决。另外，地方性法规与部门规章之间发生冲突，不能确定如何适用时，由国务院提出处理意见，国务院认为应当适用地方性法规的，应当决定在该地方适用地方性法规；认为应当适用部门规章的，应当提请全国人大常委会裁决。①最后，根据授权制定的行政法规、经济特区法规与法律的规定不一致，不能确定如何适用时，由全国人大常委会裁决。

但是，仍有不少问题悬而未决。举例而言，虽然《立法法》第90条规定民族自治地方的变通和补充规定在该自治地方优先适用，但依然无法清楚地判断自治条例和单行条例在我国法律体系中的位置。同理，经济特区法规的效力位阶也不明确。此外，省级人大及其常委会制定的地方性法规与市级人大及其常委会制定的地方性法规之间的位阶关系仍不明确，产生的影响如下：市级人大及其常委会在立法过程中是否应当将省级人大及其常委会的立法视为上位法？②另外，全国人大与全国人大常委会都可制定法律，二者之间有无效力级别之差？

拓展阅读

张根大：《法律效力论》，法律出版社1999年版，第95—100页。

杨登峰：《法律冲突与适用规则》，法律出版社2017年版，第210—230页。

---

① 应当对此作出如下理解：地方性法规和部门规章的立法主体并不属于同一性质，前者是立法机关，后者是行政机关。国务院属于部、委、直属机构的直属上级，并不是地方人大及其常委会的直属上级，虽然国务院有权对部门规章进行直接判断，却不能直接审查地方性法规。若认为部门规章存在合法性或合理性问题，便有权直接决定适用地方性法规；若认为地方性法规存在问题，则应当提请全国人大常委会裁决。

② 按照2015年《立法法》第72条第2款的规定，设区的市的地方性法规不得与省、自治区的地方性法规相抵触，那么后者便是前者的上位法。也有观点认为省级人大常委会批准类似于省级人大及其常委会制定，二者在效力级别上并无区别，故设区的市（以及自治州）人大及其常委会制定的地方性法规和省级人大及其常委会制定的地方性法规效力相同。从《立法法》的文本上来看，涉及法律效力等级时，并未将二者作出区分，只是笼统地称为“地方性法规”。

［美］汉密尔顿等：《联邦党人文集》，程逢如等译，商务印书馆1980年版，第252—256页。

陈延庆：《论我国立法监督的权限和程序》，载《中国法学》1995年第3期，第29—34页。

徐志群：《论完善地方性法规、规章的立法监督机制》，载《中国法学》1999年第3期，第90—97页。

苗连营：《立法法重心的位移：从权限划分到立法监督》，载《学术交流》2015年第4期，第77—82页。

第九章　立法解释

第一节　立法解释概述

一、立法解释的概念和功能

（一）立法解释的概念

立法解释是法律解释的一种具体形式。所谓法律解释，是指有关主体根据立法原意、法律意识和有关需要对法的内容、含义和有关术语所作的说明、解答或阐述。[①]法律解释以解释主体和法律效力为区分标准，可分为法定解释和非法定解释。前者又称正式解释、有（效）权解释，指享有法定权限的国家机关及其工作人员依法对法律文本所作的有普遍效力的解释；后者亦称民间解释、无（效）权解释，指不享有法定解释权的个人或组织对法律进行的不具有法律效力的说明和诠释。立法学的研究对象则主要是法定解释。根据主体的不同，法定解释又分为立法解释、行政解释和司法解释。行政解释指国家行政机关在执行法律的过程中就如何具体应用法律、法规的问题所进行的解释。司法解释则指国家最高司法机关在适用法律过程中对具体应用法律问题所作的解释。

立法解释，顾名思义为立法机关对规范性法律文件条文的内涵所作的正式说明。由于实践中人们对“立法机关”和“规范性法律文件”概念认识不同，立法解释因此也存在多种含义。第一，如果将立法机关限定为国家最高权力机关及其常设机关，规范性法律文件仅指不包括宪法在内的狭义上的法律，立法解释则指全国人大及其常委会对基本法律和非基本法律进行的解释说明，这是最严格的立

① 周旺生:《立法学》，法律出版社 2009 年版，第 357 页。

法解释。第二，如果将宪法增加至规范性法律文件的范围，那么立法解释则是指全国人大及其常委会对包括宪法在内的所有法律进行的解释说明，这是狭义的立法解释。第三，如果将立法机关的含义扩大到所有权力机关及其常设机关，规范性法律文件的范围包括法律和地方性法规，那么立法解释的内涵则需要增加有地方立法权的地方人大及其常委会对其制定的地方性法规的解释说明，这是中义的立法解释。第四，如果将立法机关作广义理解，规范性法律文件将包括行政机关制定的行政法规和行政规章，那么立法解释也包括有权行政机关对行政法规和行政规章所作的解释说明，这是最广义的立法解释。①

本章所指的立法解释选最广义上的概念，包括全国人大及其常务委员会对宪法、法律的说明，享有地方立法权的地方人大及其常委会对其制定的地方性法规的说明以及有权行政机关对行政法规和行政规章的说明。

（二）立法解释的功能

立法解释在法律制定和实施过程中发挥着极为重要的功能：

第一，促进法律的有效实施。法律规范具有普遍的适用效力，其在制定之初就要求能够反复适用于同类社会关系，所以只能抽象出一般的适用条件、行为模式和法律后果，而无法事无巨细地安排某一问题的所有事项。然而在法律的具体实施过程中要面对的却是复杂的社会环境，法律要对各种具体的、千差万别的行为、事件、社会关系作出处理决定。因此要把一般的法律规定适用于具体的法律事实，往往需要对法律规范作出必要的演绎性解释。正是法律解释在法的创制与法的实施之间架起了一座沟通的桥梁，使法律规范能够被准确应用于生活中的各种事件。另外，由于法律规范是用专业的法律语言加以表达，而这些概念、用语可能与日常表达不完全一致，并且适用法律主体由于受教育程度、文化水平的差异，也会对法律条文的同一内容产生不同认识，这时就需要有权机关对争议条款作出解释，从而达成法的有效实施。

第二，维护国家法制统一。一国的法律体系是由不同级别国家机关制定的规

① 参见黎枫:《论立法解释制度——兼评〈立法法〉对法律解释制度的规定》，载《政治与法律》2000 年第 6 期。

范性法文件组成，在理论上各个效力层级的规范应当是完整统一、协调一致、相互联系的，但在实践中由于立法语言的模糊性或者法律制度空白，可能发生各种抵触和冲突的情形，这时就需要有权机关对法律法规条文的含义作出进一步明确或者对新情形下如何适用法律作出解释。在立法解释机关释法后，不符合立法原意的下位法规定应当及时被修改或者废除，以消除立法体系中的冲突。我国是单一制国家，《宪法》第5条确立了国家维护社会主义法制统一和尊严的基本原则。在立法上，法制统一包括三项要求：一是一切法的形式，都不能与宪法相抵触；二是下位阶的法不能与上位阶的法相抵触；三是同位阶的法相互之间不能抵触。[①]立法解释通过释明和补充法律条文的内容，在实现法律体系的统一性、体系性和协调性方面发挥着极为重要的作用。

第三，完善和发展立法。在社会发展的任何阶段，由于人类自身认识能力的局限性，立法者无法预料到将来可能发生的所有事情并作出相应制度安排。当今社会发展迅速，不同群体之间的利益冲突也愈加剧烈，而立法者不可能对所有的具体法律关系提供一一对应的调整规范。[②]事实上，通过法律解释可以应对大量新问题，同时也能完善和发展立法体系。首先，立法解释能克服成文法的滞后性。一般情况下，成文法要保持一定的稳定性，不能被频繁修改，由此可能会因无法适应社会变化而滞后，立法解释则可在探求立法者原意的基础上，考虑国家、社会在不同时期的发展需要，赋予法律条文新的内涵。其次，立法解释能细化成文法的规则。成文法具有抽象性、一般性的特征，立法解释能对模糊的法律概念、术语作出进一步明晰，既减小了法律规范的适用难度，也丰富了立法体系的内容。

第四，增强法律规范的权威性。法律权威是指法律规范在社会规范体系中居于核心地位，并在国家和社会生活中得到普遍的认同、信任与服从。[③]法律的权威性是通过人们对立法、判例的尊重而逐步确立的。良好的法律应当内容明确、清晰，能够为解决社会问题提供准确的适用依据。尽管立法的模糊性无法完全消

① 乔晓阳：《完善我国立法体制维护国家法制统一》，载中国人大网1998年10月20日，http://www.npc.gov.cn/npc/c541/199810/29485d1628df47c0a78bd6a4c691dbc9.shtml。

② 参见王利明：《论法律解释之必要性》，载《中国法律评论》2014年第2期。

③ 参见李龙、孙来清：《论法律权威的生成机制及其维护》，载《湖北社会科学》2015年第7期，第133—139页。

除，但并不意味着不能追求立法的准确性。立法解释的最终目的在于更加精确地理解和适用法律，通过对法律规范的具体条文含义以及相关概念、术语、定义等作出说明，在一定程度上能统一人们对法律的认识和理解，减少法律适用的分歧，促进法律的公正实施，同时良法的公正实施也能反向增强立法的权威性，获得人们的普遍遵守和服从。

二、立法解释的基本原则

（一）法治原则

法治原则是我国宪法确立的一项基本原则，任何公权力机构都应当以宪法和法律作为其行为的根据与界限，有权机关作出立法解释时应当遵循法治原则。具体来说，包括三项要求：第一，立法解释只能由有权机关在法定权限范围内作出。立法解释是一项严肃的公权力行为，在某种意义上属于“立法”活动，因此必须由宪法、法律规定的主体进行，同时这些机关只能在其权限范围内解释法律规范，不能越权释法，也不能滥用解释权。第二，立法解释不得抵触上位法。一方面，立法解释应当符合被解释法律的基本精神、基本原则，另一方面，低位阶立法解释不能与高位阶法律冲突，所有立法解释均不能违反宪法的规则、原则、精神。[①]第三，立法解释应当依照法定程序进行。《立法法》《行政法规制定程序条例》《规章制定程序条例》等法律法规对立法解释的具体程序作出明确规定，有权机关在解释法律规范时，应当严格按照法定的方式、步骤进行。

（二）合理性原则

法律的适用对象是社会大众，以理服人才能被普遍地服从和尊重，缺乏合理性的立法解释将会与大众的认知脱节，显得空洞、生硬，不符合社会发展的要求。合理性要求立法解释应当符合社会公理、公序良俗和客观规律。首先，立法解释应当符合大多数人的常理判断，即社会公理。立法解释的目的在于明确法律

---

① 参见张文显主编:《法理学》，高等教育出版社2007年版，第238—239页。

条文内涵，解决现实问题，因而需要以满足人民群众的需求为导向。只有符合广大群众的常识和常理判断，才能为社会所接受，而不至于违背公平、正义等价值理念。其次，立法解释应当符合公共秩序和善良风俗。公序良俗是在社会发展过程中所形成的为人们所认同和遵守的风俗习惯，有的还具有深厚的历史背景，这些风俗习惯构成民间秩序的基础。立法解释不能与公序良俗冲突，否则会损害法的权威性，严重影响实施效果。最后，立法解释要遵循社会发展的客观规律。一方面，立法解释机关在释明法律条文时，应当在不违背法律基本精神的前提下，赋予法条时代内涵，实现法律和社会现实的良性互动。另一方面，要认识到现实社会发展性和法律规范滞后性的矛盾，因此，立法解释者需要具备一定的超前眼光，能够针对社会发展方向为法律提前作出部署，保证法律持久的生命力。

（三）稳定性与适应性原则

法的稳定性是对法律规范的内在要求，指法律的内容在一定时期内保持有效性和不变性。[①]如果法律朝令夕改，那么人们将无所适从，法律权威会受到严重冲击。正如美国法学家博登海默所说："法律是一种不可以朝令夕改的规则体系。一旦法律制度设定了一种权利义务方案，那么为了自由、安全和预见性，就应当尽可能地避免对该制度进行不断地修改和破坏。"[②]但稳定性并不意味着法律是一成不变的，法律也要随着社会的发展变化而作出改变，以满足新形势的需要。因此，法律规范也需要具备一定适应性。立法解释作为广义的立法活动，也需要遵循稳定性和适应性原则，在二者之间建立平衡，更好地发挥调整社会关系的功能。首先，立法解释要保持稳定性，严格按照被解释法律条文的立法宗旨和立法精神进行，同时只有法律条文在现实中界限难以区分，或出现新的适用情形时，才能依法作出解释说明。其次，立法解释要体现适应性。法律的适应性原则要求法律内容应当与社会发展状况相匹配，能够解决生活中的新问题、新争议、新矛盾。在法律不适宜修改的情形下，通过立法解释明晰法律条文的内涵以适应社会

---

① 参见孙国华主编:《中华法学大辞典·法理学卷》，中国检察出版社 1997 年版，第 74 页。

② ［美］E. 博登海默:《法理学：法律哲学与法律方法》，邓正来译，中国政法大学出版社 2004 年版，第 419 页。

需求不失为一条捷径。立法解释能够以较低成本赋予法律规范新的价值，促进法律体系不断自我更新，顺应社会关系的发展变化。

三、立法解释的分类

依照不同的区分标准，立法解释可作如下分类：

（一）按照解释主体分类

根据解释主体的不同，立法解释可分为国家最高立法机关（及其常设机关）的立法解释、地方立法机关的立法解释、有立法权的行政机关的立法解释等。国家最高立法机关的立法解释指全国人大及其常委会对其制定的规范性法律文件所作的解释说明。地方立法机关的立法解释指享有立法权的地方代议机关及其常设机关就其创制的规范性法律文件进行的解释说明。有立法权的行政机关的立法解释指依法被赋予立法权的行政机关对其制定的规范性法文件所作的解释说明。

（二）按照解释对象分类

因为各国的立法制度不同，因而立法解释的对象有所差异。在我国，根据解释对象的不同，立法解释可分为对法律的立法解释、对行政法规的立法解释、对地方性法规的立法解释、对自治条例和单行条例的立法解释和对规章的立法解释等。

（三）按照解释时间分类

根据解释时间的不同，立法解释可划分为事前解释和事后解释。[①]事前解释指为更准确地理解和适用成文法，立法主体在制定规范性法律文件时对法律条文中的概念、术语等所作的解释说明。事前解释又分为两种情形：一种为规范性法律文件中的解释性内容（如《传染病防治法》第78条对“传染病病人”等

① 朱力宇、叶传星主编：《立法学》，中国人民大学出版社2015年版，第189页。

一系列用语的说明），其严格来说是规范性法律文件的定义性条款，属于法的创制范畴，而非立法解释；另一种则是立法机关在审议通过规范性法律文件草案时所作说明报告中的解释，这种解释的性质在学界存在争议，有学者认为其不是经过法定专门解释程序而作出的，因此并不属于严格意义上的法律解释，[①]也有学者认为上述法律草案说明属于立法解释的特殊形式。[②]事后解释则是指享有立法解释权的主体以特定形式对已经生效的规范性法律文件进行补充或者进一步说明。在我国最为典型的即为全国人大常委会发布的各种诠释法律条文的含义、界定其适用范围的解释性文件，通常以"决定""规定"和"补充规定"等形式发布。

四、立法解释的历史发展

立法解释是成文法国家阐明法律文本含义，准确理解和适用法律规范的有效工具。由于成文法生来具有模糊性和滞后性，因而自其诞生以来就伴随着法律解释活动，无论是西方国家还是我国，均有着久远的法律解释历史，但又有着各自的发展特点。

（一）西方国家立法解释的历史发展

西方国家的法律解释活动与立法的发展有着紧密的联系。在罗马社会早期，法的主要形式是习惯法，法律解释权掌握在僧侣团体手中。随着罗马法律制度的发展，法学家这一群体逐渐产生，他们对法律展开了声势浩大的解释活动。公元1世纪到公元3世纪，罗马法发展达到鼎盛时期，一些有名望的法学家对法律的解释被君主批准具有法律效力，成为国家法律体系的组成部分，这种法律解释被称为"经君主批准的解答权"[③]。查士丁尼皇帝在位时期（527—565年），对后世影响深远的《国法大全》诞生，其组成部分《学说汇纂》囊括了罗马法最发达时期著名法学家的学术著作和法律解释，共计50卷。公元11世纪，罗马法在沉寂数百年后再次复兴，

① 徐向华主编:《立法学教程》，上海交通大学出版社2011年版，第223页。
② 杨亚非:《立法解释形式辨析》，载《当代法学》1992年第1期，第20页。
③ 参见沈宗灵主编:《法理学》，北京大学出版社2014年版，第359页。

注释法学派也随之诞生，这一学派主要对罗马法典籍的法律名词、具体条文、法律原则等进行解释，他们的活动不但促进了罗马法在欧洲的传播，而且形成了丰富的法律解释方法和解释技术。[①]17—18世纪，欧洲各国展开了大规模的法典编纂活动，法律解释进入新的发展时期，在理性主义、分权学说等新思想的影响下，国家开始强调只有立法机关所作的法律解释才具有权威性。[②]而进入19世纪以来，诸多法学流派对法律解释技术进行了发展和完善，推动了法律解释学的发展。

（二）我国立法解释的历史发展

我国的立法解释活动历史悠久，湖北云梦出土的《睡虎地秦墓竹简·法律问答》显示，秦代就已经设置了专门的官吏对秦律的条文、术语及律文的意图进行解释，这种官方解释具有法律效力。自汉代以来，法律解释活动随“律学”的兴起更加频繁。至唐宋时期，以《唐律疏议》为代表，法律解释技术发展到一定水平，该法典集律条和注释于一体。此后，元代和明代在法律解释上也取得一定进步。而到清朝，出现私家注释律令方式，这一时期法律解释在吸取前人经验的基础上，解释方法、技巧等发展到我国古代的最成熟期。

新中国成立后，早期由中央人民政府委员会制定国家法律并监督执行，同时负责解释法律，“五四宪法”则以根本法的形式确认了全国人大常委会解释法律的职权。1981年，第五届全国人大常委会公布《关于加强法律解释工作的决议》，明确全国人大常委会可在法律、法令条文本身需要进一步明确界限或作补充规定时，进行解释或用法令加以规定；最高人民法院和最高人民检察院可就审判工作和检察工作中具体应用法律、法令的问题进行解释；国务院及主管部门负责解释非审判和检察工作中的法律应用问题；省级人大常委会在地方性法规条文本身需要进一步明确界限或作补充规定时进行解释或作出规定；省级人民政府主管部门则对地方性法规的具体应用问题进行解释。我国的法律解释体制初步形成。

---

① 参见沈宗灵：《比较法研究》，北京大学出版社1998年版，第94—96页。

② 参见沈宗灵主编：《法理学》，北京大学出版社2014年版，第360页。

第二节　立法解释方法

立法解释方法是指立法解释机关为准确理解和说明规范性法律文件条文的内涵所使用的具体方法和技巧。立法解释属于法律解释的一种形式，因而法律解释方法均可应用于立法解释之中。法律解释方法在理论上存在不同的分类体系，根据国内学界比较通行的观点，可分为文义解释、论理解释和社会学解释。论理解释又分为体系解释、历史解释、目的解释、扩大解释、限缩解释、当然解释、合宪性解释、比较法解释等。

一、文义解释

文义解释又称字义解释、语义解释、文理解释等，指根据法律条文的字面意义来解释法律条文内涵的解释方法。这种解释方法以法律条文所用语词的通常含义以及语法逻辑为出发点，能帮助人们正确理解法律规范的内涵及立法者的意图。当法律条文的用词表达明确、清晰，且不与立法目的或者立法精神相冲突时，应当优先适用文义解释方法，这是国内外立法机关的通行做法。当通过文义解释可得到多种合理解释结果时，则需要以其他解释方法进行辅助，以得到法律条文的最恰当含义。

在立法解释实践中，可通过以下三种方法确定法律条文中用语的含义：第一，根据语词在日常生活中的用法确定其在条文中的意思。日常用语是人民群众思想交流的工具，立法者在制定法律规范时，一般会考虑其效力范围内民族的语言习惯和语言规则，尽可能使得法律条文的含义明确、清晰，所以应当用其最自然、最常用、最明显的用语表达法律文本。第二，根据法律语言的特定含义解释法律文本。法律语言人们在长期的法律实践中所形成的一套专业术语，有着独特的内涵和外延，一般会由立法机关进行专门界定。第三，通过语境来确定法律文本的含义。由于语言文字存在一词多义或者一义多词的现象，为更加准确理解法律条文中用语的含义，必须要结合上下文乃至整个章节来进行解释。

二、论理解释

（一）体系解释

体系解释又称系统解释、逻辑解释，指将被解释的法律条文置于所属法律乃至整个法律体系之中，根据其所处的具体位置和其他法条的逻辑关系，以阐明和理解法律条文含义的解释方法。体系解释强调法律的协调性，将法律体系视为有机系统的整体，各条文在价值取向上保持一致，内容上相互补充，所以一个条文的内容必须要联系其所在规范性法文件乃至所属体系内其他规范的法律条文，才能作出准确的解释。体系解释一方面有助于全面准确把握法律条文的含义，避免孤立、片面的理解；另一方面利于维护国家法制统一，克服法律条文之间的不协调、矛盾与冲突。但体系解释往往需要结合其他解释方法，否则可能拘泥于形式而导致解释结果与法律目的不一致。

（二）历史解释

历史解释指立法解释机关通过结合法律制定时的立法背景、历史资料以及新旧法律对比等来推知立法者的意图，从而理解法律条文含义的解释方法。运用历史解释方法的目的在于探究某一法律概念、法律条文乃至法律制度的来龙去脉，以此保证解释结果的准确性。具体可参考立法时所处的政治、经济、文化、道德状况等社会历史背景，以及与法律相关的立法机关审议情况、草案说明报告、立法说明书和法律条文变动情况等资料。由于历史解释可以从立法史的角度来认清立法意图，因而可以获得较为可靠的解释结果。另外，历史解释能将法律条文的含义限制在立法意图涵盖领域内，以此划定法律解释的活动范围。

（三）目的解释

目的解释是指立法解释机关根据某一法律规范的目的来确定法律文本含义的解释方法。这里的目的不仅指作为整体的法律的一般目的，还包括某一法律制度、某一法律条文的具体规范目的。根据目的解释方法，立法解释机关首先应当了解立法机关在制定这一法律时所欲达到的目的，进而依据立法目的解释法律规范，解释结果应当有益于法律目的的实现。如果社会关系发生了重大变革，原先立法目的已经不再适用于现实生活，那么应当根据社会需要重新确立立法目的。目的解释作为重要的法律解释方法之一，既可对法律文本中的明显错误予以修正，又可消除法律文本中出现的歧义或模糊。

（四）扩大解释

扩大解释又称扩张解释、扩充解释，是指法律条文的含义过于狭窄，不足以表达立法者的真实意图，因而扩大其含义涵盖范围，从而准确阐明法律条文意义的解释方法。例如，全国人大常委会颁布《关于〈中华人民共和国刑法〉有关信用卡规定的解释》，将《刑法》第196条信用卡诈骗罪中的“信用卡”扩大解释为“商业银行或者其他金融机构发行的具有消费支付、信用贷款、转账结算、存取现金等全部功能或者部分功能的电子支付卡”。

在制定法律规范时，由于立法者认识的局限性，可能无法将某一条文应当包含的所有事项纳入文义之中，因而会导致法律条文相较于立法原意过于狭窄，此时，即应当从立法者的本意出发，将该事项纳入法律条文的涵盖范围。扩大解释虽然对法律条文的含义进行了扩张，但并不意味着可以无限制扩大解释对象的范围，必须限定在法律条文可能的文义之中。

（五）限缩解释

限缩解释又称缩小解释，指法律条文的含义过于宽泛，不足以表达立法者的真实意图，因而缩小其含义的涵盖范围，使其局限于文义核心，从而准确阐明法律条文意义的解释方法。例如，《最高人民法院关于审理为境外窃取、刺探、收买、非法提供国家秘密、情报案件具体应用法律若干问题的解释》将《刑法》第111条为境外窃取、刺探、收买、非法提供国家秘密、情报罪中的“情报”解释为“关系国家安全和利益、尚未公开或者依照有关规定不应公开的事项”，从而限制了情报的范围，此即为限缩解释。

限缩解释和扩大解释目的相同，均将与立法者原意不符的法律条文通过减小或者扩大其含义范围使其符合法律本意，最终更加准确地理解和阐明法律。

（六）当然解释

当然解释指尽管法律没有明文规定，但从形式逻辑、规范目的及事物的当然道理来看，某事项与法律规定的事项相比，更具有适用的理由，因此直接将该事项纳入法律规定的适用范围。我国古代早有应用当然解释的实例，《唐律》曾规定："诸断罪而无正条，其应出罪者，则举重以明轻；其应入罪者，则举轻以明重。"[①]再如，《刑法》第240条规定"以出卖为目的，偷盗婴幼儿的"作为拐卖妇女、儿童罪的加重情形，那么，以出卖为目的，抢劫、抢夺婴幼儿的行为，自然属于本罪的加重处罚情形，此即为当然解释。

（七）合宪性解释

合宪性解释是指根据宪法及位阶较高的规范性法律文件解释位阶较低的规范性法律文件的一种解释方法。现代国家法律体系如金字塔般由不同效力层级的规范性法律文件组成，在单一制国家内，下位法不得与上位法的内容、立法精神相抵触，所有的法律、法规、规章都必须服从最高位阶的宪法。因此，在解释下位法时，须以上位法作为依据，立法解释的结果不得与上位法冲突，以此实现上位法的立法目的和价值取向，维护国家法律体系的统一性。合宪性解释具备两项功能，一为参与确定法律解释的内容；二为控制法律解释的结果，使其不超出宪法所宣示的基本价值判断范围之外。[②]

（八）比较法解释

比较法解释指引用外国法律制度、判例学说、法律原则、法律经验等来阐释本国规范性法律文件内容的解释方法。比较法解释方法在各国法律实践中应用广泛，英国法院在1883年引用法国民法学者波蒂埃所著《债法论》为判决资料，德国最高法院也曾引用外国法律制度作为裁判依据。此外，瑞士、美国等国家也有参考外国法得出裁判结论的历史。比较法解释既有助于理解立法原意，

---

① 《唐律疏议》，中华书局1983年版，第134页。

② 参见黄茂荣:《法学方法与现代民法》，法律出版社2007年版，第359页。

也可弥补本国法律漏洞。但在适用比较法解释方法时应当注意：第一，比较对象不局限于法律条文，应扩大至判例学说和习惯等，尽可能充分了解外国法的立法本意及现实作用。第二，不得直接援引外国法律。引用外国法律，可能会导致本国法律的限缩或者扩大解释，但不能超出法律文义的可能范围。第三，在援引外国立法例解释本国法律规定或者弥补法律漏洞时，不能违反本国法律精神和本国国情。第四，应通过法律解释途径将立法所引用的外国法律制度纳入本国立法体系。[①]

三、社会学解释

社会学解释方法指将社会学方法应用于法律解释，通过对法律制度社会效果的预测和社会利益的衡量，在法律条文可能的含义范围内阐释法律规范内容的解释方法。社会学解释最早由社会法学派引入法律解释领域，该学派认为，法律是一种社会现象，准确理解法律需要从法律和社会的实际关系中进行考察。运用社会学解释方法时，要以文义解释和论理解释为基础。如果通过文义解释和论理解释产生多种解释结果，且每种结果均具有一定理由，其说服力不相上下，此时可将各结果可能产生的社会效果进行预测、分析、比较，最终确定何种解释结果与社会目的最为匹配。社会学解释方法有其独特价值，不仅能更加深刻地理解法律的社会内容和利益所在，更好地发挥法的社会功能，而且可以根据社会的发展变化作出适合社会当前需求的政策性调整。[②]但由于社会学方法具有解释标准泛化、成本较高等局限性，只能作为文义解释和论理解释的补充方法。

第三节　我国现行立法解释制度

根据立法解释对象的区别，我国的立法解释制度可分为宪法的立法解释、

① 参见梁慧星：《论法律解释方法》，载《比较法研究》1993 年第 1 期。

② 参见曾粤兴主编：《立法学》，清华大学出版社 2014 年版，第 183 页。

法律的立法解释、行政法规的立法解释、地方性法规的立法解释和规章的立法解释。

一、宪法的立法解释

宪法是国家的根本法，是治国安邦的总章程。由于其具有高度的原则性和抽象性，因而在具体理解过程中需要有权机关进行一定的解释说明。我国《宪法》第67条规定，全国人大常委会是宪法解释的法定主体。我国之所以建立由立法机关解释宪法的体制，主要有三方面的原因：第一，全国人大常委会是最高国家权力机关的常设机关，根据宪法规定享有国家立法权。由制定法律的机关解释宪法有利于全面、准确地把握法律的含义，保证宪法解释的权威性。第二，根据宪法规定，全国人大常委会是宪法实施的监督机关，大量的宪法解释问题是在宪法实施过程中出现的，监督权与解释权的统一，有利于保证宪法解释的权威性。第三，宪法解释是一项经常性的工作，全国人大常委会作为常设的立法机关，具备从事宪法解释活动的人员条件和时间条件，可根据现实需求解释宪法条文内涵。①

二、法律的立法解释

（一）解释主体与权限

此处所称法律为狭义的法律，指全国人大及其常委会依照法定程序制定的具有普遍约束力的规范性文件。我国《宪法》第67条第4项明确了全国人大常委会解释法律的职权。1981年全国人大常委会颁布《关于加强法律解释工作的决议》，其中规定“凡关于法律、法令条文本身需要进一步明确界限或作补充规定的，由全国人民代表大会常务委员会进行解释或用法令加以规定”。《立法法》则再次调整法律解释的范围，该法第45条规定：“法律解释权属于全国人民代表大会常务委员会。法律有以下情况之一的，由全国人民代表大会常务委员会解释：

① 参见周叶中主编:《宪法》，高等教育出版社、北京大学出版社2005年版，第393—394页。

（一）法律的规定需要进一步明确具体含义的；（二）法律制定后出现新的情况，需要明确适用法律依据的。”前述规定既是对全国人大常委会法律解释权的确认，也是对该权力的限制，只有在出现《立法法》规定的两种情形时，全国人大常委会才解释法律。

根据《立法法》的规定，全国人大常委会启动法律解释程序的情况包括两种：第一，法律的规定需要进一步明确具体含义。具体又可细分为三种情形。一是法律条文的字面含义过于抽象、模糊，需要作出具体说明。例如，2002年第九届全国人大常委会通过的《关于〈中华人民共和国刑法〉第三百八十四条第一款的解释》对挪用公款“归个人使用”的含义进行了解释。二是法律条文存在轻微不足需要弥补的。三是法律执行机关对法律规定的含义理解存在重大意见分歧，需要统一解释的。第二，法律制定后出现新的情况，需要明确适用法律依据的。如果法律制定后出现新的情况，但能被现有法律规定所包含，则可通过法律解释明确新情况的适用依据，而无须通过立法程序修改或补充法律。

（二）解释程序

《立法法》对法律解释程序进行了专门规定。具体来说，法律解释程序包括以下步骤：

第一，提出立法解释要求。全国人大常委会即可依职权主动释法，也可应有关主体请求作出法律解释。《立法法》第46条规定：“国务院、中央军事委员会、最高人民法院、最高人民检察院和全国人民代表大会各专门委员会以及省、自治区、直辖市的人民代表大会常务委员会可以向全国人民代表大会常务委员会提出法律解释要求。”例如，2005年4月10日，国务院提请全国人大常委会就《香港基本法》第53条第2款作出解释，以明确新的行政长官的任期为原行政长官的剩余任期。

第二，拟订法律解释草案和列入议程。《立法法》第47条规定：“常务委员会工作机构研究拟订法律解释草案，由委员长会议决定列入常务委员会会议议程。”全国人大常委会工作机构指法制工作委员会，其全程参与法律案的制定过程，由法制工作委员会拟订法律解释草案有利于准确体现立法原意，保持法律解释的统一。

第三，审议法律解释草案。《立法法》第48条规定："法律解释草案经常务委员会会议审议，由法律委员会根据常务委员会组成人员的审议意见进行审议、修改，提出法律解释草案表决稿。"

第四，决议与公布。《立法法》第49条规定："法律解释草案表决稿由常务委员会全体组成人员的过半数通过，由常务委员会发布公告予以公布。"

（三）解释效力

《立法法》第50条确认了全国人大常委会的法律解释同法律具有同等效力，换言之，法律解释在时间效力、空间效力以及对人的效力方面与法律并无二致。从解释主体和权限来看，全国人大常委会的法律解释在本质上说属于立法活动的延伸，规定其与法律具有同等的效力符合法理的要求。

三、行政法规的立法解释

（一）解释主体与权限

行政法规是指国务院根据宪法和法律，按照法定程序制定的有关行使行政权力、履行行政职责的规范性文件的总称。《立法法》并未对行政法规的解释主体和权限作出明确规定，但根据"谁制定，谁解释"的原则，国务院应当是行政法规的解释主体。1993年3月，国务院办公厅发布《关于行政法规解释权限和程序问题的通知》，对行政法规的立法解释进行初步规定。1999年5月，国务院办公厅再次发布《关于行政法规解释权限和程序问题的通知》，对行政法规立法解释问题作出调整。2002年施行的《行政法规制定程序条例》则正式明确了行政法规的解释主体和权限，该法规第31条第1款规定："行政法规条文本身需要进一步明确界限或者作出补充规定的，由国务院解释。"

（二）解释程序

行政法规的立法解释程序和法律的立法解释程序相似，具体包括以下环节：

第一，提出行政法规解释要求。《行政法规制定程序条例》第32条规定：

“国务院各部门和省、自治区、直辖市人民政府可以向国务院提出行政法规解释要求。”

第二，拟订行政法规解释草案。根据《行政法规制定程序条例》第31条第2款的规定，由国务院法制机构，即司法部研究拟订行政法规解释草案。

第三，审议和批准行政法规解释草案。解释草案由国务院批准，审议程序参照行政法规制定程序。

第四，公布行政法规解释草案。根据《行政法规制定程序条例》第31条第2款的规定，行政法规解释由国务院公布或者由国务院授权国务院有关部门公布。

（三）解释效力

同《立法法》确认法律解释和法律具有同等效力类似，《行政法规制定程序条例》第31条第3款也规定行政法规的解释与行政法规具有同等效力。

四、地方性法规的立法解释

（一）解释主体与权限

地方性法规是指地方国家权力机关依照法定权限，在不同宪法、法律和行政法规相抵触的前提下，制定和颁布的在本行政区域范围内实施的规范性文件。1981年全国人大常委会通过的《关于加强法律解释工作的决议》规定：“凡属于地方性法规条文本身需要进一步明确界限或作补充规定的，由制定法规的省、自治区、直辖市人民代表大会常务委员会进行解释或作出规定。”由此确定了地方性法规立法解释的主体和权限。在2015年《立法法》将地方立法权赋予全部设区的市后，多数设区的市在本市关于地方性法规制定的条例中确认了设区的市人大常委会的地方性法规解释权。例如，《延安市制定地方性法规条例》第44条规定：“市地方性法规的解释权属于市人民代表大会常务委员会。法规的规定需要进一步明确具体含义或者法规制定后出现新的情况需要明确适用法规规定的，由市人民代表大会常务委员会解释。”

（二）解释程序

地方性法规的立法解释程序主要由各地的地方性法规制定条例进行规定，一般包括提出法规解释要求、拟订法规解释草案、审议法规解释草案、决议和公布法规解释草案等环节。以《重庆市地方立法条例》为例，地方性法规的立法解释程序具体如下：

第一，提出法规解释要求。《重庆市地方立法条例》第67条规定："市人民政府、市高级人民法院、市人民检察院、市人大专门委员会，区县（自治县）人民代表大会常务委员会，可以书面向市人大常委会提出解释法规的要求。"

第二，拟订法规解释草案。《重庆市地方立法条例》第68条规定："法规解释草案，由市人大常委会法制工作机构研究拟订，提请法制委员会审议后由主任会议决定提请市人大常委会会议审议。"

第三，审议法规解释草案。《重庆市地方立法条例》第69条规定："法规解释草案经市人大常委会会议审议，由法制委员会根据市人大常委会组成人员的审议意见和其他有关方面的意见进行审议、修改，提出法规解释草案表决稿。"

第四，决议和公布法规解释草案。《重庆市地方立法条例》第72条规定："市人大常委会作出的法规解释应当由市人大常委会全体组成人员的过半数通过，由市人大常委会发布公告予以公布。"

但设区的市地方性法规的立法解释在公布前，须报省级人大常委会批准或备案。例如，《滨州市制定地方性法规条例》第62条规定："市人民代表大会常务委员会通过的地方性法规解释，报省人民代表大会常务委员会批准后，应当发布公告及时予以公布。"《韶关市制定地方性法规条例》第63条规定："法规解释，应当在法规解释作出后的十五日内报省人大常委会备案。"

（三）解释效力

同《立法法》确认法律解释和法律具有同等效力一样，各地的地方性法规制定条例均认定地方人大常委会关于地方性法规的立法解释同地方性法规具有同等效力。

五、规章的立法解释

（一）解释主体与权限

规章主要指国务院组成部门及直属机构，省、自治区、直辖市人民政府及省、自治区政府所在地的市和设区市的人民政府，在它们的职权范围内，为执行法律、法规，需要制定的事项或属于本行政区域的具体行政管理事项而制定的规范性文件。《规章制定程序条例》对规章的解释主体和程序进行了明确的规定，该条例第33条第1款、第2款规定："规章解释权属于规章制定机关。规章有下列情形之一的，由制定机关解释：（一）规章的规定需要进一步明确具体含义的；（二）规章制定后出现新的情况，需要明确适用规章依据的。"

（二）解释程序

《规章制定程序条例》对规章解释的程序规定较为简单，第33条第3款规定："规章解释由规章制定机关的法制机构参照规章送审稿审查程序提出意见，报请制定机关批准后公布。"

（三）解释效力

同法律、法规的立法解释效力相似，规章制定机关对规章的解释在效力上等同于规章。

拓展阅读

梁治平编：《法律解释问题》，法律出版社1999年版，第220—260页。

［德］罗尔夫·旺克：《法律解释（第6版）》，蒋毅、季红明译，北京大学出版社2020年版，第58—90页。

蔡定剑、刘星红：《论立法解释》，载《中国法学》1993年第6期，第36—43页。

张志铭：《关于中国法律解释体制的思考》，载《中国社会科学》1997年第2期，第99—116页。

陈斯喜：《论立法解释制度的是与非及其他》，载《中国法学》1998年第3期，第63—70页。

范愉：《法律解释的理论与实践》，载《金陵法律评论》2003年第2期，第21—34页。

刘桂新、江国华：《中国立法解释制度的困境与出路》，载《学习与实践》2015年第5期，第55—57页。

第十章　立法技术

第一节　立法技术规范

一、立法技术概述

（一）立法技术的界定

近代以来，随着各国立法制度的完善与立法经验的累积，立法学开始逐步成为一门独立的法学分支学科。立法技术是立法学体系的重要组成部分，受到法学界的广泛关注，已经形成较为丰富的研究成果。但是，在“立法技术”的概念这一基本问题上，学界仍有分歧，存在多种观点。

第一，“规则说”。该观点认为，立法技术是一种“规则”或者“规则的集合”。苏联学者大多持该观点，如凯里莫夫认为，“立法技术是在一定的立法制度中历史地形成的最合理地制定和正确地表述法律规定和条文以达到最完善的表达形式的规则的总和”[①]。科瓦切夫认为，“立法技术是确定如何建立法律结构的规则的总和”[②]。我国也有持同样观点的学者，如王飚认为，立法技术“是指人们在长期的立法实践活动中，将逐步摸索、积累的知识、方法、技巧、经验加以总结而形成的规则”[③]。第二，“活动说”。该观点认为，立法技术是一种特殊的活动。如罗马尼亚法学家纳舍茨认为，“广义的立法技术是国家制定法律

① 转引自吴大英、任允正:《比较立法学》，法律出版社 1985 年版，第 207 页。
② 转引自吴大英、任允正:《比较立法学》，法律出版社 1985 年版，第 208 页。
③ 王飚:《实用立法技术》，中国法制出版社 1995 年版，第 98 页。

的细则、表达法律规范的内容和形式方面的特殊活动"[①]。第三，"过程说"。该观点认为，立法技术是一种将立法原则转化为法律条文的过程。代表人物，如我国台湾地区学者罗成典认为，"立法技术乃依照一定体例，遵循一定之格式，运用妥帖之词语（法律语言），以显现立法原则，并使立法原则或国家政策转换为具体法律条文之过程"[②]。第四，"方法、技巧说"。该观点认为，立法技术是一种专门用于立法活动的方法或者技巧。该观点最早由陈顾远所提出，认为"盖立法技术云者，乃出于立法工作上一种技巧，而用来实现立法使命之方法，增加条文效用之手段"，"在形式用语方面的格调之选择，次序之排列，字句之推敲，自可称之为立法技术。但在实质上，立法技术之运用，并不以此为限……"[③]其他学者，如周旺生认为，"立法技术是立法活动中所遵循的用以促使立法臻于科学化的方法和操作技巧的总称"[④]；侯淑雯认为，立法技术就是"制定和变动规范性法文件活动中所遵循的方法和操作技巧的总称"[⑤]；杨临宏认为，立法技术"是指立法主体及其工作人员在立法活动中所应当遵守的基本的操作技巧"[⑥]。

虽然学界关于立法技术的观点有很多，但我国立法学学者普遍认同第四种"方法、技巧说"。我们认为，首先，立法技术属于技术范畴。根据《现代汉语词典》的解释，技术是指"人类在认识自然和利用自然的过程中积累起来并在生产劳动中体现出来的经验和知识，也泛指其他操作方面的技巧"[⑦]。从本质上讲，立

① 转引自吴大英、任允正：《比较立法学》，法律出版社1985年版，第207页。纳舍茨除了从广义的角度界定立法技术，还从狭义的角度上进行理解，认为，狭义上的立法技术是专门用来表达法律的规定的一些细则。从这个角度上来说，纳舍茨的观点又属于"规则说"。

② 罗成典：《立法技术论》，台湾文笙书局1983年修订四版，第1页。转引自周旺生：《立法论》，北京大学出版社1994年版，第179页。

③ 陈顾远：《立法要旨》，1942年版，第56页。转引自周旺生：《立法论》，北京大学出版社1994年版，第179页。

④ 周旺生：《立法学》，法律出版社2004年版，第52页。

⑤ 侯淑雯：《新编立法学》，中国社会科学出版社2010年版，第203页。

⑥ 杨临宏：《立法学：原理、制度与技术》，中国社会科学出版社2016年版，第300页。

⑦ 中国社会科学院语言研究所词典编辑室编：《现代汉语词典（第5版·大字本）》，商务印书馆2006年版，第646页。

法技术就是方法和技巧。[①]其次，立法技术是关于立法活动的方法和技巧，是立法者在立法活动中为了提高立法质量而采取的方法和技巧，其本身不是规则，只有通过立法活动才会上升为规则，成为立法技术规则或者立法技术规范，这与立法技术是两个不同的概念。最后，立法技术本身不是一个动态的概念，立法技术的应用是一个动态的过程，是在立法实践和立法研究中不断发展所形成的一种智力成果，其本身是一种静态形式。综上，所谓立法技术，是指立法者在立法实践和立法研究中为了提高立法质量而形成和发展的方法和技巧的总称。

（二）立法技术的分类

在对立法技术研究的过程中，学者根据不同的标准对立法技术进行不同的分类，常见的分类方法有以下几种：

1.宏观立法技术和微观立法技术

以研究对象为标准，立法技术可以被划分为宏观立法技术与微观立法技术。宏观立法技术立足于立法的整体，是立法者在整个立法活动，包括立法预测、立法决策、立法规划、法的清理与完善的各个阶段中形成的方法和技巧。而微观立法技术则与之不同，其立足于立法的个体，是立法者在处理法的内部结构、外部结构、法的文体、法的规范与法的条文的关系时所形成的方法与技术。

2.立法预测技术、立法规划技术、法的制作技术、法的清理技术和法的系统化技术

以立法活动所处的阶段为标准进行划分，立法技术可以被划分为立法预测技术、立法规划技术、法的制作技术、法的清理技术和法的系统化技术。其中，立法预测技术是立法者在立法预测过程中有关经验、知识和操作方法与技巧的总称；立法规划技术是立法者在立法规划过程中有关经验、知识和操作方法与技巧的总称；法的制作技术是立法者在法案起草和修改过程中有关如何确定法律文本结构和法律语言表述以实现立法意图所使用的方法和技巧的总称；法的清理技术是立法者对不适合的法律、法规、规章进行清理过程中形成的方法和技巧的总称；法的系统化技术是立法者对现行有效的法律法规进行编纂整理使其系统化的

① 参见吴秋菊：《立法技术探讨》，载《时代法学》2004年第4期，第90页。

过程中形成的方法和技巧的总称。

3.单一立法技术与综合立法技术

以在立法活动中所应用的技术的综合程度为标准进行划分，立法技术可以被划分为单一立法技术和综合立法技术。单一立法技术是指立法者在立法活动中使用的特定类型的立法技术。综合立法技术是指立法者在立法活动中使用的需要相互配合的类型不同的立法技术。

4.大陆法系立法技术和英美法系立法技术

以法系进行区分，立法技术可以被划分为大陆法系立法技术和英美法系立法技术。大陆法系立法技术的特点是，偏重法典编纂技术，对法律文本结构和法律语言表述有比较严格的要求，如存在总则和分则的结构划分，讲求遣词造句的精准性等。而英美法系立法技术则与之相反，其偏重单行法的制定技术，注重技术的实用性和灵活性。

二、立法技术规范

（一）立法技术规范概述

立法技术规范属于法律法规的范畴，是指以立法技术为内容，为立法活动提供规范的方法和技巧，以实现高质量立法为追求的，由立法主体创制的规范性法文件的总称。应当从以下几个方面来认识立法技术规范。

第一，立法技术规范是一种规范性法文件。立法技术规范和其他的法律规范一样，都是经由立法程序创制出来的，以法律文本为表现形式，具有法的效力。与立法技术不同，立法技术的本质是方法和技巧，而立法技术规范的本质是规则或规范。

第二，立法技术规范是以立法技术为内容的规范性法文件。立法技术规范属于立法规范的组成部分，其独特之处是以立法技术为主要内容，通过法的形式，对立法技术中具有立法实践和立法研究支撑的方法和技巧予以肯认，并赋予其法律效力。

第三，立法技术规范是由特定的立法主体制定的规范性法文件。根据现行的立法技术规范，立法技术规范的制定机关与立法机关相一致，即全国人大及其常委会与有地方立法权的地方人大及其常委会。

第四，立法技术规范为立法工作提供规范指引，以提高立法质量。立法技术规范的目的，是为立法者及工作人员提供立法活动中所必要的立法方法和技巧，确保所立之法文本结构严谨和语言表达准确，保证立法质量。

立法技术规范是立法研究和实践不断积累和发展的产物。立法技术规范的出现为立法活动提供了直接的具有法律效力的立法技术指导。规范化的立法技术，使得立法者在立法活动中必须考虑立法技术的使用规范，要求其选择合适的立法技术，从而保障立法工作的质量。在研究层面上，立法技术规范标志着立法技术进入了一个新的阶段，即法规范的新时期。在新时期，对于立法技术的研究得以同其他部门法学研究一样，立足于法律文本之上，从而对规范性法文件进行研究与反馈，促进规范性法文件的完善和发展。

（二）中央立法技术规范

中央立法技术规范是全国人大及其常务委员会制定的立法技术规范性文件。中央立法技术规范的制定主体是全国人大及其常务委员会，主要为全国人大及其常务委员会制定法律及其他规范性法文件提供方法和技术上的参考和指引，同时也为地方立法活动，包括地方制定立法技术规范提供指导。

2000年3月15日，第九届全国人民代表大会第三次会议通过的《立法法》是最早涉及立法技术的法律，但该法是有关立法事项的综合性规定的法律，因此其中涉及专门规定立法技术的条款并不多，主要集中在第二章法律中的第五节其他规定之中，如第51条、第53条、第54条，涉及法律清理技术、立法体例等。

2009年，全国人大法工委发布的《立法技术规范（试行）（一）》和2011年发布的《立法技术规范（试行）（二）》是专门规定立法技术的规范性文件。《立法技术规范（试行）（一）》从法律结构规范、法律条文表述规范、法律常用词语规范、法律修改形式规范和法律废止形式规范五个方面规定了立法活动中所应当参考的方法和技术。《立法技术规范（试行）（二）》在《立法技术规范试行（一）》的基础上，从法律条文表述规范、法律常用词语规范两方面做了补充，首先在法律条文表述规范中，增加了有关规章的表述规范，以及刑法有关的表述规范；其次在法律常用词语规范中，补充了九组法律常用词语。《立法技术规范（试行）（一）》和《立法技术规范（试行）（二）》是试行性质的规范性文件，在法工委印送各有关部门的函中，也明确“供工作中参考”，但是随着立法技术应用实践的成熟，中央层面立法技术规范也在持续完善中。

（三）地方立法技术规范

地方立法技术规范是省、自治区、直辖市、设区的市的人大及其常务委员会制定的有关立法技术的规范性法律文件。相比于中央立法技术规范，地方立法技术规范的制定主体更加多元，这得益于2015年对《立法法》的修改，将地方立法权扩至所有设区的市。此外，在效力范围上，地方立法技术规范主要适用于本地区的立法活动，对其他地区的立法活动不具有效力。本书认为，其他地区的立法技术规范中所规定的立法技术对于本地区的立法实践具有参考意义，尤其是在没有制定地方立法技术规范的地区，除了适用中央立法技术规范外，还可以参考其他地区的立法技术规范，选择其中合适的立法技术，提高当地立法质量。

地方立法技术规范的出台大多是在《立法技术规范（试行）（一）》和《立法技术规范（试行）（二）》制定之后，但也有在此之前就已经颁布的，如《广东省人民代表大会常务委员会立法技术与工作程序规范（试行）》《云南省人民代表大会常务委员会立法技术规范》等。其他诸如《重庆市地方立法技术规范》《临沂市人民代表大会常务委员会立法技术规范》《金华市地方立法技术规范》《东莞市人大常委会立法技术规范》等立法技术规范都是在2011年之后陆续颁布的，尤其是在2015年之后，随着地方立法权主体范围的扩大，地方立法技术规范迎来了一个新的发展时期。在内容上，地方立法技术规范除了在中央立法技术规范的大框架下细化之外，普遍增加了“内容构成”这一部分。如《杭州市地方立法技术规范》在第二节专门规定了内容构成，即法规内容由总则、分则和附则三部分构成，以及各部分可以规定的内容。

总的来说，地方立法技术规范与中央立法技术规范相比数量上更多、内容上更丰富。地方立法技术规范的发展为中央立法技术规范的完善提供了丰富的实践经验，而中央立法技术规范反过来也为地方立法技术规范提供指导，发挥着促进地方立法技术规范整体性进步的作用。

第二节　立法体例

一、立法体例概述

（一）法律结构与立法体例

法律结构，又称法的结构或法律文本结构（这里的法律采广义理解，除全国人民代表大会及其常务委员会制定的法律外，还包括法规、规章等其他立法文件）。法律结构包括内部结构和外部结构。

内部结构，又称内容结构，是指法律文件中法律规范的种类及其所构成的法律条文的逻辑结构。法律规范的种类包括法律概念、法律规则、法律原则和技术性规定等，狭义的法律规范仅指法律规则。法律规则的结构模式有“假定—处理—制裁”，“假定条件—行为模式—法律后果”等类型，在立法实践中应选择合适的法律规则结构，对法律条文按照一定的内在逻辑关系进行合适的安排。

外部结构，又称形式结构，是法律文件表现于外的，为人直接观察到的形态结构。其中包含两部分内容，法律的外部形态和法律的外部结构。法律的外部形态，“是指一部规范性文件所采用的具体的法律形式”[①]。如法律是成文形式，还是不成文形式；是法典形式，还是单行法形式；是法律，还是法规、规章等。法律的外部结构是通常意义上的法的形式结构，是指法律的若干有机组成部分按照一定的逻辑关系所形成的有层次结构。法律的形式结构要素包括法律的名称、制定机关和颁布时间、序言、正文、目录及附则等，其中正文的层次结构要素包括编、章、节、条、款、项、目。由于正文又是由法律条文构成的，因此正文的层级结构又是法律条文的层次结构，上述要素又可以称为法律条文的结构单位。

---

① 孙敢、侯淑雯主编:《立法学教程》，中国政法大学出版社2000年版，第214页。

关于什么是立法体例，学界存在一定分歧。但一般认为，立法体例属于法律形式结构的范围。根据《新编现代汉语词典》的解释，体例是指“著作的编写格式；文章的组织形式”。对于立法体例而言，应当是指所立之法的文本的格式、法律条文的组织形式。立法体例有狭义和广义两种内涵。广义的立法体例，等同于法律结构的外部结构中通常意义上的法的形式结构。而狭义的立法体例，则专指由《立法法》第61条对法律的体例所做的规定，即立法体例是体现法律文本内容的层次和结构的法律编写格式，具体包括编、章、节、条、款、项、目七个结构单位。

（二）立法技术规范中的立法体例

对于立法体例，除了《立法法》有规定外，在其他中央立法技术规范和地方立法技术规范中也有规定，并且在这些立法技术规范中还规定了立法体例的具体使用技术。

在《立法技术规范（试行）（一）》中规定了如何使用立法体例，如“法律设章、节的，在正文前须列‘目录’将各章、节的名称按序排列表述，各章下的节单独排序。条、款、项、目不列入目录中。附则单列为一章”。“法律设编、章、节的，各章连续排序。附则不单列为一编或者一章”。

在地方立法技术规范中也有类似的规定。如《重庆市地方立法技术规范》第11条专门规定了地方性法规的特殊的立法条例，如但书规定，“但是一般不设编、节、目”；以及一些非常细节的立法体例操作技术，如设章或者章、节的条件，“条文数量超过三十条，内容层次复杂的”；立法体例的排列规则，“同一章、节的条文，同一条文的项、目，应当按照从一般到特殊，从抽象到具体，从共性到个性的顺序排列”等。在其他地方性立法技术规范中也有同样的具体规定，如《云南省人民代表大会常务委员会立法技术规范》在第一部分地方性法规技术规范中专门设“法规的结构”部分来规定章、条、款、项的具体应用规则。

中央立法技术规范与地方立法技术规范关于立法体例的规定存在一定的区别，一般二者对立法体例的构成要素的规定（如编、章、节、条、款、项、目等）是相同的，区别只是实际使用哪些结构单位以及如何使用这些结构单位。

二、立法体例的内容

立法体例具体反映在法律文本的目录部分，体现了法律规范的逻辑关系和结构布局。完整的法律文本的立法体例包括编、章、节、条、款、项、目七个层次，但并非所有的法律文本都是如此，尤其对于法规而言，由于与法律相比其内容少、篇幅短、层次简单，因此很多法规，尤其是地方性法规没有编、节、目等层次。

（一）编

编，是我国目前立法实践中使用的最高层次的结构单位，通常使用较少，并且基本只出现在法律之中，在有些地方立法技术规范中甚至直接规定一般不设编。即便在法律中，也只有那些内容重大复杂、层次多、体例宏大、篇幅长的法律有时才会设置编，典型的如在法典中的使用。例如，《民法典》设置了编，将整部法典分为七编，并且较之其他法律，还出现了编之下又设分编的做法；在第二编物权，下分第一分编通则，第二分编所有权，第三分编用益物权，第四分编担保物权，第五分编占有。《民法典》的立法体例打破了传统上每一编下直接设章的技术方法，在编之下又设若干分编，然后在每一个分编下设若干章，这一做法丰富了编的使用方式，为日后其他法典的立法体例提供了借鉴。此外编在使用上，既可以列序号，又可以不列序号，但是如果列序号，应当使用中文数字。

（二）章

章，是第二层次的结构单位，使用频率仅次于条和款。章通常应用于立法篇幅庞大且需要划分层次的情形中。通常而言，设置编的立法文本均会设章，但是在设章的法律中并非一定会分编。在章之下，可以设节，也可以不设节；既可以部分章设节，也可以部分章不设节。章需要有章名，表达本章的内容和主题。章与章之间的内容彼此独立，但也具有一定的内在逻辑联系。每章的篇幅根据内容确定，一般大体相当。章在使用上，应当列中文数字序号。此外，当编与章共用时，会有两种用法，一种是编断章不断，如《民事诉讼法》；另一种是编断章断，如《刑法》。两种用法哪种更加合理，没有明文规定，由立法者根据实际情况确定。

（三）节

节，是仅次于章的结构单位。在章之下，如果内容较多且具有层次性，则可以设节。节可设可不设，但是如果设节，不得少于两节。节同章一样，也要有节名，表达该节的内容和主题，并且不得超过该节所属章所涵盖的内容和主题。同一章内的各节之间也应当存在内在联系，按照一定的逻辑顺序进行排列。节也应列序号，并且用中文数字序号表示。每章中的节的序号独立排序，即章与节共用时，应当章断节断。在法规中，节使用得比较少，有些地方立法技术规范甚至直接没有关于节的使用规定。

（四）条

条，是立法实践中使用频率最高的、最基本和最完整的结构单位。一部立法可以没有编、章、节、款、项、目，但是必须要有条。条不必有条名，但是在法案制作实践中，存在放在条文序号之后的用“【 】”表达本条主要内容和意义的“条旨”。一般情况下，条之后直接规定内容，但是条规定的内容应当坚持“一事一条”的原则，同一事项规定在同一条文中。条与条之间，特别是上下条之间应当具有一定的内在联系。条的序号同样用中文数字表示，但是条的排序不受编、章、节的影响，而是按照统一的序号在整个法律、法规中连贯排序。条文的排序通常遵循从一般到具体的规律。

（五）款

款，是次于条且隶属于条的结构单位。款设在条之下，隶属于条。当法律条文中条的内容包含多个层次的相互联系的内容时，可以设款，以分别表述。款的内容具有相对独立性和完整性，每一款应当只表达一层意思。款不列序号，而是用自然段的方式表示，第一段为第一款，第二段为第二款，以此类推。款的排序规则与条类似，也是从一般到具体的顺序。在实践中，通常第一款是一般规定，第二款、第三款及其他款是特殊、例外的规定。

（六）项

项，是次于款但不一定隶属款的结构单位，有时款会直接存在于条之下，如《民法典》第384条，“地役权人有下列情形之一的，供役地权利人有权解除地役权合同，地役权消灭：（一）违反法律规定或者合同约定，滥用地役权；（二）有偿利用供役地，约定的付款期限届满后在合理期限内经两次催告未支付费用”。无论是在条还是款之下，项的内容都是包含一类或者一种情形，分项之后，法条的“条”或者“款”逻辑都更为清晰。项的内容不具有相对独立性和完整性。项的设立需要根据情况加以确定。设项的，项与项之间同样应遵循一定的关系和逻辑排序。项需要列序号，用中文数字加小括号依次表示，如（一）、（二）、（三）。

（七）目

目，是在立法实践中很少应用的结构单位，存在于项之下。当项的内容仍需要细分的，如有必要，可以在项之下设目。目的内容同项一样，同样不具有相对独立性和完整性。目的序号用阿拉伯数字加点表示（即“1.”“2.”“3.”……）。

第三节　立法语言

一、立法语言概述

（一）立法语言的含义

1992年11月6日，国务院批转国家语言文字工作委员会《关于当前语言文字工作请示的通知》（国发〔1992〕第63号）中指出：“语言文字工作关系到国家的统一、民族的团结、社会的进步和国际的交往，实现语言文字的规范化、标准化，是普及文化教育、发展科学技术、提高工作效率的一项基础工程，对社会主义物质文明建设和精神文明建设具有重要意义，必须给予高度的重视。……使语言文字更好地为社会主义现代化建设服务。”①在立法领域，语言是我国制定法的客观物质载体语言，同时被赋予关涉社会主义物质文明建设和精神文明建设的特殊意义，其不仅是组成法律规范的原始材料，更是立法者表达意图、设定行为规范、形成规范性文件，与公众良好沟通的重要表现形式。②

值得一提的是，我国早在2000年就已经颁布了《国家通用语言文字法》，为推动国家通用语言文字的可持续性发展设立了相应规范和标准。而后，因立法语言的特殊性和专业性，2007年7月，全国人大常委会法工委成立了立法用语规范化专家咨询委员会，聘请14名国家通用语言文字专家为法律草案用语号脉把关；并在次年制定了《立法用语规范化专家咨询委员会工作规则》，使法律草案语言文字审校成为法律规范最终通过前的制度性安排，这也从一个侧面反映了立法机构对法律语言的重视。同时，我国许多地方为强调立法语言的严谨、明确、精练等基本原则，在各自制定的地方立法技术规范中设置了专章，其中明确指出“立法语言应当采用现代汉语词汇，并符合国家通用语言文字的使用规范和标准”③。

（二）立法语言的特征

立法语言是我国立法活动和语言文字有机融合积淀的产物，为我国立法事业提供了有效保障和重要支撑。故而在表现形式上有其独有特征，有学者认为立法语言是法律规则的载体，故具有权威性；适应面宽、影响大，故具有逻辑力和概括性。④也有学者认为立法语言具有一定的指令性和表象性。⑤笔者对于立法语

---

① 李培传:《论立法（第三版）》，中国法制出版社2013年版，第459—460页。

② 参见邓世豹主编:《立法学：原理与技术》，中山大学出版社2016年版，第196页。

③ 《深圳市人民代表大会常务委员会立法技术规范》第83条规定:“立法语言应当采用现代汉语词汇，并符合国家通用语言文字的使用规范和标准。”《重庆市地方立法技术规范》第45条规定:“立法语言应当采用现代汉语词汇，并符合国家通用语言文字规范。”《广东省人民代表大会常务委员会立法技术与工作程序规范（试行）》第122条第1款规定:“立法语言应当符合国家通用语言文字规范。”

④ 参见刘红缨:《法律语言学》，北京大学出版社2003年版，第36页。

⑤ 李翔:《立法的几个法理问题——兼论立法实践中的破产管理人制度》，四川大学出版社2015年版，第136页。

言的特征总结如下：

第一，规范严谨。我国法律规范是适用于所有公民的行为活动准则，除应符合语言运用的基本规范外，还必须合乎法律逻辑，不得如日常口语随意，否则会引起不必要的歧义。“如果不存在专家术语，那么当每次谈到专门的过程或观念的时候，都需要做出一番冗长的、笨拙的解释。”[①]应当要求立法语言严密周延，对于同一立法用意应当使用同一词语，不得出现前后不一致、矛盾、重复的用语。如1979年《刑法》第14条第2款规定，“已满14岁不满16岁的人，犯杀人、重伤、抢劫、放火、惯窃罪或者其他严重破坏社会秩序罪，应当负刑事责任”；“杀人”一词在《刑法》分则中有不同的含义，包括了故意杀人、过失杀人等，此处的“杀人”表意不明，容易引起误解或漏洞；随后，1997年《刑法》作出修订，“犯故意杀人、故意伤害致人重伤或死亡、强奸、抢劫、贩卖毒品、放火、爆炸、投毒罪的，应当负刑事责任”。表达立法思维的立法语言应当具备相当规范性和严谨性。此外，随着社会的不断变革，某些词汇的含义也在出现变化或不适应当前时代发展，立法语言同样应当作出相应修正，如“流氓”“投机倒把”等一类词汇具有明显的历史标签，立法者应予摒弃从而契合当前时代背景。

第二，清晰明确。“法律是肯定的、明确的、普遍的规范，在这些规范中自由的存在具有普遍的、理性的，不取决于个别人的任性”[②]，法律规范所表达的意图应当是为一般公众所能理解和认知的，这就要求立法语言必须清楚、确切，不能使用“大约”“可能”“左右”等模棱两可的语词，同时应当注意相近词语的细微但实质的差别，既要求同，也要存异。目前，我国立法语言中对于该特征的表现形式包括运用专业术语、对适用情形及对象等分项列举、对于概念模糊不清的使用定义或者约定、法律解释等。如《耕地占用税法（草案）》中就曾有“经济发达且人均耕地特别少的地区”的表述，有的常委委员和有关方面提出，其具体含义、标准、范围不够清楚，可操作性不强，[③]后修改为“在人均耕地低于零点五

---

① ［美］约翰·吉本斯：《法律语言学》，程朝阳等译，法律出版社2007年版，第43页。

② 莫洪宪、王明星：《刑事立法语言之技术特点》，载《现代法学》2001年第10期。

③ 全国人大宪法和法律委员会关于《中华人民共和国耕地占用税法（草案）》审议结果的报告（2018年12月23日）。

亩的地区”[①]。

第三，理性客观。我国大力推进科学立法并将其作为完善中国法律体系的重要因素，[②]表现为在立法过程中必须以符合法律所调整事态的客观规律作为价值判断，它是对于社会事实的真实表述，不应当掺杂褒贬色彩。法律语言是冷峻的，放弃了每一种情感之声；它是生硬的，放弃了第一人称；[③]也有学者指出，“立法科学要取得进步，必须舍弃这种‘激发情感的名称’，使用中性的表达方式”。[④]

第四，折中衡平。立法是具有滞后性的，因为立法者难以预知未来发生的所有情形，而这种“能力”的缺乏恰又延展出立法目的的相对模糊性。但是，这里并不是指立法语言本身的歧义性或模糊性，而通常是指立法意图不能通过某一次或某几次立法活动予以全盘表达。也因此，在法律规范的适用过程中法官对法律规定的诠释就是必要的，自由裁量权在这个意义上具备了正当性。这是由我国立法活动的本质所决定的。

有鉴于此，立法者必须正确解决并处理好立法语言表达的确定性与模糊性之间的矛盾，在两者之间寻找到一种折中的衡平。也就是说，因为立法者思维的限制，其所表达的意图有限，故可以采用相对“抽象”的方式以便自由裁量权的行使；另因法律规范必须确立一种规则，立法语言尽管是空缺的结构，但它毕竟提供了某种相对“确定性”的限制。这就要求立法者在立法语言的使用上既要确保法律规则及其体系的相对确定性，又要维持语言的适度模糊性以应对现实社会法律生活的纷繁复杂和未来情势的变更。[⑤]这也是我国作为成文法国家的显著特征。

---

① 《耕地占用税法》(2018)第5条。

② 《中华人民共和国国民经济和社会发展第十一个五年规划纲要》规定：“贯彻依法治国基本方略，推进科学立法、民主立法，形成中国特色社会主义法律体系。”

③ [德]阿图尔·考夫曼、温弗里德·哈斯莫尔主编：《当代法哲学和法律理论导论》，郑永流译，法律出版社2002年版，第292页。

④ 张永和主编：《立法学》，法律出版社2009年版，第148页。

⑤ 刘爱龙：《立法语言的表述伦理》，载《现代法学》2006年第2期。

二、立法语言的表述形式

（一）字词

立法语言中比较常见的字词包括“的”、专业术语、普通字词等。

首先，关于“的”的用法，有学者指出当代立法语言中“的”的用法源于“者”，就目前我国法律规范来看，一般集中于表述某种情形或同类型成分的指代，如《行政诉讼法》第12条规定：“人民法院受理公民、法人或者其他组织提起的下列诉讼：（一）对行政拘留、暂扣或者吊销许可证和执照、责令停产停业、没收违法所得、没收非法财物、罚款、警告等行政处罚不服的；（二）对限制人身自由或者对财产的查封、扣押、冻结等行政强制措施和行政强制执行不服的……”这是对于行政诉讼受案范围的类型化列举。又如《刑法》第67条规定：“犯罪以后自动投案，如实供述自己的罪行的，是自首。”《民法典》第38条规定：“被监护人的父母或者子女被人民法院撤销监护人资格后，除对被监护人实施故意犯罪的外……”这是对于某种行为标准的概括性表述。除此之外，“的”还起限制、修饰作用，在目的、范围、对象、依据、方式等方面对被表述内容予以限定，且一般与短语或专业术语搭配使用，以确保法律规范的清晰性和严谨性。如“民事活动中的”“经常居住地的”“重大、复杂的”等。除“的”之外，我国法律规范中还包括《立法技术规范（试行）（一）》所提到的“和”“以及”“或者”等比较常见表示并列的字词。

其次，立法语言中的法律专业术语。在法律上有特定的含义和适用范围，大致可以分为两类，一是由立法者直接创制的，如“取保候审”“相对人”“管辖”“依法”等，这类短语在日常生活中不常见，但在法律规范中是具备实际意义和专业性的；二是源于日常生活语言，但因适用场域的变换，由立法者赋予新意，如“故意”“委托”“决定”等，这类短语与日常通用语言在字面上并无差别，但进入法律语境时，其意义和用法则发生了一定变化。

最后，普通字词。立法语言虽然专业性强，适用于特殊场域，但其本质上仍是我国通用语言的一部分，并且大多数字词还是来源于此，其较为通俗易懂的表达方式也为公众方便理解。

（二）句式

我国的立法语言句式主要有长句、主谓句、非主谓句、普遍使用非名词性宾语的句式。其中，在立法文本中普遍使用结构复杂的同位成分以及复杂的附加、修饰成分，故长句的使用率较高。有学者曾作出统计，如全国人大常委会1983年通过的《海上交通安全法》的53个条款由73个句子组成，其中长句为64个，占87.7%。又如全国人大常委会2000年通过的《国家通用语言文字法》的28个条款由45个句子组成，其中长句31个，占68.9%。[①]主谓句是指法律规范中主谓语成分齐全的句子，如《公司法》第4条规定："公司股东依法享有资产收益、参与重大决策和选择管理者等权利。"《行政诉讼法》第6条规定："人民法院审理行政案件，对行政行为是否合法进行审查。"这类句式在我国立法体系中比较常见，也是立法者习惯使用的句式。非主谓句通常是指代缺少主语的句子，因为大多数法律规范设定的权利（权力）、义务关系适用于一般人，没有主语也不会产生歧义，反而简洁明了。如《行政强制法》第16条第2款规定："违法行为情节显著轻微或者没有明显社会危害的，可以不采取行政强制措施。"最后，普遍使用非名词性宾语的句式是许多学者均提到的立法语言句式中比较特殊的一类，[②]我国法律规范中存在"禁止性"规范或"义务性"规范，通常表现为"禁止""给予""加以"等非名词性宾语。如《宪法》第65条第4款规定："全国人民代表大会常务委员会的组成人员不得担任国家行政机关、监察机关、审判机关和检察机关的职务。"

同时，我们还可以根据逻辑结构将句式分为陈述句、疑问句、感叹句和祈使句，但在立法领域，一般使用陈述句和祈使句。陈述句用于表述说明性或授权行的规定，如《民法典》第57条规定："法人是具有民事权利能力和民事行为能力，依法独立享有民事权利和承担民事义务的组织。"祈使句主要用于义务性规定的

---

① 邓世豹：《立法学：原理与技术》，中山大学出版社2016年版，第203页。

② 邓世豹：《立法学：原理与技术》，中山大学出版社2016年版，第203页；曾粤兴主编：《立法学》，清华大学出版社2014年版，第246页；侯淑雯主编：《新编立法学》，中国社会科学出版社2010年版，第283页。

表述，如《刑事诉讼法》第7条规定："人民法院、人民检察院和公安机关进行刑事诉讼，应当分工负责，互相配合，互相制约，以保证准确有效地执行法律。"此外，在我国的法律体系中，"但书"是极具中国特色的，通常指内容上规定例外、限制和附件条件的句式。如《行政强制法》第11条第2款规定："法律中未设定行政强制措施的，行政法规、地方性法规不得设定行政强制措施。但是，法律规定特定事项由行政法规规定具体管理措施的，行政法规可以设定除本法第九条第一项、第四项和应当由法律规定的行政强制措施以外的其他行政强制措施。"

（三）修辞

我国法律规范是严肃性和庄严性的，应当简洁明了、理性客观，故我们这里所指的不是一般文学中所称"比喻""拟人""夸张"等积极的修辞手法。陈望道在《修辞学发凡》中把修辞现象划分为两类：即积极修辞与消极修辞。消极修辞讲求"四端"，即内容方面明确、通顺，形式方面平匀、稳密。这是消极修辞的最低限度，也是消极修辞所当遵守的最高标准。[①]法律语言中的修辞即为这种类型的修辞。在词语上，使用规范的书面语词，不用口语词、方言词和土俗俚语，多使用单义词。在句法上，强调连贯、周密、简洁；在句序上，采用顺叙，避免倒叙和插叙。在章法上，强调整个法律文本的完整流畅，明白清楚。结构上注重衔接和照应。[②]

（四）时态

立法语言中常见的时态包括现在时、将来时和过去时。针对现在时，法律文本是对于当前一般社会行为的规范性表述，其所调整的对象是现时的，故现在时的语态占据主导地位。针对将来时，我国法律规范中一般用于法律规范生效的时间，如《民法典》第1260条规定："本法自2021年1月1日起施行。《中华人民共和国婚姻法》、《中华人民共和国继承法》、《中华人民共和国民法通则》、《中华人民共和国收养法》……同时废止。"针对过去时，因为我国法律规范遵循不溯及

① 陈望道：《修辞学发凡》，上海教育出版社1997年版，第54页。

② 侯淑雯主编：《新编立法学》，中国社会科学出版社2010年版，第285页。

既往原则，故对于过去行为的表述不常见，但也有少数，如《刑法》第12条规定："中华人民共和国成立以后本法施行以前的行为，如果当时的法律不认为是犯罪的，适用当时的法律……本法施行以前，依照当时的法律已经作出的生效判决，继续有效。"

（五）标点符号

标点符号在立法语言中起到串联法律规范内容、表明立法意图、语气适当停顿等重要作用。《立法技术规范（试行）（一）》第12条对于标点符号的使用予以了详细规定。

12.标点符号的使用

12.1主语和谓语都比较长时，主语和谓语之间加逗号。

示例：全国人民代表大会常务委员会、国务院、中央军事委员会、最高人民法院、最高人民检察院、全国人民代表大会各专门委员会，可以向全国人民代表大会提出法律案，由主席团决定列入会议议程。

12.2一个句子内部有多个并列词语的，各个词语之间用顿号，用"和"或者"以及"连接最后两个并列词语。

示例：国家保护公民的合法的收入、储蓄、房屋和其他合法财产的所有权。

12.3一个句子存在两个层次以上的并列关系时，在有内在联系的两个并列层次之间用顿号，没有内在联系的两个并列层次之间用逗号。

示例：全国人民代表大会常务委员会1957年10月23日批准、国务院1957年10月26日公布的《国务院关于国家行政机关工作人员的奖惩暂行规定》，1993年8月14日国务院公布的《国家公务员暂行条例》同时废止。

12.4在多重复句中，各并列分句内已使用逗号的，并列分句之间用分号。

示例：……人员，有……行为之一的，依法给予行政处分；情节严重的，依法开除公职或者吊销其从业资格；构成犯罪的，依法追究刑事责任。

12.5在修正案、修改决定中，使用引号时，根据下列情况确定：

12.5.1引用内容是完整的条、款的，条、款末尾的标点符号标在引号里边。

示例：将刑法第一百五十一条第三款修改为："走私珍稀植物及其制品等国家禁止进出口的其他货物、物品的，处五年以下有期徒刑或者拘役，并处或者单处罚金；情节严重的，处五年以上有期徒刑，并处罚金。”

12.5.2引用内容是条文中的局部或者是名词、短语的，在引号内引用部分的末尾不加标点符号，但是在引号外的句末，应当加注标点符号。

示例：将本法其他各条款中的“全民所有”改为“国家所有”，“国营”改为“国有”。

12.5.3引用内容是分款（项）的条文，每款（项）的前面用前引号，后面不用后引号，但是在最后一款（项）的后面，应当用后引号。

示例：第一百七十九条第一款改为第一百七十九条，修改为：“当事人的申请符合下列情形之一的，人民法院应当再审：

“（一）有新的证据，足以推翻原判决、裁定的；

“（二）原判决、裁定认定的基本事实缺乏证据证明的；

“（三）原判决、裁定认定事实的主要证据是伪造的；

……

“（十三）据以作出原判决、裁定的法律文书被撤销或者变更的。

“对违反法定程序可能影响案件正确判决、裁定的情形，或者审判人员在审理该案件时有贪污受贿，徇私舞弊，枉法裁判行为的，人民法院应当再审。”

三、立法语言的逻辑

在我国学界，关于法律规则的逻辑结构理论，目前主要存在四种主张：三要素说、二要素说、新三要素说和新二要素说。其中“新三要素说”已悄然在主流教科书和法律职业资格考试的教材中占据主导地位，并成为学界“通说”，即指一般法律规则由行为模式、假定条件和法律后果构成。[①]在此，我们不去讨论法律规则的逻辑结构，而是着眼于更基础性的语言。究其实质，法律规则是立法者逻辑思维表现的载体，作为基础原料和通用工具的立法语言应当从以下几个方面考虑：

① 赵树坤、张晗：《法律规则逻辑结构理论的变迁及反思》，载《法制与社会发展》2020年第1期，第62—81页。

第一，语义逻辑的协调。如前述，立法语言与通用语言互有关联但不完全重叠，且立法语言应当遵循其特有规则，所以立法语言除了要符合一般语义逻辑外，还应当根据实际情况作出相应调整。首先，立法语言的语义逻辑应当强调不仅从字面意思上能够解释得通，而且在司法实践中也具备可操作性。如1996年《刑事诉讼法》第216条第2款规定："罪犯在暂予监外执行期间死亡的，应当及时通知监狱。"这句话看似有"罪犯"作为形式主语且读起来比较通畅，但实际上"罪犯"为主语，是不可能连接后半句"应当及时通知监狱"的。当然，根据上下文我们也可以理解为，其他机关是"应当及时通知监狱"的主体，但是此处具体的义务主体并不明确，在实际操作中也难免出现推诿、争执。故2018年修订的《刑事诉讼法》在"应当及时通知监狱"前加上了"执行机关"的限制条件。[①]其次，我国法律规范中还存在正反向说法的明确性问题。如2004年《公司法》第57条第2款规定了公司违反钱款规定选举、委派董事、监事时该决定无效，但是并未说明如果行为人已经是公司董事或监事时，事后发现违反前款"不得担任公司董事、监事"等情形的法律后果。对此，2005年《公司法》作出修改，其第147条第3款规定："董事、监事、高级管理人员在任职期间出现本条第一款所列情形的，公司应当解除其职务。"此规定的内容一致延续至今（2018年《公司法》修改对此款规定并未作出改动）。

不过，目前也还存在此类问题并未得到立法回应的情形。如，《公司法》（2018年）第141条第1款中规定，"发起人持有的本公司股份，自公司成立之日起一年内不得转让"，该规定只表明了禁止性行为的态度，但未作出实质性应对，对于"在一年内转让的"情形应当直接视为无效还是由行为人提起诉讼后经判决后无效等并未作出明确规定。最后，除了应注意逻辑性的协调还需要避免逻辑混乱。如1996年《刑事诉讼法》第74条规定："犯罪嫌疑人、被告人被羁押的案件，不能在本法规定的侦查羁押、审查起诉、一审、二审期限内办结，需要继续查证、审理的，对犯罪嫌疑人、被告人可以取保候审或者监视居住"；按照刑事诉讼活动的一般逻辑，犯罪嫌疑人、被告人被羁押后，案件不能在"期限内办结"

---

① 《刑事诉讼法》第268条第4款规定："罪犯在暂予监外执行期间死亡的，执行机关应当及时通知监狱或者看守所。"

时，原则上应当考虑是否直接释放或变更强制措施，不再对其进行羁押，而后出现“需要继续查证、审理”的例外情况时可以采取“监视居住或取保候审”的强制措施，抑或是没有出现这种例外情况时该如何处理。但本条款直接从例外规定开始，并未对当时犯罪嫌疑人、被告人的人身状态予以表述，留下了考虑不周的逻辑陷阱。2012年，《刑事诉讼法》作出了相应修改，将“应当予以释放”作为原则性条件，“需要继续查证、审理”作为例外情况。①

第二，事理逻辑的顺畅。法律规范符合社会公众常理、常识是科学立法的基本要求，立法语言的事理逻辑与公众的普遍信条、认知相悖时只能说明立法活动并未体现人民意志和民主立法的精神。立法中强调事理顺畅，就是先明其理、再疏其义；情理即善意，善意证良法。②其实，这也是因为事理逻辑的顺畅意味着符合公众一般的意识和认知，增强其对于法律规定的可接受度，进而有利于推进全民守法的依法治国基本方针。

如在1999年和2004年修订的《公司法》中均提及了股份有限公司“申请设立登记”的条文，但是关于申请的条件并未将“公司登记申请书”这一基础性材料纳入范围，显然不符合公司运转的常理。而后在2005年修订该法时将这一条件列为了“公司申请登记”的第一项条件。又如2011年《渔港水域交通安全管理条例》第10条规定：“在渔港内的航道、港池、锚地和停泊区，禁止从事有碍海上交通安全的捕捞、养殖等生产活动；确需从事捕捞、养殖等生产活动的，必须经渔政渔港监督管理机关批准。”该条款的规定看似将原则和例外明确区分开来，为公民保留了一丝权利。但从逻辑上讲，既然在“渔港”区域，且是“有碍海上交通安全”的行为，还会出现“确需”的情况吗？究其根本，是对行政许可的依赖惯性抑或是由于社会的快速变革，但在实践中也证明了该条款的无所适从。在2017年修订时，该条例删除了“例外情形”，纠正了这一问题。

第三，法理逻辑的通透。法理是立法的内在表达，立法是法理的外在实现。法理是我国法律规范的基本精神和理论渊源，立法不可能离开法理，更不能背离

① 2012年《刑事诉讼法》第96条规定：“犯罪嫌疑人、被告人被羁押的案件，不能在本法规定的侦查羁押、审查起诉、一审、二审期限内办结的，对犯罪嫌疑人、被告人应当予以释放；需要继续查证、审理的，对犯罪嫌疑人、被告人可以取保候审或者监视居住。”

② 张越：《立法技术原理》，中国法制出版社2020年版，第284页。

法理。[1]如我国《行政诉讼法》明确了被告负举证责任的基本证据制度，这是因为行政法所调整的对象是行政机关与行政相对人的不平等地位所产生的法律关系，行政机关占据主导和优势地位且诉讼的焦点在于行政机关所作出的行政行为合法性问题，依照诉讼双方地位平等的法理逻辑，其应当承担证明其行为合法的举证责任。又如2017年3月修订的《河道管理条例》第14条第2款规定："在堤防上新建前款所指建筑物及设施，必须经河道主管机关验收合格后方可启用，并服从河道主管机关的安全管理。"此处所指的"新建"与前一款所指的"已修建"相区别，但是还附加了"必须经河道主管机关验收合格后方可启用"的条件，这时就被理解为新建的钱款所指建筑物及设施应当经河道主管机关验收合格后方可启用，然后服从河道主管机关的安全管理。不难看出，立法机关试图设立"河道主管机关验收合格"的行政许可制度，但其中法理并不符合简政放权的改革要求，即"新建建筑物及设施"既然需要服从河道主管机关钱款所指的"定期检查""限期改建"等安全管理，则对于"新建建筑物及设施"与"已修建建筑物及设施"同等对待、合并到日常管理中，而无需再设立一项行政许可。因此，该条例在2017年3月修订后不久，在同年10月，国务院又作出修改决定，删除了"必须经河道主管机关验收合格后方可启用"的限制条件。

第四节　新一代信息技术与立法现代化

当前，在以信息技术创新为鳌头的科技革命到来后，以互联网、大数据、人工智能为代表的新一代信息技术正在蓬勃发展，进一步实现了智能化革命。在中国特色社会主义法治体系建设语境下，立法融入其中也是社会发展的必然趋势。立法遵循问题导向原则，是一项发现问题、制定规则、有效治理的庞大工程，借助新一代信息技术的力量，合理界定二者地位，与其实现科学性的深度"合作"，将有助于立法技术的革新式提升。同时，就立法领域中的重点难点问题也提供了又一范式。

---

① 张越：《立法技术原理》，中国法制出版社2020年版，第295页。

一、推进立法精细化

党的十八届四中全会对科学立法制定了全面性部署计划，提出了“推进立法精细化”的明确要求。在我国大力推进科学性立法的背景下，确立大数据等新一代信息技术思维模式是互联网时代的必然要求，同时也体现了立法者与时俱进的工作思路和方法。目前，我国已然将“数据”作为生产要素和国家重要战略资源，合理的利用和开发能为立法确立质量标准，找准科学的路径和方法从而回应立法需求。如人工智能、大数据等技术能够针对某一领域的具体问题进行数据抓取并分析相关因素，将其独有的统计方法和质量管理能力结合起来，避免精细化立法流于形式。也有学者提出“将戴明理论、石川馨全面质量管理理论中的一些核心思想，如质量第一、面向消费者、下一道工序是顾客、用数据和事实说话、要尊重人等内容，引入到立法中来，作为立法工作必须遵守的原则和精神”[①]。以培养立法者数据思维的方式，推动其结合信息化技术本身将各社会领域的各部门法律法规所涉及的权利义务内容尽可能作出清晰且完整的表达，使法律规范具有可操作性和可执行性，同时也可以在一定程度上避免事后再次释明，削减不必要的立法成本。

二、辅助立法客观化

首先，在大数据时代，“收集信息固然至关重要，但还远远不够，因为大部分的数据价值在于它的使用，而不是占有本身”[②]。在立法领域，新一代信息技术可以通过采集社会热点、收集和筛选立法意见，将相关领域的知识、规律、意见传输到立法机关。同时，数据的表象仅限于结果的价值，充分发挥“众智”作用，从基础上保障立法需求、反映客观规律，进而有效解决《中共中央关于全面

① 江必新、郑礼华:《互联网、大数据、人工智能与科学立法》，载《法学杂志》2018年第5期，第5页。

② ［英］维克托·迈尔-舍恩伯格、肯尼斯·库克耶:《大数据时代——生活、工作与思维的大变革》，盛杨燕、周涛译，浙江人民出版社2013年版，第156页。

推进依法治国若干重大问题的决定》明确指出的“从体制机制和工作程序上有效防止部门利益和地方保护主义法律化”的立法难点问题。

其次，网络空间是一种更为互动和参与的传播系统，在这里，处于优势地位者不能强行让讨论就此结束[①]；大数据、人工智能等技术的引入，有利于建立立法者与公众有效沟通的平台，打破了时空界限，充分吸取各领域、各行业民意。值得一提的是，它不是公众之于立法者的单向输出，而是双方献计献策的互动交流，立法者也不必静待舆论的发酵而引起法律规范的改革。

三、提升立法效率化

2009年6月27日，全国人大常委会决定废止《公安派出所组织条例》等8部法律。此次会议还审议了关于修改部分法律的决定草案，拟修改法律59件、141条。这是全国人大常委会首次采用“包裹立法”形式，一揽子废止和修改67件法律的一次大动作。[②]十一届全国人大常委会第九次会议表决通过了关于废止部分法律的决定，提及党和国家机构改革后，大量的法律、法规和规章需要制定或修改。

首次“包裹立法”开创了一个新的立法形式，确立了立法者的“清理思路”。在互联网时代，人工智能等信息技术的引入将跨界融合的优势充分运用，从而进一步提高立法效率。2014年9月起，天津市人大常委会法制工作委员会开始使用北大法宝智能立法支持平台（下称智能立法平台），尝试借助人工智能开展备案审查、人大立法等工作。这套智能立法平台包括提供立法项目管理、草案意见征集、法规文件公开、法规文件报备、法规文件审查、法规文件清理、立法资料管理、立法（后）评估、立法大数据分析等九个系统功能。实践表明，人工智能的引入，使得备案审查的准确性得到明显提高。2016年起，天津市人大常委会开始应用智能系统，对以往颁布的所有规范性文件进行审查，在机器

① ［英］安德鲁·查德威克:《互联网政治学：国家、公民与新传播技术》，任孟山译，华夏出版社2010年版，第8页。

② 席锋宇:《节约立法成本提高立法效率》，中国人大网2014年9月9日，http://www.npc.gov.cn/npc/c10134/201409/6c70afdb85b54e098a2f958b02185d49.shtml。

的辅助下进行自我清理。与此同时，各地“智慧法院”的建设也为“智慧立法”建设提供重要指引，用温和理性的人机“合作”观契合信息技术产业的蓬勃发展，这也将成为我国立法现代化的重要抓手，为国家治理体系和治理能力的现代化作出新贡献。

探索立法现代化的实践路径，必须融合深厚的立法学研究功底、丰富的立法实践经验和前沿的人工智能、大数据等新兴技术；需要法学界以开放、包容审慎的态度面向新时代，为立法学的发展贡献新智慧。

小　结

立法技术是立法工作中的重要一环，认识立法技术，不仅要从学理角度入手，更要立足于我国现行的立法技术规范，从规范中学习我国在立法实践和立法研究中关于立法技术的先进成果。立法技术是实践的产物，对于立法技术的学习不能仅仅依靠概念，而是要从法律文本出发，寻找法律文本中所体现的立法技术。例如，对于立法体例的学习，可以通过分析不同法律、法规的立法体例，对比分析它们的特点，并与书本所列内容相对照，进行理论与实践的对比学习，这样的学习必然是事半功倍的。而对于立法语言，要深入分析法律条文的词汇、语法、修辞、时态、标点的使用是否合适？是否恰当地表达了该条文的意思？是否产生了歧义？如果存在问题，要接着思考如何对立法语言进行调整？由于立法技术的实践性，使得立法技术的学习方式有别于其他部门法学知识，更偏向于自然科学知识的学习方式，强调“动手性”，并且该“动手性”是普遍可行的，因为只需要找到法律文本，那么立法者就可以对法律文本的立法体例和立法语言对比进行实操分析。

在新时代，随着人工智能技术的发展，尤其是人工智能技术应用于立法活动即智慧立法的发展，那么立法技术必然也会产生新的变化，这更加要求立法技术的学习者、研究者、使用者深刻认识到立法技术的实践性。不用死板的概念去嵌套现实中灵活的技术，而是要立足于实践，在大数据时代让立法技术也乘着科技的翅膀获得更多进步。

拓展阅读

[法]孟德斯鸠:《论法的精神》(下册),张雁深译,商务印书馆1963年版,第296—301页。

罗传贤:《立法程序与技术》,台湾五南图书出版有限公司1997年版,第233—234页

[德]弗里德里希·卡尔·冯·萨维尼:《论立法与法学的当代使命》,许章润译,中国法制出版社2001年版,第37—38页。

[美]安·赛德曼等:《立法学:理论与实践》,刘国福等译,中国经济出版社2008年版,第328—329页。

刘风景:《立法目的条款之法理基础及表述技术》,载《法商研究》2013年第3期,第48—57页。

第十一章　立法评估

第一节　立法评估概念

一、立法评估的含义

评估是一种工具，借助它，不仅可以对观测到的社会变革进行终结性（summative）的测量、分析和评价，也可以为过程的合理调控生成形成性（formative）的数据。①立法评估是借助评估这一工具，对立法质量或者立法效果进行分析并定性的一个过程。立法评估在我国也被称为立法评价、立法实效评估、立法质量跟踪评估等。立法评估的含义至少存在三类观点：

（一）效果论

该学说重在强调评估的结果性，侧重于对立法实施效果的评价。“立法评价是指法律实施一段时间后对法律的功能作用、实施效果的评论估价和在此基础上对整个立法质量、价值的评论估价。”②该学说注重对立法实施后的效果进行评估，但却忽视了立法前评估的内容，把立法后评估等同于立法评估，具有一定局限性。

（二）质量论

该学说强调运用全面系统分析法对立法质量进行评估，以形成立法修改建议。“地方立法质量跟踪评估是指具有立法评估资格或者能力的主体对现行实施

① 参见［德］莱茵哈德·施托克曼、沃尔夫冈·梅耶:《评估学》，唐以志译，人民出版社 2012 年版，第 2 页。

② 周旺生、张建华主编:《立法技术手册》，中国法制出版社 1999 年版，第 499 页。

的地方性法规、规章在实施一段时间后，对其立法价值、文本质量及实施绩效按照一定的标准和程序采用科学的方法和技术进行全面客观的跟踪调查、分析和评价，提出维持、修改或者废止等建议，并将评估的结论作为地方性法规、规章梳理整理或进一步修改完善的重要依据。”该学说较为全面地概括了立法评估主体、内容、方法等要素，注重立法评估与立法的关联性。

（三）程序论

程序论认为立法评估应当坚持公开公正的程序，才能够保证评估的客观性。立法评估是指立法评估主体在客观性和公正性价值指导下，根据科学的标准和严谨的程序对法律法规草案或实施中的法律法规质量及其可能产生的或已经产生的影响进行预判或实际判断，从而对草案或法律法规进行完善，以提高立法质量，降低法律的试错成本。该学说注重以程序规范实现评估结果的公正性。

二、立法评估的类型

立法评估可分为立法前评估与立法后评估。该类型划分主要以法律实施的时间点以及评估逻辑的完整性作为考量依据。一部法律正式实施前的所有评估都是为了从源头上完善即将实施的法律，因此皆可视为立法前评估。法律实施后的评估项目则是为了检验法律的实际效用，并为后续改善法律质量提供参考意见。

立法前评估是指在法律制定成型之前，相关主体为了确定是否应制定某部法律及如何制定该法律以保障立法质量而结合定性与定量的方法对立法草案进行的预估，对法律的必要性、合法性、合理性、衔接性和可操作性等形式标准及社会、经济、环境影响等实质标准而开展的评估项目。立法后评估在我国有多个别称，如立法实效评估、立法质量跟踪评价等，其内涵一致。不同的学者对立法后评估下了不同的定义，但都未能全面概括立法后评估的核心要点。本书认为立法后评估是指立法机关或相应评估机构对已实施规定年限后的法律法规根据一定的标准和程序，对其社会影响、经济影响和环境影响进行评估，从而判断其成本与收益，据此对法律进行废、改、释等二次立法，且评估在法律实施有效期内应在固定期限内进行反复评估以实现持续追踪法律法规对社会的效用。

立法前评估与立法后评估虽都以提高法律质量为最终目的，但二者的逻辑却是呈现十分清晰的时间序列关系：立法前评估—立法—立法后评估。以法律颁布为中点，立法前评估发生于法律颁布之前，立法后评估则发生在法律颁布后的实施阶段，二者具有不可替代性。立法前评估是为了论证法律制定的必要性及可行性，最终目的是为制定法律提供建议，并在法律制定过程中通过各种方式听取完善建议，其评估对象为立法草案。在法律体系基本完善以后，每一部法律的制定都应谨慎，并开展立法前评估论证，以实现科学立法的目的。而立法后评估则是为了检验立法预期的实现情况以及实施过程中的效果。评估结果影响着一部法律后续的存在状态，即法律的维持、废除或者修改，评估对象为正式立法文本及其实施效果。在评估目标与对象差异之外，立法前评估与立法后评估也存在关联性。

立法前评估与立法后评估结论可进行对比研究，以更充分地检测法律预期与现实情况的差异，探寻法律质量的问题根源，有的放矢地制定解决措施，提高评估效率。

三、我国立法评估的发展进程

我国立法评估受立法检查活动、评估活动的影响，经历了从立法机关内部评估发展为立法机关外部评估的显著发展阶段，逐步建立了符合我国国情的立法评估制度。

（一）初创期：以执法效果为导向

受到执法检查、规章清理等立法检查活动的影响，我国立法评估前期的内容仍以执法评估为主，属于权力机关内部的自查自纠行为。前期积累的执法检查经验为立法评估的实施创造了一个切入点。虽然评估内容与前期立法检查相似，但却将评估学融入执法效果测评中，提高了测评的客观性与科学性。相比于以往以目的为导向的立法检查活动，立法评估活动更为注重以手段为导向，运用定量和定性的分析方法，加强了评估结论的公正性。2004年重庆市曾以法律实施情况为评估内容，形成了《重庆市地方立法的基本情况和基本评价》的立法评估报告，并对《重庆市产品质量监督管理条例》等法规进行了专项调研，得出现行法规质量总体良好的结论。不可否认的是，执法情况是反映法律实施效果的一个重要因素，但以执法效果认定法律实施效果是一种以偏概全的做法，法律的实施效果还受到立法本身以及司法、守法等因素的影响。立法因素才是立法评估的最终靶向，其他因素则起辅助作用，综合反映立法质量。

（二）成长期：以文本质量为导向

经过对初期以执法效果反映法律实施效果的试水后，立法评估主体意识到初期评估存在的问题，转而更为注重立法文本本身的影响。该阶段的评估内容以立法文本质量为主，相比于初期较为动态地调查执法效果，处于成长期的立法评估活动更为静态，多专注于立法文本的合法性、合理性等特征，并充分结合了定量和定性的分析方法。《甘肃省人大常委会地方性法规质量标准及其保障措施（试行）》确立了该省立法评估内容以法理标准、实践标准、技术标准和实效标准为核心。但有学者认为该条例在评估内容设计上存在缺陷，没有表现对立法价值的评估。因此，立法质量的跟踪评估应建立在立法的价值、形式和事实三个维度之上，下设四个标准，即价值标准、法理标准、规范标准和实效标准。①2010年甘肃省人大常委会法工委对《甘肃省烟草专卖若干规定》进行立法后评估，其评估结论认为该规定是一部立法质量较好的地方性法规，但却未对法规的改进提出意见，也未对其经济影响力进行评估。该阶段，虽然评估主体逐渐形成以内部主导的多元评估模式，但是为了平衡内部评估的局限性，评估组织者也开始有意识地邀请第三方评估主体参与。

（三）稳定期：以评估目标为导向

立法评估在经历过初创期和成长期的摸索后发展得愈渐稳定化、模式化、制度化。该阶段，立法评估制度确立了清晰的评估目标，即规范立法评估工作、提高立法质量以及发挥立法效用。立法评估的公正性要求评估工作应当遵循统一的标准，适用规范的流程，以保障评估的科学性。以制度方式确立评估主体、评估标准、评估对象等要素可以保障评估工作有序进行，从而反映立法的真实质量。

① 任尔昕等:《地方立法质量跟踪评估制度研究》，北京大学出版社2011年版，第125页。

为了确保评估工作的客观性，多部地方规章引入第三方立法评估方式。作为从外部实施的评估活动，立法主体不再如以往一样主导评估程序并影响评估结论的形成。第三方评估主体通常由具有专业知识的相关学术机构或评估机构担任，解决了内部评估存在的客观性与有效性不足的问题。这一模式正逐渐取代纯粹的内部评估，成为社会较为认可的评估模式。在制度规范上，《西宁市政府规章立法后评估办法》《本溪市人民政府规章立法评估办法》《南京市人大常委会立法后评估办法》《苏州市规章立法后评估办法》《厦门市规章立法后评估办法》《陕西省地方立法评估工作规定》《广东省政府规章立法后评估规定》等地方条例都对第三方立法评估的引入标准作了相应规定。

评估方向从执法回归到立法的过程充分反映了我国立法评估目标的清晰化以及评估制度的日臻完善。在科学性和民主性的指导下，立法评估愈加注重评估的规范性和实效性。

第二节　立法评估原则

立法评估原则是指导立法评估工作的根本准则，也是评估主体应当遵循的价值准则。立法评估原则同时兼具立法原则和评估原则，至少应当遵循以下五项基本原则。

一、客观性原则

立法评估的客观性原则源于评估学的基本原则，要求立法评估工作必须坚持实事求是的原则，尊重立法规律，如实地反映立法质量。评估主体不得在评估工作中因部门利益、地方利益或者个人喜好对立法内容进行选择性评估，而应当呈现立法的真实状态，从而保障评估结论对立法改善的效用。坚持客观性原则要求评估主体应当按照法定的标准选择评估对象，坚持评估的必要性，以法律的影响力为重要评估标准，不得避重就轻地选择评估对象，掩盖立法问题；在评估程序中，评估主体应当坚持统一的评估标准，全面评估立法质量，不得违反操作程序或者片面收集立法信息，防止主观判断对客观事实认知的影响。

二、民主性原则

立法评估的民主性原则源于民主立法原则，其要求评估主体广纳民意，充分吸收公众的立法诉求，平衡各主体之间的立法利益，确保大多数人的立法诉求得以实现。立法评估作为立法机关和公民之间的沟通桥梁能够加强立法的民主性，调动公众参与立法的热情。立法评估的民主性还表现在评估主体的多元化上。评估主体不仅包括立法机关，还包括具有专业技能的第三方主体、立法利益关联者或者其他公民。多元化的评估主体不仅可以遏制评估结论的部门倾向或者地方保护主义，还可以在主体间形成相互监督的关系，保障评估的客观性。

三、公开性原则

立法评估的公开性原则源于立法的公开原则，其要求立法评估的过程和结果必须公开透明，置于公众的监督之下。与立法机关内部自检自查的监督工作不同的是，立法评估的结果不仅需要对立法机关负责，还需面向社会公众，尤其是立法利益相关者，确保社会公众应有的知情权。评估过程的公开包括评估启动、评估对象选择、评估操作、结论分析等程序的公开；评估结果的公开包括评估结论、立法建议、评估报告等结果信息的公开。立法评估的全面公开有利于提高评估的公信力，促进立法机关与公民的沟通。

四、可操作性原则

可操作性原则源于评估原则，其要求评估措施在实践中具有可执行性。立法评估是一个对质性资料进行量化分解的过程，而后根据量化结果提出立法建议。立法评估的可操作性表现在评估指标的可操作性和评估建议的可操作性两方面。前者要求评估指标在实践中具有清晰的量化标准，避免模糊表达造成判断困难。后者表现为立法建议的可执行性，要求评估主体对立法机关提出切实可行的改善对策。作为影响立法决策的参考，评估建议应当具体且翔实，为立法机关提出具体的立法操作措施。

五、实效性原则

实效性原则是一个综合性原则，要求立法评估结果必须服务于立法工作并作出贡献。由于开展立法评估需要大量人力、物力资源的投入，只有评估收益大于评估成本的工作才值得开展。这就要求评估主体根据立法可能产生的社会、经济和环境效益审慎地选择评估对象，坚持以影响重大的立法为评估对象。如果立法评估成本大于评估结论对法规规章产生的收益，则违背实效原则，不具备评估价值。譬如，在第一产业主导的省份大量评估第二、三产业相关法规（除非是转型中的城市）或者在内陆城市评估台风应急类法规规章，都属于缺乏地方针对性的低效评估，不具备评估价值。

第三节　立法评估的构成要件

一、立法评估主体

立法评估主体是指组织或实施立法评估的个人、机构或社会组织。从功能划分的视角来看，立法评估主体包括组织主体、启动主体、实施主体和参与主体。立法评估组织主体根据法定标准或者立法机关需求负责启动立法评估并筹建立法评估团队，通常由立法机关担任。启动主体可以是立法机关、人大代表、政协委员、相关单位以及社会公众，其作用是提出启动立法评估的建议。立法评估实施主体负责具体制定立法评估方案、确定评估价值或标准、设计评估指标、执行评估、数据分析、撰写结论等具体的评估措施。实施主体既可以是立法机关，也可以是学术机构或者社会组织。参与主体是指参与立法评估过程的主体，包括立法机关、立法利益关联者、社会组织或者其他社会公众等。参与主体的多元化是立法评估民主性的保障。

从评估组成数量来看，立法评估主体可分为单一评估主体和多元评估主体。前者指来自同一个机构或者组织的评估主体；后者由不同的机构、组织和个体组成复合评估主体。

从主体身份来看，立法评估主体分为内部评估和外部评估。以立法机关作为划分标准，内部评估指由全国人大及其常委会、国务院、地方人大及其常委会、地方政府等立法机关或其内部机构实施的立法评估；外部评估指由立法机关或者其他职权部门以外的主体开展的立法评估活动，如学术机构、非政府组织、立法利益关联者等。

二、立法评估客体

立法评估客体即立法评估的对象，包括法律、法规、规章等立法文件。评估客体的选择应当遵循科学的标准，并非所有立法都值得评估。美国《管制计划与审查》（Regulation Planning and Review）要求对重要规章进行成本—效益评估。所谓“重要规章”指可能引发下列后果的规章：（1）年度经济影响在1亿美元或者以上的管制行为，或在实质上对经济、经济部门、生产力、竞争、就业、环境、公共健康、安全，或州、地方和原住民部落、社区产生负面影响的管制行为；（2）造成了严重矛盾，或者干预其他机关已经执行或者计划执行的管制行为；（3）实质改变了资格授予、拨款或贷款项目的预算效果及接受者的权利和义务；（4）在法令或行政命令所确定的原则之外产生了新的法律或政策问题。

我国立法评估制度大多都确定了评估对象的选择标准。例如，《西安市政府规章立法后评估办法》第7条列出四条评估对象选择的标准。[①]现有选择标准主要集中在立法时间、立法影响力、意见量以及立法机关确定等方面。“评估应以

① 《西安市政府规章立法后评估办法》第7条规定：“规章有下列情形之一的，应当进行评估：（一）与经济社会发展和公众利益密切相关、社会影响面广、社会关注度高，且实施已满3年的；（二）调整对象发生改变，现规定是否适应经济、社会发展的要求尚不明确的；（三）人大代表议案、政协委员提案以及社会公众提出较多意见的；（四）市人民政府认为需要评估的。根据法律、法规和省政府规章需要对规章进行修改、废止或者有紧急情况需要进行修改、废止的，可以不进行评估。”

有效性（有没有实际价值）、时间性（时机合适不合适）、必要性（有没有现实需要）和可行性为前提，具体问题具体分析，不能不加区别，一概而论。”[①]

中外立法评估制度确定评估对象的标准都要求被评估的法律必须产生实质性社会影响。不同的是，我国还把评估对象的实施时间以及民主提议作为标准。

三、立法评估标准

立法评估标准是指判断立法质量的准则，亦是判断立法良善程度的根据。评估标准的制定必须经过反复试验。通过不断调整，才可形成具有普遍适用性且符合我国立法客观实情的准则。

当前我国尚未形成统一的评估标准，对于评估标准的选择也是一个见仁见智的论题。有学者认为评估标准包括效果（包括负面效果）、执行效率、连贯性、简洁性、清晰性、可获得性，以及持续的社会、经济文化、政策的关联性。[②]也有学者把评估标准分为法理标准、实践标准、技术标准和实效标准四方面。[③]或者，有学者将评估标准分为一般标准和特殊标准，短期标准、中期标准和长期标准，微观标准、中观标准和宏观标准，一般标准包括效率标准、效益标准、效能标准、公平标准和回应性标准。[④]还有学者提出，立法质量的判断标准应当包括五个方面，即价值标准、合法性标准、科学性标准、融贯性标准以及技术性标准。[⑤]与理论研究相似的是，我国多地立法评估制度也将评估标准大致确定为合法性、合理性、必要性、可操作性、实效性、特色性等标准。合法性主要是检验立法程序是否合乎法定程序规范，立法文本是否存在违背宪法法律或者抵触上位

① 谢明:《政策透视——政策分析的理论与实践》，中国人民大学出版社 2004 年版，第529 页。

② Koen van Aeken，*From Vision to Reality：Ex-post Evaluation of Legislation*，Legisprudence，Vol. 5，No. I，2011，pp.41-68.

③ 任尔昕等:《地方立法质量跟踪评估制度研究》，北京大学出版社 2011 年版，第 97 页。

④ 汪全胜:《立法后评估的标准探讨》，载《杭州师范大学学报（社会科学版）》2008 年第 3 期，第 94—95 页。

⑤ 宋方青:《立法质量的判断标准》，载《法制与社会发展》2013 年第 5 期，第 43—44 页。

法的现象；合理性评估则要求立法应当符合客观规律，不能违背社会道德和伦理标准；必要性涉及立法资源分配的问题，要求立法首先应当回应紧迫问题，不可事事皆立法；可操作性是指立法用语表达清晰准确，立法措施在实践中具有可执行性，为司法、执法和守法提供明确指引，不能规定人们做不到的事情；实效性则是对立法实施效果的整体衡量，据此考察立法修改的必要性；特色性原则表现在地方立法和行业立法两方面。地方立法特色性要求地方立法必须与地方发展实况相契合，解决地方实际问题，避免盲目立法。行业立法的特色性则指立法必须符合行业发展规律，针对行业问题提出立法解决措施。评估标准是衡量立法质量的标尺，只有科学地确立评估标准才能够真实地反映立法水平。

四、立法评估内容

立法评估内容是指评估包含的要素。立法评估以法律法规为对象，评估内容包括立法文本评估与立法效果评估，分别对应立法前评估与立法后评估的内容。评估对象的差异决定评估内容各有侧重，应当加以区分。

立法文本评估主要是在立法颁布前，评估主体对立法草案的文本质量和立法预期效果进行评估。立法文本质量评估主要依据确定的评估标准检测立法是否符合制定和实施标准，例如立法草案内容的合宪性、合法性、合理性等。立法预期效果是对立法未来可能产生的效果进行预判断，通常表现为立法目的。

立法效果评估是对已经实施一段时间的法律开展社会效果、经济效果以及环境效果的评估，考察立法收益与实施成本之间的关系，通过对实际效果与预期效果进行对比，从二者之间的差距检验立法质量以及立法实施问题。

五、立法评估程序

立法评估作为立法过程的一个环节本身具有程序性。立法评估程序是指评估主体在法定时间内根据评估步骤完成评估工作的整个过程。立法评估程序至少包括评估启动、评估实施和评估完结三个环节。

具体而言，评估启动程序是实施程序的预备阶段，由评估组织主体全面收集评估信息后，确立具体的评估对象和评估目标以及组建评估团队。该阶段的主要工作是确定评估工作的基本任务，为后续工作的开展提供指引。

实施程序是正式评估阶段。评估实施主体在完成评估方案后依照评估流程执行评估计划，包括设计评估指标体系、预评估、修改评估指标、正式评估、评估数据分析等环节。该环节是立法评估工作的核心阶段，必须深入调查，获取第一手立法信息和数据。该阶段的工作质量对立法评估结果具有实质性影响，实施主体应当秉持客观和专业的态度反馈立法状态。

评估完结阶段是立法评估最后一个程序，包括撰写评估报告、提出立法建议、公开评估报告、回应立法机关与公民等步骤。该阶段在当前实践中完成得较为有限，大多评估主体都忽视了立法评估的实效性。评估主体通常以撰写评估报告作为评估工作的完结，后续评估报告的公开、立法机关对评估报告的应用等信息都无从获取。受评估实践影响，部分立法评估制度也未将监督和反馈机制纳入规范中。因而，评估完结阶段是当前我国立法评估亟待完善的环节。

六、立法评估方法

立法评估方法是指评估主体运用的分析手段和技巧。美国立法评估主要采取成本—收益分析法和风险评估分析法。前者主要从经济学视角衡量一部法律的效益和可见的价值；后者主要注重法律实施过程中可能面临的社会风险以及承受能力，从而制定风险防范和处理措施。与美国偏重定量分析方法不同的是，我国以往更为注重定性分析，例如头脑风暴法、典型个案分析、德尔菲法、立法听证会等方式。随着评估学的引入，诸多量化评估方法也逐渐成为我国立法评估常见的分析方法，例如问卷调查法、访谈法、样本分析法、系统分析法、层次分析法、元评估方法、成本—效益分析法等。

评估方法的多元化能够提高评估结论的准确性，但并非采纳的评估方法越多，评估结果越有效。评估方法的应用还需根据评估对象和评估目标加以选择。以立法文本为主要评估对象的立法前评估较为适宜采用定性评估中的头脑风暴法、德尔菲法等评估方法。由于立法尚未实施，立法效果和风险只能预测，经验丰富的专家评断更适合静态的文本评估；而以立法效果为评估对象的立法后评估则可以更偏重采用定量分析方法，如问卷调查法、样本分析法或者成本—效益分析法等。在立法产生实际效果后，量化分析方法能够更精准地挖掘现象背后的规律，尤其是社会效果、经济效果等本身量化度较高的内容。因而，立法评估方法的选择可以充分结合定性分析和定量分析，并根据不同评估对象略有侧重。

第四节　第三方立法评估

一、第三方立法评估的概念

第三方立法评估的关联概念是第一方和第二方评估。由于第三方评估主体是建立在第一方和第二方评估的基础上，所以为了更深入地理解第三方立法评估的含义，首先须明确第一方立法评估和第二方立法评估的内涵。将第三方评估的含义延伸至评估领域中，第一方评估主体代表服务提供者，第二方评估主体代表服务对象，第三方评估主体则为独立于二者以外的评估机构。具体到立法评估领域，第一方评估主体为立法机关，第二方评估主体为立法利益关联者，第三方评估主体为双方主体以外的评估方。所谓第三方立法评估是指立法机关和立法利益关联者以外的评估主体对立法展开的评估，包括学术机构、商业机构、非政府组织或者公民等主体。

二、第三方立法评估主体的构成

第三方立法评估主体的构成可由单一的评估主体担任也可由不同主体共同组成一个多元化的评估小组。单一的第三方立法评估可由高等院校、科研机构、社会团体、行业协会、中介机构等来自同一机构的主体实施。我国第三方立法评估较多由高等院校和科研机构实施。高校科研机构作为学术前沿阵地对国外研究具有敏锐性，能够较快地了解国外立法评估的技术及方法，因此成为第三方评估主体的主要构成形式。例如，长沙市政府法制部门委托中南大学法学院对其32部地方规章进行评估，法制部门为其提供评估相关信息，最终中南大学法学院以评估报告形式为长沙市规章的清理提供建议。多元评估主体在多部立法评估制度中都有明确规定，是当前较受认可的一类评估主体。多元评估主体可由多个不同的评估主体组成一个评估团队，如立法机关、公民、高等院校、科研机构等。2005年，上海市人大常委会组织了上海市人大法制委、上海市人大常委会法工委以及相关专门委员会，并邀请市人大代表和专家参与对《上海市历史文化风貌区和优秀历史建筑保护条例》的立法后评估，属于典型的多元第三方立法评估模式。

三、第三方立法评估的分类

根据评估主体资格的来源为划分依据，现有第三方立法评估可分为受委托第三方立法评估与无委托第三方立法评估。

受委托第三方立法评估是当前立法评估制度规范中较为常规的评估模式。虽然第三方评估主体的中立价值广受认可，但却未成为固定评估方式，而需由评估组织者决定是否引入第三方评估主体。受委托第三方立法评估主体资格是源于立法评估组织者的委托，从而获得相应的评估权实施立法评估活动。在评估实践中，第三方立法评估多属于受委托评估类型。例如，2005年、2006年甘肃省人大分别委托西北师范大学、兰州商学院对《甘肃省村务公开条例》《甘肃省消费者权益保护条例》等进行评估；长沙市政府委托中南大学对一系列行政规章进行评估；重庆市委托西南政法大学对重庆一系列地方性法规进行评估等。这一方式的优点主要表现在对评估活动的资源保障以及赋予评估实施主体相应责任上。首先，立法资源获取的便捷性。立法评估活动的开展需要多方面资源的整合与支持。立法机关作为委托方掌握了丰富的立法资源，能够从内部视角发现立法中的专业问题并可作为评估重点解决对象，由内而外地发现问题并解决立法问题。其次，评估活动资金的保障。通过委托关系，立法机关通常对评估实施主体进行资助以保障评估活动的顺利开展。立法评估过程中的指标设计、问卷调查、实地访谈、立法考察等都离不开必要的资金保障。立法评估委托方式主要有两种：一是直接委托，即立法机关内部进行预算，纳入立法计划中，向受委托机构拨付资金；二是间接委托，即立法机关或相关机构通过发布学术课题的形式选择项目主体承担具体的评估活动。最后，委托关系强化主体权责。委托双方的权责通过委托合同得以明示，受委托方秉持着对委托方负责的态度应按规定完成评估活动，否则委托方可进行追责。通常评估活动可持续六个月至八个月，特殊情况可延期至一年。如受委托方超期完成评估不仅难以反映立法在一段时期的质量，也可能贻误立法的良好时机。因此，委托责任可督促受委托方如期完成评估活动，及时为立法提供信息。

无委托第三方立法评估尚未在现有立法评估制度中出现，但该模式的实践已先于制度产生。无委托第三方立法评估是指第三方评估主体独立于任何立法关联者而自发进行的立法评估活动，仅对发起者本身负责，如中国社科院法学研究所即是在无委托的背景下发布了“2015年地方立法指数排名”。受委托与无委托的第三方立法评估具有很多相似的功能，如专业性、独立性、外部性、权威性等，但无委托方式的独立价值更符合社会对评估主体的要求。从应然层面而言，第三方评估的内在价值表现为独立性。在此基础上，评估主体具有权威性，由此产生的评估结论具有公正、公平性。然而，建立在委托关系基础上的双方主体可能存在利益关系，无形中贬抑了第三方主体应有的客观性与权威性。处于同一地区的委托双方主体，在立法评估活动以外，还可能存在利益、合作关系，尤其是地方省属高校，其财政受地方政府管理，在评估中极有可能存在价值倾斜。这并不意味着无委托第三方立法评估主体是完美的，至少在获取立法资源方面并不如受委托评估主体便捷。

总的来说，二者各有优劣之处，但从整体效果来看，客观性对立法评估的影响大于立法资源的获取，也更符合第三方评估蕴含的内在价值。

第五节　立法评估制度建设

多地立法评估经验表明，现有评估项目的开展缺乏持久性，缺乏常态化评估，不能形成一个完整的评估循环。“一次性评估”既浪费前期调查资源，又无法持续了解法律质量的动态变化。科学的评估应按照一定的标准，严格甄选评估对象并进行反复评估、跟踪了解社会需求，才可有效提高法律质量。然而，立法评估所需成本不菲，持续性跟踪调查对立法机关而言是一个沉重的经济负担。立法评估若不能改善立法问题，则可能产生成本大于收益的现象。因而，立法评估启动是否需要常态化是一个尚无定论的问题。

回顾我国十数年的立法评估历史，尚无一个评估项目能够持续对一部法律进行持续性动态追踪，一次性评估则较为常见，立法评估的开展缺乏常态化。单次评估结论只能反映法律在一段时间内的质量，不可一劳永逸地解决所有立法问题。那么，是什么原因影响了立法评估的常态化启动呢？首先，立法评估启动的制度规定是完整的：法律法规颁布3—5年时间可开展立法后评估。该规定可理解为，一部法律颁布后的每3—5年可展开一次立法后评估，而非法律颁布后的第一个3—5年。再看制度的执行情况。立法评估的开展通常由立法机关组织，如上海市人大常委会组织对《上海市历史文化风貌区和优秀历史建筑保护条例》的评估，重庆市人大常委会以课题资助形式委托俞荣根教授开展的“地方立法质量评价体系研究”等，但遗憾的是上述具有开创性的评估项目都仅开展一次就结束。不可否认的是，这些评估项目不论在实践上还是学术上都不同程度地推进了立法评估的发展，但评估持续性的缺失也限制了相关法律的后续完善，为提高立法质量写下一个省略号。然而，一次性评估现象在我国已具有普遍性。究其原因在于评估组织者缺乏对立法评估完整性的认识。或者说，评估组织者认可一次性评估的万能主义价值观，寄希望于通过一次评估达到一劳永逸的效果。显然，这样的思想过分夸大了评估的功效。事实上，每一次评估结果只是评估体系上的一个点。通过时间推进，不同的点构成一条纵向的时间线，形成评估系列，通过不同时间立法质量的对比可有效地推动立法的完善。一言以蔽之，立法评估与立法应是共生共存的关系。

我国“一次性”立法评估现象也反映了立法评估所需的高成本。立法评估的成本大致可分为人力成本和物力成本两方面。由于立法评估属于专业性工作，人力成本占比更重。如果立法机关不具备足够的专业技能或者工作时间不允许，则需委托其他人员实施评估活动。评估工作的开展通常需要3—12个月，视评估对象而定。单一立法的评估通常需要3个月左右，而一揽子立法的规模性评估则需至少6个月以上。由于立法评估需要开展大规模的调查，需要一定数量的评估人员。物力成本主要包括评估调查费用、数据分析软件的购买等成本。例如，2013—2014年重庆市人大常委会立法后评估领导小组对《重庆市技术市场条例》《重庆市科学技术投入条例》《重庆市促进科技成果转化条例》和《重庆市科技创新促进条例》等四部地方性法规开展的立法后评估工作。在文本质量评估方面，评估小组委托了西南政法大学知识产权学院相关专家团队；在四部法规及其相关的十部制度的民意问卷调查方面，市社情民意中心则担任评估实施主体；在法规实施效果上，万州、北碚、南岸、荣昌四个区县人大常委会负责具体实施情况的调研。由此可知，立法评估所需成本较高。

但是，部分立法评估并未能有效改善立法，主要表现为评估结论的空洞化。在无监督的情况下，有的评估成果仅流于形式，鲜少对立法工作产生实质作用，与评估初衷相违背。从我国多部评估报告来看，评估结论中的问题都较为清晰但立法建议却严重缺乏可操作性，多为原则性表达，如完善民主立法、扩大立法的公众参与等。立法机关实际上需要了解应如何完善民主立法或者法律制度中具体哪方面需要完善，这些具体性措施却并未在评估建议中提及。立法是一系列工作的组合，如不能明确如何完善立法，评估建议对立法机关将不具备实用性，预设的价值也将难以实现。从该角度看，持续性开展立法评估不仅损耗财力，更无益于立法质量的改善。

立法评估活动确有常态化的必要性，才可保障立法评估的延续性及立法机关对立法质量的持续跟踪。但是，立法评估的成本与收益比是一个不可回避的问题。严格筛选评估对象可有效调解这一矛盾。立法评估主体可以对影响较大的立法进行常态化评估，而对影响较小的立法则在发生重大实质性变化且对社会产生较大影响时才进行单次评估。这就要求立法机关在正式评估前需对立法评估对象进行粗略的评估以确定常态化评估和单次评估的对象，从而保障立法评估的有效性与实效性。

拓展阅读

吴玉姣：《地方立法谦抑论》，知识产权出版社2020年版，第180—220页。

席涛：《立法评估：评估什么和如何评估（上）——以中国立法评估为例》，载《政法论坛》2012年第5期，第59—75页。

张骐：《法律实施的概念、评价标准及影响因素分析》，载《法律科学》1999年第1期，第40—46页。

王称心：《立法后评估标准的概念、维度及影响因素分析》，载《法学杂志》

2012年第11期，第90—96页。

周祖成、杨惠琪：《法治如何定量——我国法治评估量化方法评析》，载《法学研究》2016年第3期，第20—35页。

后　记

本书是由西南政法大学立法学教学研究人员编写的一本供大学本科法学专业选修课程——“立法学”使用的教学用书。一直以来，西南政法大学对立法学教学与研究极为重视，2011年专门成立“地方立法研究院”。2013年，由我校牵头，协同重庆市人大常委会、重庆市发展和改革委员会、重庆市司法局联合组建的重庆市地方立法研究协同创新中心成功申报市级2011协同创新中心，并于2022年1月被教育部批准为省部共建的国家级2011协同创新中心。多年来，在教学科研之余，中心组织团队深度参与协同单位的地方立法实务，积累了丰富的立法实践经验，形成了一支理论实践并重的优秀教学科研团队。

本书的编写是应立法学课程教学和人才培养之需，是西南政法大学地方立法协同创新中心教学研究人员集体智慧的结晶，是他们立法实务经验的凝练与呈现。编写人员撰写分工如下（以撰写章节先后为序）：

周祖成：导论、第五章第一节；梁西圣：第一章；张印：第二章、第五章第三节、第八章；徐晨：第三章；温泽彬、陈建平：第四章（合作）；张琼：第五章第二节、第十一章；郑伟华：第五章第四节；梁洪霞：第五章第五节；郭忠：第六、七章；杨尚东、李文涛：第九章（合作）；冯子轩：第十章。

本书在2019年获得西南政法大学校级规划教学用书立项建设，在校教材委员会和教务处的指导下，几易其稿，多次集体讨论，历时三年终于完成。感谢各位专家的大力支持和编写者的不懈努力！

在本书编写过程中，重庆大学法学院陈伯礼教授、西南大学法学院赵谦教授、重庆市社会科学院文丰安教授、重庆邮电大学网络空间安全和信息法学院夏燕教授、兰州大学法学院陈婧副教授和部分协同单位的立法实务专家等给予了精心指导，提出了宝贵意见，在此谨致以衷心感谢！

在资料收集和文字校订过程中，博士研究生李东、郑伟华、李洋、李毅昕、王海燕和部分硕士研究生付出了大量时间和精力，在此一并致谢！

在本书的写作过程中，我们参考了国内外各种立法学教科书和立法学方向的各类论文、专著，它们为本书的编写提供了重要启发。谨向给我们启发的各位作者致以衷心感谢！

由于各位参编者在学术见解和语言风格上不尽一致，因而难免存在疏漏与不当之处，我们真诚欢迎各位同道中人，尤其是广大同学批评指正。

周祖成

2022年6月28日

图书在版编目（CIP）数据

立法学 / 周祖成主编 . — 北京：中国法制出版社，2022.9

ISBN 978-7-5216-2859-3

Ⅰ . ①立…　Ⅱ . ①周…　Ⅲ . ①立法 – 法的理论 – 研究　Ⅳ . ① D901

中国版本图书馆 CIP 数据核字（2022）第 162814 号

责任编辑：侯鹏　　封面设计：李宁

立法学
LIFAXUE
主编 / 周祖成
经销 / 新华书店
印刷 / 三河市国英印务有限公司
开本 / 787 毫米 ×960 毫米　16 开　　印张 / 17　字数 / 276 千
版次 / 2022 年 9 月第 1 版　　2022 年 9 月第 1 次印刷

中国法制出版社出版
书号 ISBN 978-7-5216-2859-3　　定价：59.00 元

北京市西城区西便门西里甲 16 号西便门办公区
邮政编码：100053　　传真：010-63141600
网址：http://www.zgfzs.com　　编辑部电话：010-63141826
市场营销部电话：010-63141612　　印务部电话：010-63141606
（如有印装质量问题，请与本社印务部联系。）